-耕莘文叢
07

耕莘

陸達誠
口述

Killer
撰稿

他，將一生獻給了主與寫作會。
守護一部長達五十年的時光之書

你是我的寶貝

陸達誠神父口述史

陸爸三歲的照片，攝於上海。

陸爸與龔樞機久別重逢，攝於1990年。

1969年，攝於聖家堂。

聖本篤活動中心文藝營清晨感官祈禱。

1989年福隆文藝營，在頭城海邊祈禱。

朱天心參加年輕作家座談會。

1980年，文藝營晨禱後的分享，陸爸（右二）左手邊為司馬中原。

1982年暑期寫作班，右七為馬叔禮、陸爸、曾昭旭。

1984年寫作小屋一幕。

寫作小屋中的熱情討論。

寫作小屋中的歡唱時分。

1984年，與陽明山暑營戲劇組同學，陸爸（左一）的動作超逗趣。

思果來台領「梁實秋翻譯獎」，右一為姚宜瑛。

1992年，陸爸赴輔大時。

1994年，聖嚴法師邀鄭志明、房志榮與陸爸討論法鼓大學宗教學系事務。

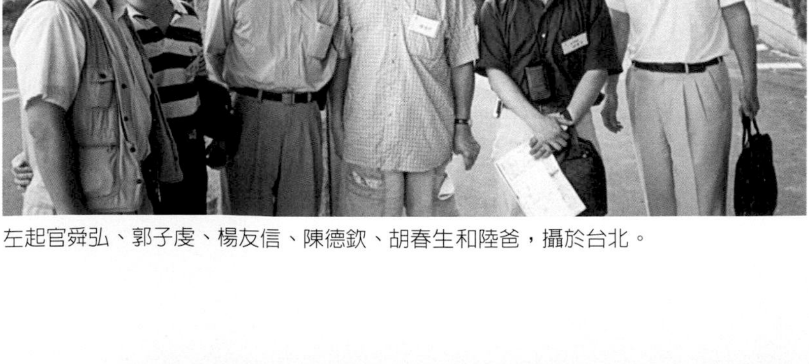

左起官舜弘、郭子虔、楊友信、陳德欽、胡春生和陸爸，攝於台北。

三毛至耕莘演講後與張拓蕪（左一）等人留影

1980年台北，三毛（中）、凌晨（右）座談會，陸爸說：「我最喜歡『聽凌晨，看三毛』！」

1983年的三毛旋風，陸爸也成了三毛的忠實讀者。

座談會後的合照，下排起依序為陸爸、三毛、凌晨。

三毛演講的丰采。

1984年，葉紅（右二）、白靈（左二）於寫作會辦公室商討會務。

1998年，陸爸與葉紅赴靈鷲山靜修。

2008年，十二月聖誕（聖家堂）。

陸爸帶新竹青年中心的學生每一年都到日月潭划船，照片中有郭芳贄（中站者），陸爸（右四），攝於1962年。

80年代暑期文藝營（聖心女中）

1980年代的陸爸。

1974年在法國寫論文時居住的研究中心Chantilly。

左起依序為朱洪聲神父、陸爸、陸爸的妹妹達安與姪女小蓮及她女兒維達，攝於1990年。

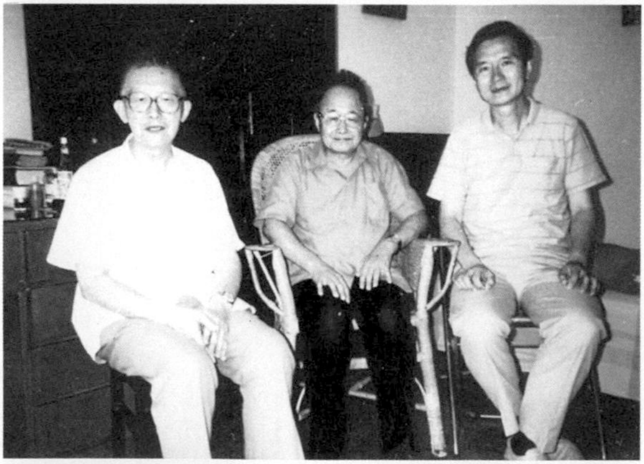

與恩師嚴蘊梁神父（左一）、范忠良（中）主教合影，攝於1990年。

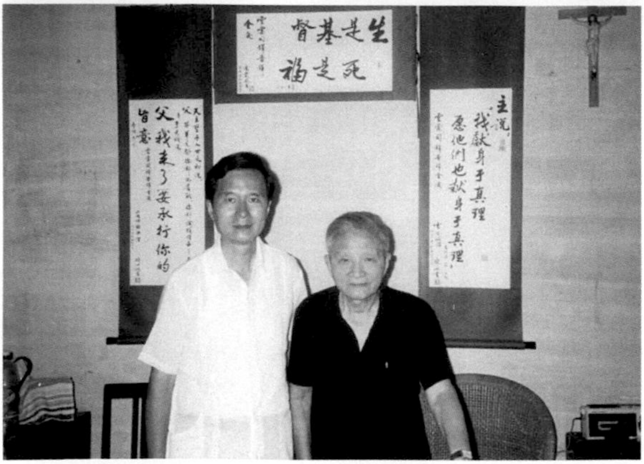

與陳雲裳神父合影，攝於1990年。

陸爸於上海佘山山頂聖堂外，攝於2002年。

陸爸與學員一起祈禱，攝於2002年上海佘山山頂聖堂。

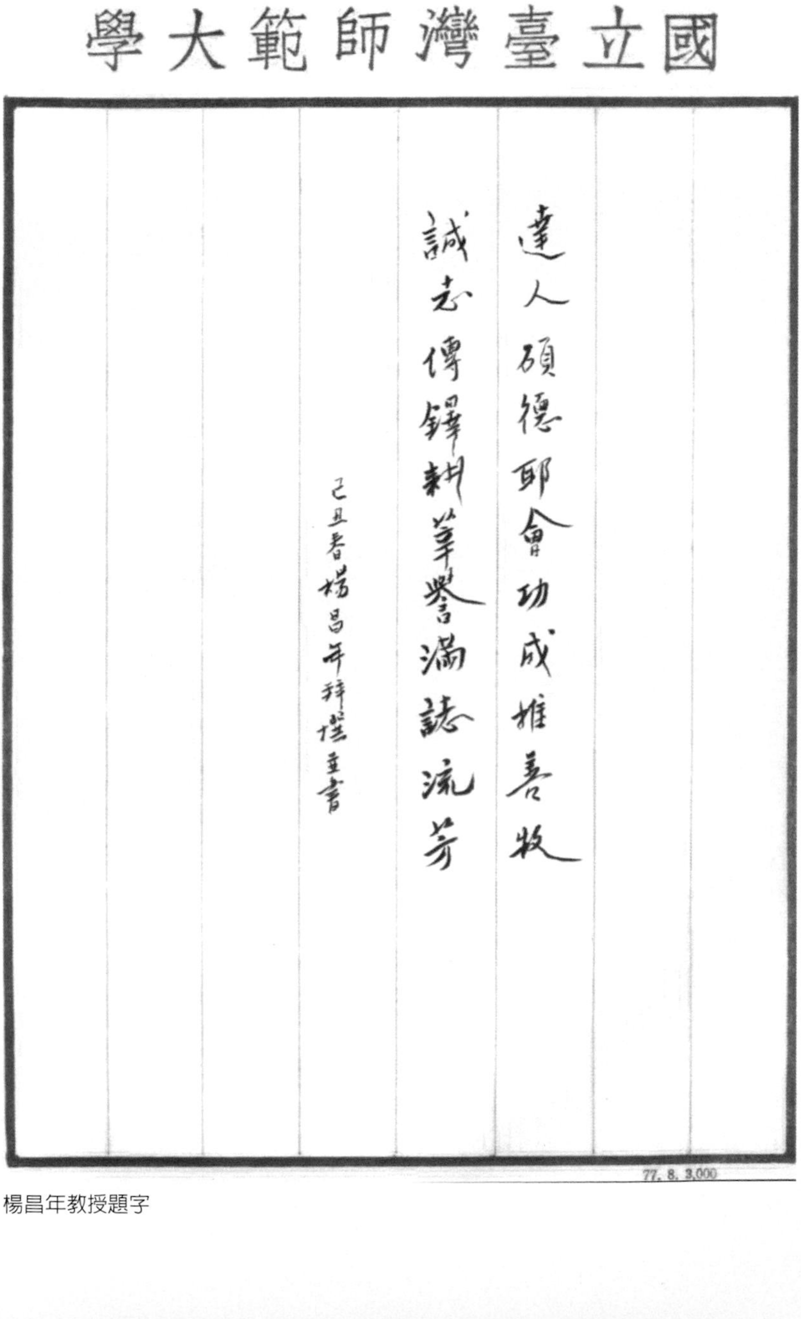
國立臺灣師範大學

達人碩德耶會功成推善牧
誠志傳鐸耕筆譽滿誌流芳

己丑春楊昌年拜撰並書

77. 8. 3,000

楊昌年教授題字

增訂版序　你是我的寶貝

陸達誠

本書原名為「誤闖台灣藝文海域的神父」，是台北「耕莘文教基金會」及台南「百達我為人人協會」於二〇〇九年聯合出版的書。「誤闖」指主修哲學的我誤打誤撞投入了文學天地，且在其中航行了四十年這樣一個故事。

耕莘寫作會在一九六六年由美籍張志宏神父（Rev. George Donahue, S.J.，一九二一至一九七一）創立。張神父謙虛有禮，贏得了授課作家和學生的愛戴。可惜五年後，半瞎的他在帶領一百二十位學生去中橫健行時，因閃避不及被一貨車撞跌山谷去世。寫作會因有如此一位前輩的開創與帶領，一直保持深厚的友愛氣氛，歷五十年而不衰。

繼任的鄭聖沖神父是光啟出版社社長，帶了五年後就把棒子交入甫自巴黎歸國的敝人手中。一九七六年（我接任會長職那年）迄今，許多寫作新苗從此地成長，但也起起伏伏、經歷了許多滄桑，多次瀕臨生死關頭，卻能死而復生。今日文創空前發達，耕莘還能繼續生存，在文藝界佔有一片天地、培植作家無數，實是奇蹟。轉捩點是二〇〇六年寒假期間我們舉辦了「搶救文壇新秀再作戰」文藝營。每次消息一上網，很快就招到一百五十個名額。該營已舉辦了十一次，盛況一直空前。想不到一個民營的文學社團在e世代還有如許的魅力。

本書在寫作會五十年金慶時再版是有其意義的。本書前一部份稍多涉及個人的生平，似乎與文學無關。但從這些篇幅中讀者可以了解後來要帶領寫作會四十年的會長的成長背景。他有那樣的家庭、信仰、聖召及隨之而來長達二十年的修會培育，使他終於有這樣一個生活和工作的格調，此為該書後半部報導他在台灣藝文海域衝撞鋌險之經歷埋下伏筆。

在校稿及增訂時，體會四十年來我對寫作會的會員的情感是那麼的深摯，令我自己也驚訝不已。我雖用一生心血在攻讀及教授哲學，但我天生的感情豐富，通過信仰和靈修瀰漫到整個生命。十八歲時決定修道，在修道過程中我領受了大量的恩典，我一再把自己奉獻給天主，並願為愛天主而奉獻給眾生。我對天主的愛是無條件的，所以我從不考慮還俗。對天主的愛轉到人間，就是對人的愛，也可以達到無條件的程度。

我一再聽到天主對我說：「你是我的寶貝」，我也向天主託付我照顧的人，特別是年輕人說：「你是我的寶貝」。我確可對每一個寫作會會員講「你是我的寶貝，我對你的關愛是無條件的」。已報名參加寫作會課程的年輕人，雖然我還不認識他們，但我已經決定要一個一個去認識，我心裡對他們的關懷已經是無條件的了。這是我的最大的幸福和痛苦，因為當他們有一天像候鳥般飛走時，我會難過。但若彼此心靈相契合，即使空間是分離了，實質上還在一起。這種關係已使我與寫作會化為一體，我再也不能離棄寫作會。

偶然，一位寫作會會員聽我說：「每一位會員都是我的寶貝」時，堅持要我把本書改名，不用「誤闖台灣藝文海域的神父」，而改成「你是我的寶貝」。要作這個改變不是很容易，但略略反省，就發現這正是我一生對待學生的標的，因為我天天在心裡說：「天主給我的每一位寫作會朋友，都真是我的寶貝。」

我相信：有真愛之處，就有光、就有希望。

總序　你不知道的修道人

張帆人、戴台馨

有一群修道人，在臺灣已五十年。他們是燃燒自己的「真正台灣人」，這就是：天主教耶穌會士。

從小我們都耳熟湯若望、南懷仁的名字，知曉利瑪竇神父早在一五八二年就來華傳教，介紹了天文、地理、數學等科學。從明末到清朝三四百年，利瑪竇、南懷仁、郎世寧等這些學有專精、熱愛中國的飽學之士，全是耶穌會士，其帶來的科技文明，對近代中國文化的貢獻，真是有目共睹。

在利瑪竇離世時，肇慶、南昌、南京等地均已設立教會或教堂。但一九四九年大陸易色，天主教無法見容於共產黨。白皮膚、黃皮膚的耶穌會士紛紛流亡他方，許多會士隨著政府，陸陸續續抵達台灣，又開始一段艱辛的開疆拓土。

六、七零年代，正是台灣戰後嬰兒潮的成長期。耶穌會在各地設青年中心、圖書室、成長團，大批青少年接受感召。會士們秉持著「我為人人（for others）」的精神，選擇台灣確實需要，卻乏人問津的工作，無條件地奉獻了青春年華。如今，這些青少年已是社會中堅，而會士們則垂垂老矣。

會士們不求名、不求利、不爭權。他們經過仔細分辨後，一旦決定投入某一理想，幾乎就是一輩子的承諾。這種典範，和台灣急功近利的風氣，趕流行、炒短線的做法，完全不同。會士們正是現世的「活菩薩」，即使他們信奉的是天主教，即使有許多還是金髮碧眼西方人，卻在台灣無悔至白髮。

時光飛逝，物換星移，將近一甲子的春去秋來，會士們老了、病了，有些甚至已離開人世。一本本緬懷、追思、和感恩的文集相繼問世。辭世的會士坦然地回歸天父，倒是我們這群還活著的，覺得惋惜、不捨，一再地深自懊悔，為什麼坐失大好時機，未能及早對他們多一分認識呢？為彌補此一缺憾，由「耕莘文教基金會」、「我為人人協會」合辦的「耶穌會士在台福傳口述歷史計畫」就此展開。希望能藉由口述歷史將他們一生重要事蹟，忠實而完整地記錄下來。一則表達了個人的感恩和敬意，一則可與更多人分享這些動人而有趣的故事。

台灣社會由農業、工業到電子資訊業，親歷發展進程的我們，在會士陪伴著自我成長的同時，也見證了他們對台灣多元豐富的人文社經現象之貢獻。藉著這一系列的書籍，或可為關心台灣發展的各界人士，累積些許第一手資料。至於要訪談那些會士呢？我們試擬了三項原則，做為邀約對象的依據：

可行性：需要會士同意，且有自願採訪的志工。

緊迫性：考慮年齡與健康狀態等因素。

重要性：以會士影響之廣度和深度為依據。

為了避免未來的叢書全是年長老邁會士的訪談記錄，我們也刻意專訪了一兩位壯年的會士。為補強志工專業上的不足，我們敦請前師大文學院長王仲孚教授為顧問，並舉辦了工作坊，且定期召集工作會議。

工作坊的講師提供了大方向和實務指導。工作會議中夥伴們的經驗分享，則是我們維持熱情的動力。工作坊內容和會議記錄，都可在耕莘文教基金會網頁（www.tiencf.org.tw）的口述歷史——資料分享區超連結中取得。表面上，志工不求償報地付出了時間和精力做收集、撰寫的工作；而實質上，我們從會士那兒獲取的精神養份，即是最大的償報。

我們在邊做邊學中發現：要說服會士願意接受訪問，是最為困難的第一步。每位神父外表上，時常都是身穿聖袍、胸掛十字架、手持聖經，實際上個別差異卻極懸殊；他們的陶成雖大同小異，宗教價值也相若，但各自的工作重點和內容卻不盡相同、人生舞台也就互異；因而採訪起來分外有趣。

臺灣正處於轉型的關鍵期，社會、宗教都面臨嚴峻的考驗。然而，無論時代再怎麼變遷，追求愛、和平與無私，仍是我們的核心價值。耶穌會士是和風，吹拂著臺灣各地青年老少饑渴的心靈，也撫慰弱勢者的傷痛。從利瑪竇一路傳承至當代會士，從明朝北京一直傳遞到今日臺灣。

年輕新進的耶穌會修士，除了來自本地，還有韓、菲、越、柬、波蘭、秘魯……等國的熱血青年。修會的目標——愛主愛人，絲毫未變；方法則由「我為人人（for others）」邁向「樂與人同（with others）」。近年，可敬的耶穌會士不斷地邀請志同道合者成為夥伴；和他們一起服務，一塊兒與主同行！

* 張帆人：美國休士頓大學電機博士，台灣大學電機系教授，中華基督神修小會終身奉獻會員，百達我為人人協會會員、理事長（二〇〇七－二〇〇九）。

* 戴台馨：美國休士頓大學經濟學博士，輔大社科院經濟學系教授，中華基督神修小會終身奉獻會員。

序一　我為什麼喜歡陸神父

李家同

想起來也奇怪，我不記得我如何遇到陸達誠神父的。而且我也沒有見過陸神父太多次，但我的確很喜歡他，每次教友有問題，我都會介紹他去找陸神父，如果有人想知道一些天主教的道理，我也會去麻煩陸神父。

為什麼我會喜歡陸神父呢？我想最重要的原因是陸神父不是那種會訓人的人。神父們免不了會講一些大道理，也許對修過道的人來說，這根本不是什麼大道理，但是對於一般人，這些大道理卻變成了沉重的負擔。

做一個現代化的神父，他除了能講道理給教友聽以外，還要能和外教人接觸，我敢說，這不是一件簡單的事。做神父的人往往並不知道一般人們遭遇到的問題，因此有時也會對那些問題感到不耐煩。即使知道了問題的來龍去脈，也幫不上什麼忙。比方說，有人長期失業，神父能幫什麼忙呢？

陸神父能和很多人溝通。我知道他為何有此本領，絕不是因為他去學了什麼溝通技巧，而是因為他本人就是一位非常謙虛的人。由於他謙虛，他不會講一些大話，卻反而使別人感到他的誠懇。也由於他是謙虛的人，他會對別人的事情有興趣，所以他不僅能夠同情別人，也能瞭解別人。

願天主繼續降福陸神父，使他能使我們的世界變得更美好。

* 李家同，總統府資政，暨南大學教授。

序二　在遙遠處相遇

朱天文

都說多元開放，隨便說說，隨便聽聽，貶值的用語像是灰濁空氣汙蔽的行道欒樹，已看不見樹的綠色。什麼叫做多元開放？侈談不如一見，眼前有人，陸達誠神父就是。

有信仰的人，總是熱情，這熱情不免帶點壓迫性，也無不好。然則連一點點壓迫性都沒有的，宗教上，我見過三個人，我的父親朱西寧，我的小舅舅神父劉家正，以及認識超過三十年但其實君子之交淡如水的陸神父。如果我是非信徒，有陸神父這樣柔和喜悅清潔之人在眼前，我願意相信他所相信的神。經云：「神依照祂自己的形像造人。」人若以神的樣貌出現的話，陸神父的樣貌是我歡心甘願追隨的。

這很容易嗎？我覺得一點也不容易，尤其是宗教。這是以一個寫齡三十六年書寫者的身份，我據此而言。

九月《上海書評》採訪我，最後問：「能描述你感覺特別幸福的時刻嗎？」我說：「那就是寫出了一段連自己都忍不住要讚一聲『哇，寫得太好了！』的那一刻。」真是幸福啊！一種深沉、銘刻的幸福，小說創作獨有的幸福，與寫散文不同。我寫散文有溝通的對象，無論這對象或多或少，或清楚或模糊，我都有想像中欲與之對話的彼方（稱之讀者也可），我想說服他，不然，就渲染他。散文是來溝通的，但小說，不溝通。

寫小說不為溝通，書寫者那幅圖像，我想起陸神父一篇回憶佘山的文章。

佘山在上海近郊，陸神父去過五次。最早是三四歲還抱在母親懷裡的時候，朝聖團一行，都是媽媽們，帶著嬰兒的，一路餵奶，遇日軍便遭攔車檢查。四小時路程吧，坐車，換船，車舟顛簸許多人嘔吐。船到佘山山麓，上山，終於來到聖母大殿，大家專注的祈禱，唸玫瑰經，抗戰生活的艱難，人人向天主有說不完的話。回程仍重覆早晨的來路，然而那是一條卸下憂苦被撫慰的路，輕舟過了萬重山。

再到佘山，中學畢業的暑假，上海教區同屆不同校的男女同學一起上山朝聖，小住幾天，二十多人，有三分之一已決定修道，陸神父是其中一位。此後二年，陸神父在徐匯總修院度過，是共和國共產黨專政下的教會。其時，修院全體師生上佘出，兩百三十多位神父和修士在聖母大殿禮敬奉獻，大家皆有覺悟，院長甚至用聖保祿宗徒的話說：「如果有一天我要講與現在所說不同的話，我預先否定之，你們也不必相信，因為那些將非我的肺腑之言。」那以後數年，上海教會在高壓下成了緘默的教會。一九五七年，陸神父決定去香港修道，向單位遞完資料上佘山住五天。每天，陸神父這樣描述每天：

「每天下午從佘山中山宿舍拿了一枚又長又大的鑰匙，拜苦路上山。到了山巔後，把聖堂大門反鎖上，在聖母臺前做長時間的祈禱。最後一天還許了三個願……。」

是的，如果小說書寫者能有一幅聖美的圖像，就是這張。因著沒有想要溝通的對象，一枝筆一白紙（至今手寫沒有電腦），吸口大氣潛入意識渾沌之海，「恍兮惚兮，其中有象；恍兮惚兮，其中有物」，叫出象與物，賦予它名字和造形，此是小說書寫者每天在做的。長時間的潛入，得到命名賦形的恩寵，報償全部都在這裡了。

拜苦路一詞，多好。服從並且忠於內在的召喚，我不敢說這是聖召，從事小說創作好像拜苦路。我父親晚年寫《華太平家傳》五十五萬字未完去世，他的「晚期風格」（語出薩依德名著《On Late Style》，一部關於藝術家晚年工作姿態的著作）他說：「我是寫給上帝看的。」

什麼意思？同樣亦創作小說的楊照，曾對小說感到困惑：「藉由小說來影響社會，可是慢慢我也知道不能繼續欺騙自己，認為小說對這個社會還存在著什麼影響力，於是有段時間我常想，如果小說對這個社會已經沒有影響力，為什麼我還要寫小說？小說還能做什麼？」待讀到了我父親所言，楊照說：「我就這麼簡單地領悟了。創作者應該要擁有一套更高的、超越世俗與個人的價值和標準，相信它，並為它而寫。也許我心裡的上帝跟朱老師的並不一樣，但我清楚知道那是什麼。」

我嚮往陸神父的佘山拜苦路祈禱圖，最實相，又美。多少年後，陸神父創辦了本島第一個宗教學系，帶師生去大陸宗教之旅，遍訪佛道寺廟和學院，終站來到佘山。這次，陸神父不是獨自來，是帶了許多朋友來，聖母大殿依舊在，他跟大家講佘山的故事，祈禱時多位同學流淚，他也有淚。

佘山之外，水遠山長，愁煞人。那愁是愛，緣於孝愛聖母之情，不為所求，沒有目的，亦無條件，只是因為愛。那是我所認識的陸神父。「在遙遠處，一切虔誠終當相遇。」我願以文學的虔誠，與陸神父在遙遠處相遇。

二〇〇八年十一月十五日

＊ 朱天文，著名小說家。

序三　溫煦

張拓蕪

甚麼時候認識耕莘文教院陸達誠神父的？一時想不透澈，大概總有二十五年以上了吧！有次三毛邀約，她說要為我介紹一位朋友，並強調是一位濁浪人塵中的高士，未透露姓氏，我並未問。交朋友，大都是不期而遇，一經引介便從此訂交，從未有如此正經官式的，朋友相交，在一緣字，一見如故，雙方投緣，便成刎頸；或早已心儀，或大名鼎鼎，有者則經引介過數次，然總是點點頭了事，過後而不復聞問，不投緣，即一瞬而別，別了也就別了。彼此沒能把對方的名字放在一個重要的位置。有的則不同，即使是人聲鼎沸，熙來攘攘的場合，經人不經意的引介，未及數語，匆匆一晤，卻留下深刻印象，極盼能再有較長的時間，多談一些與深入一些，別後仍在念念。

三毛動作俐落，我一切聽她的，車子走到羅斯福路三段，心中便有些宛然？她正要帶我上耕莘文教院樓梯，卻不料要見的那位高人已在樓梯，笑吟吟地等我們了。

三毛看我們握手寒暄，笑著說：「我還想給你引見，原來你們早就熟稔。」陸神父說：「我們是老朋友了。」老朋友，多少年了？誰給我們引介的？或是陳銘磻，或是隨緣而遇，原本相交已久，不需引介了。因緣相識又一見如故，引介不引介已不重要，主要是一見而成莫逆，最是難得可貴。

三毛原本要請陸神父吃飯，順便邀我作陪，陸神父已請她吃過兩次飯，這回還請，但語畢，付賬的還是陸神父，連快手快腳的三毛都搶不過他，我更是遑論了。

好友相聚，誰付賬不重要，但讓人請的次數太多，做「叨客」的我就羞愧了，而我讓陸神父請的次數，恐怕十個指頭都扳不完。而且，每在飯後，鐵定親自開車送我返家，因門口無法停車，總是看我上了樓，到陽台跟他揮手致謝，他才放心地離去，他的細心與關切一個老殘障的安危，令我感動又歉疚。

每一次和陸神父相處，直覺得他是位胸藏萬有，學問淵海的儒者，他的外在風清神朗如神仙中人；周玉山教授說他是今之孔子，這稱號，既貼切又傳神髓。套個近乎，我所識的儒者，是既有學問又品格極高者之謂，這類人物，在現世當然已屬鳳毛麟角了，周教授尊稱為孔子，在層次上比我高了許多許多，這個尊稱，也只有陸神父當得起。

一般有學問的儒者，往往是望之儼然，要既之很久才能感覺出他的「溫」，陸神父不同，一打照面就讓人感覺他是位讓人喜歡親近，即之更溫的長者。他當年承接張志宏神父所創辦的耕莘寫作會，不但歷四十年不衰，並且蒸蒸日上，更上層樓，如今耕莘人遍佈海內外，到處遇得到耕莘學友；這份成績單，固然是歷任主其事的秘書長、總幹事等日新又新的精心擘劃，但我想，

「陸爸」的這塊大磁鐵亦居功厥偉，「陸爸」的用心力與吸引力大矣哉。

陸達誠神父，是一位哲學家、神學家、更是一位宗教學者，他這位宗教家，有容乃大，兼容並蓄，無門戶之見，對宗教各門各派，乃至一般民間宗教，都能諒解認同，這份胸襟氣度，頗多宗教領袖和一般大眾都很難做到，但陸神父能。像三毛信通靈一事，我就難以接受（為此我們還爭執過，最後悻悻而散。）然而陸神父和她懇談過，三毛有次和劉俠、我閒聊時冒出一句：「人家陸神父都能認同，就你們兩位那麼偏執。」我笑笑，我無言。

好幾年不曾和陸神父晤面了，近況為何？甚念。每次坐小黃經過耕莘文教院，心底總叨念著：這棟建築裡，有我的一位高人莫逆，感覺真好，真溫煦。

* 張拓蕪，資深散文家。

目次

附錄

第一章　無憂無慮的童年

一、雪上的腳印

早晨，母親叫醒了五歲的我。「毛毛弟，起床嘍，該去望彌撒了。」在中學任教的父親已經上班去了，幾個兄姐都在外修道或求學，妹妹還年幼不能同行，所以陪母親望彌撒成了我的專屬權利。這是我們母子倆每天早上的例行公事，幾乎從不間斷。

「積雪很厚，小心走哦。」母親叮嚀我。

冬天的上海法租界，地上鋪滿厚厚的銀白地毯，空氣寒冷而新鮮。我跟在母親身後，數著她留在雪地上清晰的腳印，再回頭看到我自己的小腳印也印在她的腳印旁邊，心中感到模糊的滿足。

母親穿著厚重的大襖，雙手塞在口袋裏。我趕上去，把我的小手也塞進她的口袋，一股柔軟的暖意立刻流遍全身。母親低頭對我一笑，嘴裏輕聲背誦著經文。

母親的教育程度不像父親那麼高，認識的經文之多卻讓人咋舌。她總是在前往教堂的途中一路誦念，我在旁邊聽著也學了不少。日後上道理課，常要考默寫經文，同學們頂多只能默幾段，我卻可以洋洋灑灑寫出許多篇，輕而易舉地拿到高分。

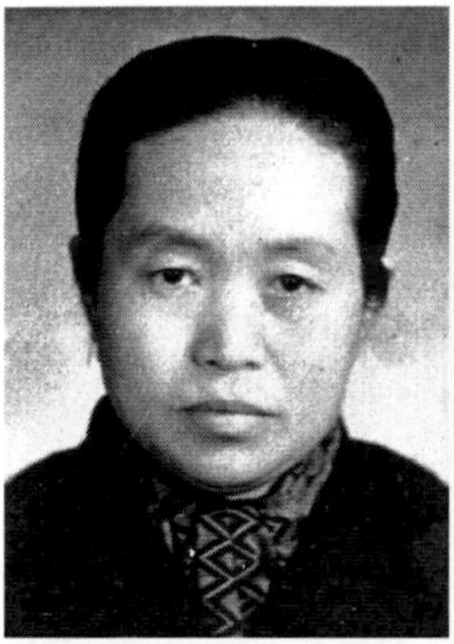
陸爸的母親，攝於1946年。

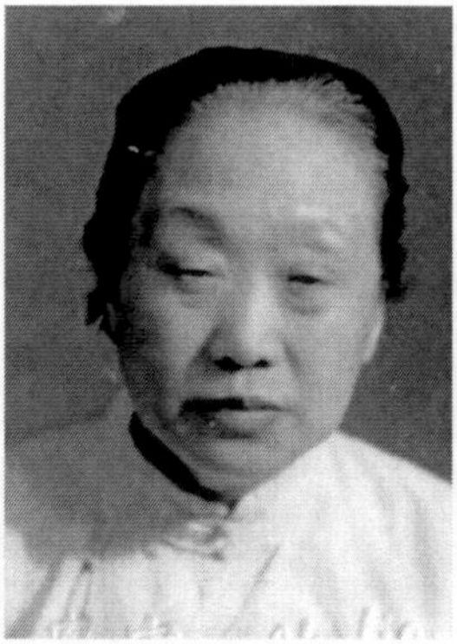
陸爸的外婆，攝於1936年。

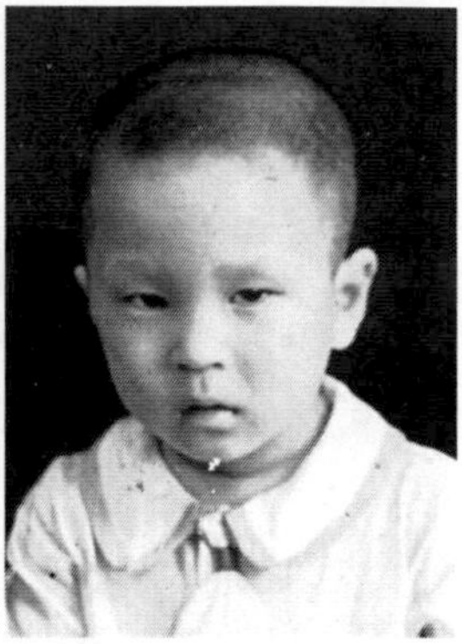
三歲的小呆瓜髮型。

有時候，媽媽會一路牽著我走，那時我最喜歡玩一個遊戲，閉上眼睛裝瞎。十幾分鐘的路程都在黑暗中走過，我卻一點也不怕。有媽媽的手牽引，安全得很。

那時正值中日戰爭，大量難民湧入法租界，路邊常看到窮苦的人在乞討。只要一遇到這些不幸的人，母親就會停下腳步，交給我一些錢，要我拿去給他們。

聖伯多祿教堂離我家約六條街的距離，主持教堂的神父們都是法國神父，都會講流利的上海話。

「桂貞，請過來一下。」彌撒結束後，神父總會找我母親講話。他們都很喜歡母親，尤其是法國籍的本堂彔神父，跟她特別熟稔，還請她幫忙指導初入會的教友。

我在座位上等著母親，雖然聽不到她跟神父說什麼，可以看出她臉上充滿虔敬，她何等尊重神父們啊。

他們聊了很久，我靜靜等著，提醒自己要乖乖地不能吵，待會回家路上，母親會買法式甜麵包給我吃。甜麵包做成小鳥的形狀，用葡萄乾做眼睛，非常可愛。

在童年印象中，上教堂望彌撒的回憶，總是和母親的溫

1940年，27歲去世的姐姐。

1967年，文革後陸爸的父親與妹妹、四嫂及姪女合照。

暖，與小鳥麵包的甜蜜滋味連結在一起。

五歲孩童的世界，充滿了潔淨與祥和。

二、大家庭

我是在西元一九三五年（民國二十四年）七月十五日出生於上海董家渡，兩年後中日松滬會戰爆發，董家渡一帶全成戰場，房子被日軍燒了；全家搬到法租界，在永嘉路租了一棟由法國人建造的屋子。在董家渡的生活，我完全沒有記憶。

永嘉路的房子設備相當完善，水電俱全，只是沒有熱水器，要洗澡時得花錢請人送熱水到家裏，有時父親帶我上澡堂。幸好上海氣候涼爽，隔幾天洗澡也沒什麼大礙。

父親陸慶雲是教師，在中法中學教法文，在中學部和小學部都有課，工作繁忙，薪水也算優渥。由於曾祖父是木材商，當年家境尚稱寬裕，父親受的是西式教育，年輕時還曾經四處旅遊。

他在十六歲那年娶了母親王氏，母親比他大一歲，是一位中醫的次女。陸王兩家人都篤信天主教，尤其是外婆，她的四個孩子除了母親之外，長女和兩個兒子全進了修道院。母親受了外婆的身教影響，同樣渴望自己的孩子能夠為天主奉獻。

父親也曾為宗教熱誠付出。他年輕時參加公教進行會[1]，在會長陸伯鴻[2]領導下，每個週末都到鄉村傳教。等村民都願意受洗了，他們就出錢出力蓋教堂，並寫信商請上海主教派神父來為村民施洗，完成後再換下一個村子傳教。

成家之後，父親慷慨大方的個性仍然不變。有一次學校發薪日，母親在家裏等著父親帶薪水回來，誰知父親卻兩手空空地回家。

母親問：「你這個月薪水呢？」

「哦，今天堂弟來找我，說他財務困難，我就把整袋薪水給他了。」父親回答得理直氣壯。

母親頭痛不已，家裏還有一群孩子嗷嗷待哺呢！他居然整袋薪水原封不動給人？事已至此她也不能再多說什麼，只能苦笑著說：「你呀，真是胳膊往外彎！」

---

1 公教進行會是一種天主教的善會組織，於二十世紀初發源於義大利。由平信徒自發性地組成團體，從事慈善、教育、傳教等工作。工作準則需符合教會的聖統，並與教區主教保持密切聯繫。凡符合標準的善會組織，經過教會認可後，即可稱為公教進行會。中國的公教進行會約於西元一九一二年，由比籍雷鳴遠神父在天津創立。

2 陸伯鴻（一八七五—一九三七），中國全國公教進行會主席。原為秀才出身，科舉廢除後改行經商致富，成為上海華商領袖，並且成為第一批擔任上海法租界公董局（市政當局）董事的五名華人之一。他篤信天主教，曾集結同為天主教信徒的實業家十九人，在上海附近各農村四處傳教，並興建教堂、診所與學校。由於成就斐然，獲得教宗授予「劍袍勛爵」稱號。於一九三七年，在自家門口遭人暗殺身亡，原因及兇手至今不明，後世推斷係政治暗殺。

1949年，右一為陸爸，左起依序為四哥、三哥、大哥、二哥，前排為母親。

類似的事情鐵定不止一樁，母親辛苦持家可見一斑，但她從來沒有抱怨過。堂叔這件事，還是在父親過世後，堂叔向妹妹提起，我們這些晚輩才曉得。

說我家「一群孩子嗷嗷待哺」是一點也不誇張。父母親總共生了七個孩子，大哥達源大我十七歲，我出生時他已經進了耶穌會修道，很少在家。長姐達德聰明慧黠，很得父親寵愛。我小時候她老愛捏我鼻子，日後我鼻樑長得比其他兄弟挺，她便自誇是她的功勞。二哥達初和三哥達本是一對同卵雙胞胎，有時連熟人都分不出誰是誰。

四哥達真從小就天才橫溢，對音樂和語文特別有天分，而且記性非常好。日後他被中共關了二十一年，出獄後，當年學的鋼琴居然完全沒忘。他跟我和妹妹年紀接近，小時候較常玩在一起。只是他脾氣暴躁了些，有一回我跟

左起外婆、二舅、外公，攝於1936年。

其他兄弟不知何事惹怒了他，他竟拿起刀子滿屋子追我們，大人只好把他關進房裏讓他冷靜冷靜。現在回想只是兒童的任性，不過當時我們可是嚇壞了。

么妹達安比我小兩歲，童年期兄姐都住校，就我們兩個在家，感情自然也最親近。十幾歲的時候，兄妹兩人一起漫步在上海碼頭，聽到路人在旁邊講閒話：「哎呀，大白天的就出來約會，現在的小情侶膽子真大！」我們都不禁失笑。

日後大陸淪陷，在極權政治的壓迫下，大姐早逝，大哥四哥入獄，二哥三哥和我離家遠走，就只剩妹妹留在快要整個凋零的家裏，照顧年邁的父親，許久之後才移民到加拿大。我們幾個兄弟勸她把當年的經歷寫下來，她總是寫個幾頁，就淚流滿面不能執筆。

我想，就算她寫出來，其中的辛酸艱苦，

旁人終究是無法體會吧。

三、黏著母親的孩子

父親是個很有威嚴的人，管教孩子十分嚴格。我四歲時被送去上我家後門的幼稚園，才去第一天就想家了，趁老師不注意，偷偷溜回家，卻被父親逮個正著。

「怎麼可以逃學？不像話！」

父親大發雷霆，狠狠打我了一頓，疼得我又哭又叫。

母親在旁邊勸著：「好了，毛毛弟還小嘛，等他大一點再去上學吧。」父親這才放了我。

這是父親唯一一次體罰我，已在我心中留下深刻印象，從此對父親敬畏有加。不只是我，只要父親在家，所有的兄弟沒人敢造次。偶有爭吵，只要父親走出房間一瞪眼，大家馬上自動安靜下來。不過他工作忙，加上交遊廣闊，常參加朋友聚會，在家的時間不長，也沒什麼空閒管教孩子。

雖然挨了一頓打，我卻得以晚一年入學，在家享受母親的疼愛。

也許因為是么兒的關係，母親相當寵我，每當我調皮搗蛋時她總是袒護我。如果我真的很不乖，她也從不體罰，只是拿針輕輕刺我大腿做為警告。

受著母親的寵愛，我對母親也特別依戀，一直到上了小學，還是每晚跟母親擠在大床上睡覺。

母親的信仰堅定而純粹，在她心中沒有比修道敬奉天主更高貴的事業。她每天帶我上教堂望彌撒，如果下大雨出不了門，就帶著我在家中念早課。我六歲那年初領聖體，母親特地為我準備了一套小西裝，讓我出席這人生第一個重要場合。領聖體回來後，母親帶著我跪下謝聖體，第一個祈禱意向就是求耶穌：讓我將來當神父。

母親最大的心願就是希望兒子全部當神父，至於什麼養兒防老、傳宗接代，她完全不在乎。母親手背有塊綠色胎記，她曾指著胎記對我說：「不用操心我的晚年。將來你到養老院去，憑這塊胎記找我就是了。」

受了母親的影響，我也從小嚮往修道的人生。

四、耶誕夜大冒險

大概是在我小學一二年級的時候吧！聖誕夜晚上，我在睡前再三叮嚀母親，待會一定要叫醒我，帶我去教堂望子夜彌撒，我很想看教堂門口放的馬槽和裏面的小耶穌。等母親答應，我放心地抓著她的衣角沈沈睡去。

當我醒來時，夜已深沈，房間裏一片黑，只有隔壁父親書房透來的燈光，顯示他照例又在跟堆積如山的學生作業和考卷奮戰。

大床上只有我一個人，抓著母親衣角的手在我熟睡時已經鬆開，母親自己出門去了。說好要帶我去的，媽媽居然沒有叫我。

換了別的小孩可能會當場大哭大鬧，坐在地上發脾氣耍賴，我可不做這種事。一來父親在家，千萬不能吵；二來我有比哭鬧更重要的事要做。

我下定決心，就算母親沒帶我，我也一定要看到馬槽和小耶穌！爬下床，穿上一件短棉襖，不敢開燈也不敢發出一點聲音，免得給父親聽到。小心翼翼地溜下樓，樓下診所的大時鐘指著一點半。我開了後門，不敢用力關門只得虛掩著，快步跑到深夜的街上。

那時法租界被日本佔領，日軍管理嚴格，夜裏路上沒有人敢出來閒晃，空蕩蕩的馬路上只有我一個人。

聖伯多祿堂離我家六條街，這條路我白天已走過上千次，像這樣一個人在深夜走可是第一回，早已熟悉的景觀忽然變得非常陌生。天氣酷冷，夜很深，家家戶戶都睡了，只有路燈亮著。半大不小的馬路兩旁種滿梧桐，在路燈照射下像極一個個張牙舞爪的鬼影，我怕極了！不敢走人行道，專走馬路正中央。

跟母親在一起的時候我連閉著眼睛都能走，現在卻覺得道路變成一條又深又黑的隧道，完全不知道前面是什麼？

就這樣一面打著哆嗦，快步走了一條街。我運氣真的很好，沒遇到車子，也沒被警察抓到。一轉彎就看到一群人，從教堂的方向走過來，全是我認識的：鄰居、一起上教堂的朋友。

「毛毛弟？這麼晚了你怎麼還在路上亂跑？」他們非常吃驚。

「你是想去教堂對不對？彌撒已經結束了，回家吧，很晚了呢！」我緊閉著嘴，倔強地搖頭。

他們看我這表情，知道我心意已決，多說什麼也沒用。「好吧，那你小心走哦，我們先回去了。」

我繼續往前走，路上又陸續碰到一些望完彌撒回家的教友。走到第四條街，終於看到了母親。她手裏勾著另一位太太，約三十幾歲，姓楊，我們都喊她楊阿姨。

母親朝我快速跑來，她看到我半夜獨自溜出家門走這麼遠，就知道不可能勸阻我。她也不多說，直接對楊阿姨說：「妹妹，就麻煩妳帶毛毛弟去一趟教堂吧！我還得回家準備點心呢。」果真是知子莫若母。

於是楊阿姨牽著我的手走完剩下的兩條街，來到了教堂。教堂的門已經關上了，馬槽就放在門口，在七彩燈泡的照耀下，顯得神聖而美麗。

我來到馬槽旁，看著裏面的小耶穌，對著祂祈禱，心中萬分平安滿足。

回到家中，家人都為我這段冒險嘖嘖稱奇，大家都沒有想到，一個孩子居然能為自己的決心堅持到這種地步。

對我而言，能夠完成這趟旅程也是意義重大。日後當我遇到更大的恐怖遭遇，更多的困難時，也是這股決心，支撐著我堅持到底。

講到這裏，就不能不提這位楊阿姨，她跟母親的友誼有一個相當離奇的開始。她為了要信天主教，在聖伯多祿堂聽道理，本堂佘神父請母親教她一些規矩禮儀。後來楊阿姨有次回常熟時，在一間來歷不明的民間教堂中了邪被魔鬼纏身，整日胡言亂語說她是耶穌，還會騰空，她家人嚇得半死，把她送到上海，來我家請母親幫忙想辦法。

當她在她乾妹妹的陪伴下，搭著黃包車到達我家的時候，我剛好放學回來，看到乾妹妹攙著她下黃包車的情景；她頭髮散亂，表情激狂，嘴裏不住地自言自語，模樣真是嚇人。附近的小孩們一時頑皮，不但圍在旁邊看熱鬧，嘴裏還不住嘲笑：「神經病，神經病。」我跟妹妹年幼不懂事，也加入嘲笑她的行列，想想實在很不應該。

楊阿姨到了我家，母親照料她一天一夜，又請了本堂佘神父來幫她祈禱施洗，這才讓她恢復正常。

從此楊阿姨就拜了外公外婆當乾爸乾媽，認母親做乾姐姐，成為我家重要的朋友。

五、糊塗小子

「噯，陸達誠，我們要去法國公園打架，你也來吧！人越多越好。」放學的時候，同學這樣邀約著。

我毫不猶豫地答應了。朋友有事，當然要兩肋插刀。

就這樣，跟著七八個同學，一群人浩浩蕩蕩到了法國公園，只見對方也約了一群。仇人見面，廢話不多說，大喊一聲馬上開打。

大家年紀都很小，還不到十二歲，打起架來就是一陣亂踢亂扭亂打，弄得公園裏塵土飛揚，還有人咬對方，我也挨了好幾下。

「喂，小孩子放學不回家，在幹什麼？快回去！」旁邊大人看不下去，出來喝止，我們立刻一哄而散。

帶著滿身的泥巴和淤青回到家，我這才想到：咦，我們剛才到底是在跟誰打架來著？又為什麼打架？

一概不知……。

小時候的我就是這樣，調皮搗蛋又糊里糊塗，非常容易受朋友影響。

還有一回，在路上看到一個乞丐啞巴，嘴裏咿咿啊啊地向人乞求，非常落魄。小孩子有時很殘忍，看他這副模樣，我只覺得好玩，就在旁邊學著他發出那些咿咿啊啊的怪聲。

那乞丐生氣了，破口大罵：「臭小鬼，人家不是在叫好玩的，是沒辦法才這樣啊！」

我嚇死了，拔腿就跑，等跑遠了才想到：「不對啊，啞巴怎麼會講話呢？」原來是個假啞巴。這也算是童年時的奇遇了。

我小學念的是上海磐石小學，就在聖伯多祿堂旁邊。從家裏搭有軌電車只要十五分鐘就到，我總是一放學就快快跑回家去，像隻終於飛出籠子的鳥兒。

上課多悶啊！哪比得上跟朋友在學校操場上踢皮球，還有在自家樓下後門外騎三輪車快樂呢？

除了跟朋友遊戲外，路邊的書報攤是我每天必到的場所。那些攤子出租由古典小說改編成的漫畫書，這成了我的最愛。每天我心甘情願地奉上零用錢，坐在小板凳上入迷地讀著這些漫畫，顧不得旁邊馬路灰塵瀰漫，也顧不得漫畫書已經被人翻得又髒又破。

即使待在家裏，我也不肯乖乖讀書，總是沈迷於古典小說和民間傳奇故事，例如《七俠五義》、《水滸傳》《包公》之類的故事，每次一看到爸爸回家，就立刻把課本擋在小說上頭掩飾，來個混水摸魚。

我只顧玩不愛念書，成績當然不好。我四年級的學期成績，平均只有五十九．九四分，而及格是六十分。

日後我自己做了老師，如果學生考個五十幾分，但是看得出來他已經盡了力，我都會盡量通融讓他過關。然而那年頭的上海可沒這種事，沒過就是沒過。加上我是個不用功的學生，老師更沒理由幫我加分，所以我就被當了，必須留級半年讀春季班。

六、小小世界

除了去佘山朝聖，我們很少離開法租界，生活圈就是家人、學校、教堂，其實學校同學和朋友也大多是一起上教堂的教友。

天主教家庭生活較嚴謹，平日全心工作，到了假日最重要的社交活動就是望彌撒聯絡感情，也沒有什麼特別的娛樂。父親在家時還會扭開收音機聽聽崑曲跟雙簧，後者叫「唱滑稽」。父親不在就沒人去動那台收音機了。那年代當然沒有電視，也很少有人看電影，不會有什麼影友會，歌迷會，更沒有舞會酒會之類的交際活動。單純、清靜，就是我們生活的寫照。

日後讀到張愛玲筆下的十里洋場，燈紅酒綠，我總是很納悶：這是上海嗎？怎麼感覺這麼陌生？

上海的交通尚稱便利，出門常常騎腳踏車，父親和小舅都曾用腳踏車載過我。稍遠一點的地方就搭有軌或無軌電車，到哪裏都很快。黃包車較貴，有必要的時候才搭。

有一回我跟姐姐搭黃包車出門，那天天氣很熱，車伕可能是身體疲累，走到一半居然昏倒在地上，把我們姐弟倆嚇了一大跳。

街上還常常可以看到警察騎著巨大的摩托車呼嘯而過，小舅羨慕得不得了，常嚷著要買一台，被家人阻止。一個平民騎著那樣的東西，怎麼看都奇怪。

那時中日戰爭正是如火如荼，我對戰爭卻沒什麼感覺。上海被日本佔領，我們住的地方是法租界，而我對法國人和日本人的印象都很薄弱，因為他們跟我們甚少交集。

由於殖民者的優越感，法國人不會輕易跟中國人往來，除了教堂裏的法國神父，我一個法國人也不認識。跟法國人真正近距離接觸的一次經驗，發生在小學的時候。那天我正搭無軌電車上學，忽然一個法國警察上車來查票，不巧我那天就忘了帶票。

那個警察並沒有痛罵我一頓，卻也未因我是小孩而放我一馬，他當下決定：「我到你家去拿票。」

我乖乖帶著他回家，偏偏母親出門去了，我家房門鎖著，我又沒鑰匙，只好讓警察先生在門口等著，我爬窗戶進去拿票給他，這才結束了這件「查票記」。

事後想想，幸好我家很近，若是我住得更遠，他豈不是要大老遠陪我跑一趟？法國警察執法還真認真啊。

至於日本人，我更是一個也不認識。抗日電影常演到日本人如何如何欺凌佔領區的中國人，我也沒見過這種狀況，這也可能是因為正在法國人的地盤，日本人會稍微收斂些。

我只記得，有時看到日本學童的書包揹在背後，不像我們是用手提或斜揹，覺得很奇怪，又覺得他們這樣很方便，雙手可以空出來又不會太重。

大人們對自己的國家被外國人佔據當然不滿，但誰也不會對小孩提起。家庭和宗教就像兩層厚實可靠的牆，把我圍在安全的小世界，外面的世界天翻地覆，我仍然過著無知而幸福的生活。

然而，隨著美國向日本宣戰，戰況的白熱化，這種生活就改變了。

「嗡——」

可怕的聲音劃破天際，我們家人立刻警覺地跳了起來。

「快，小孩子快躲到桌下！」母親急促地叫喚著。

西元一九四三年，美軍開始轟炸上海。

天空不時飛著轟炸機，朝日軍駐紮地投彈，常常可以看到遠處的屋頂冒著黑煙。

上學時還好，美軍知道學校裏沒有日本人，會自動避開，住宅區就慘了。常聽到爆炸聲，有時連半夜都有轟炸，真的是不得安寧。

我家沒有防空洞，附近也沒有避難所，只好將棉被和毯子圍在方桌四週，一聽到飛機聲就讓小孩子躲進去，我們縮在裏面邊發抖邊祈禱。大人無處可躲，除了聽天由命，母親會將聖母顯靈聖牌丟到屋頂，祈求聖母保佑。

雖然害怕，大家的心情還是有點矛盾，希望美國人的炸彈可以把日本人趕走，只是千萬不要炸到我們家。

很幸運地，我們家跟親朋好友都平安無事。一九四五年，日本無條件投降，戰爭結束，我的小小世界又恢復了平靜，暫時地。

七、我要去修道

小學六年級的時候，我向父親提出進修道院的要求，父親一口否決。

「哪有五個兒子全部都修道？四個哥哥都進了修道院，你至少要負責傳宗接代啊！」

那時我大哥是耶穌會修士，二哥三哥四哥小學畢業後全進了慈幼會小修道院。母親一向希望兒子全部都能修道終身侍奉天主，過著崇高出世的生活。但父親仍然有「不孝有三，無後為大」的傳統觀念，堅持要留一個兒子在家裏。

我懇求地看著旁邊的母親，希望她幫我說話。母親的眼神雖然有些無奈，仍然平靜地說：「聽你爸爸的話吧！」

對於兒子修道這件事，我父母之間的歧異很大，但是他們從不在孩子面前吵架，我並不知道他們私底下是如何溝通？反正父親是一家之主，母親終究還是會尊重他的意見。

對於修道我仍不死心，剛好另一位同學也想修道，我們兩個就趁大人不注意，一起帶著棉被、行李去敲慈幼會修道院的門。

一位神父來開門，看到兩個小蘿蔔頭扛著行李，身邊卻沒有大人陪同，有些疑惑。

「兩位小朋友，有什麼事嗎？」

我說：「我想來修道，我已經有三個哥哥進來這邊了。」

「怎麼只有你們自己來，你們的父母呢？」

我們倆面面相覷，卻想不出藉口回答，神父立刻明白了。

「回去吧，要修道等家長同意再來，你們這樣逃家，修道院怎麼能收呢？」

我失望極了。本來還以為只要先斬後奏進了修道院，爸爸就拿我沒辦法了。

說來慚愧，那時之所以一心想修道，除了母親的教育，和三個哥哥在裏面之外；還有一個很重要，卻有點可笑的理由。

慈幼會不時舉辦話劇歌劇之類表演活動招待教友，他們的神父各種國籍都有，法國、美國、荷蘭、義大利，英國……，共通點就是都有一副好歌喉，唱起歌來優美動聽，一聽到心情就很好。而表演的布景、燈光、音樂以及服裝都非常考究，充滿異國風情，故事也很有趣，我每次都看得目不暇給，深深被吸引。

「這麼好玩的地方，我當然要進去啊！」我心想。

但是神父都這麼說了，我只好乖乖回家。

由於四年級時留級多念了半年春季班，我直到一九四七年春天才從小學畢業，不像其他同學前一年夏天就畢業了。隨後我進入徐匯中學念初一，開始了住校生活。

雖然已經有了留級的慘痛教訓，我對課本還是沒多大興趣。從小學時起就喜歡讀古典章回小說，原本是看改編漫畫，長大以後就直接讀文本，短短幾年讀了大量的小說。

上初中後，對小說的熱愛仍然不減，連晚上睡覺都要爬起來偷偷讀。為了不讓巡夜的修士發現，我甚至躲在棉被裏，用手電筒照光，讀得腰痠背痛、頭昏眼花，我卻樂此不疲。

要是我能把讀小說的精神分一點在課業上，成績不知會有多好？

快要升初二的時候發生了一件事：四哥離開了修道院，我的修道之路也重現曙光。

雖然同樣受著母親的教育，四哥卻不像我這樣一心修道。他跟教會始終有些距離，即便是依著母親的期望進了修道院，待了幾年後他終究還是退出，回到徐匯中學讀高中。

回到學校後，他一個星期就把一本立體幾何讀完；此外由於他在修道院展現優異的音樂天份，慈幼會的神父願意免費繼續教他鋼琴，他連技巧最複雜的李斯特和貝多芬都輕易學會；另外他還學習多種語文，在學校裏他學會義大利文和拉丁文，日後念夜大學時又學了俄文，實在令人驚歎。

話說回來，在四哥剛回家的時候，我腦子裏只想到一件事：既然四哥不再修道，他就可以接下傳宗接代的重責大任，那我是不是可以進修道院呢？

於是我再度向父親提出要求，這次他答應了。

我開心得不得了，從小的夢想終於要實現了！

八、鮑思高

西元一九四八年二月，我進入慈幼會修道院備修。所謂「備修」指的是初高中年紀的學生，還不是正式修士。

慈幼會是由義大利神父兼教育家聖鮑思高於西元一八五九年創立的，專職從事兒童與青少年的福利及教育工作。

鮑思高神父於西元一八八八年逝世，西元一九三四年由羅馬天主教廷封聖，正是我出生的前一年。當我出生之後，父親請舅舅王方神父幫我取聖名，舅舅就用了這位新聖人的名字，為我取名鮑思高。

正因如此，進入慈幼會備修後，神父們都非常喜歡我，常常大老遠就可以聽到他們：「Bosco! Bosco!」地喊我，著實大出風頭。

進了修道院，除了年初二回家半天，以及每個月由修士帶隊出外健行一次之外，一律不准外出。過著與世隔絕的生活，我卻一點都不覺得煩悶。

修道院佔地廣大，大到可以在院子裏踢足球。每天晚上備修生都會列成數隊，由不同的神父或修士帶領，分別由院子兩端面對面前進或後退，到了對面再折返，運動量十足。在院裏跟一大群同齡的朋友一起生活，也是很愉快的經驗。

此外，我的活動很多，一點都不無聊。我一面學習義大利文和拉丁文，還寫過幾首詩；最喜歡的是音樂，我學彈風琴和鋼琴，也喜歡唱聖歌。當修道院演出歌劇《鄉村騎士》的時候，我還加入合音部上台演唱，由於那時還沒變聲，唱的是女高音。

既然是修道院，當然也要學很多教會禮儀，還要聽道理。神父們的講道都極為精彩，尤其是一位德籍的邱神父，每次聽他講道理，我都神往不已，恨不得他永遠不要講完。

戰後民生凋敝，食物不是很充足，倒也不至於挨餓。到了發育期我開始長高，每天都在柱子上畫線量身高，恨不得一天長高一寸。

總之，修道院裏的日子過得充實又有趣。我就這樣度過無憂無慮的一年半。

但是我卻不知道，在圍牆之外，天地再度變色。國共戰爭爆發，國軍節節敗退，退至長江以南，原本平靜快樂的生活也快要結束了。

九、心動的滋味

西元一九四九年，國共戰爭如火如荼。國軍的敗象越來越明顯，共軍逐步逼近上海。上海市民紛紛設法搬遷避難，我父親卻沒這種打算。

一來他在中學已升至副校長，另外還在倉庫碼頭當主任，工作繁重，他實在放不下。二來母親積勞成疾，身體十分虛弱，常常要看病吃藥，每回醫生來出診，父親總得付一根金條當診療費。這種狀況當然不適合遠行，我們一家便繼續留在山雨欲來的上海。

1949年，陸爸高三時，參加外公殯禮。左起：四哥、妹妹。

就在這時候，外公病重，情況非常不樂觀。我從修道院被叫回家，幫忙照顧外公。

與其說是照顧，更像是回家見最後一面。外公已經虛弱不堪，大部分時間都在昏睡，連起身都有困難。那幾天我守在外公床邊服侍，看著他受苦，深深感到人生在世的渺小與無力。

一天夜裏，外公一口痰卡在喉嚨裏咳不出來，家人們眼看著他那口痰在喉頭不住上下移動，怎麼也咳不出來，都是束手無策。到了天亮，外公就去世了，得年六十八歲。

為了籌備喪事，許多遠方的親友都趕過來，很多人我連見都沒見過。其中有一家人，男主人是外公的乾兒子，他有個小女兒，跟我一樣是十四歲。

我這生從來不曾和年齡相仿的女孩來往過，家裏忽然來了個女孩，對我是全新的經驗。

雖然對她很好奇，我卻不知道該如何跟她相處。況且那時在守喪，更不可讓小孩子聊天玩鬧。即使每天碰面，也沒什麼機會跟她交談，就算開口也都是些無關痛癢的對話。

不過，到了晚上，我常跟她一起坐在桌前看書。雖然沒有交談，只是埋頭各自沈浸在書中世界。然而，坐得那麼近，我心情難免有些浮動，偶爾會忍不住偷瞄她兩眼。

讀書讀久了總要換換姿勢，有一回不知是她動了一下身子還是我，膝蓋頭不經意地相觸了，我震了一下。

她抬頭，很有禮貌地向我說：「抱歉。」

我連忙回答：「沒關係，沒關係。」

接著我們又繼續低頭看書。然而我心裏卻產生一種模糊的、莫名的喜悅。彷彿心臟被什麼觸碰了一下，忽然變得輕快起來。這是前所未有的感受，無論在家裏、學校或修道院，從來沒有任何東西給我同樣的感覺。

外公的葬禮結束後，那女孩就跟著家人一起離開了，我從此再也沒有見過她，也不曾跟她聯絡，更不曾告訴任何人，我對女生產生過奇妙的感受。

事隔多年，我早已不記得她的相貌，連名字都忘了。但是，在那平靜的夜裏，那些新鮮的悸動，卻永遠在我人生單軌的篇章裏，曾留印過那麼淡淡的一抹色彩。

十、我不要修道了

外公的喪事結束後，母親並沒有因為自己體弱多病，而要我留在家中陪她。相反地，她要我回到修道院，貫徹修道的初衷。

於是我聽從母親的囑咐回到修道院，但是情況卻已經大大不同了。為了避開戰火，慈幼會的許多神父、修士和高班的修生都離開中國，到香港繼續陶成[3]，其中也包括我的二哥和三哥，我和同齡的同學頓時成了修道院裏最高班的學生。整個修道院的人少了一大半，變得空蕩蕩地，再也不像以前那麼熱鬧愉快，寂寥得讓人難以忍受。

此外，越燒越熾的戰火，也讓恐懼滲入了向來與世無爭的修道院。

一九四九年五月二十四日，「轟隆！」一聲，驚天動地的巨響撼動了整座修道院，我這一生從未聽過如此可怕的聲音，簡直就像整個世界都被炸垮了一樣；我的心臟在那一瞬間被震得幾乎停止跳動，在那之後耳膜嗡嗡作響了許久，有些膽小的同學甚至嚇得哭了起來。

經過慘烈的戰鬥，上海終於淪陷。為了不讓設備工具落入共軍之手，國民黨在撤退前，在許多工廠內設置了定時炸彈，而其中一所江南造船廠就在修道院附近。炸彈炸掉了造船廠，也讓修道院裏所有的學生飽受驚嚇，終日惶惶不安，再也沒有心情讀書修道。家人看情況不妙，便把我接回去。

回家之後，我下了一個決心：將來做什麼工作都行，就是不要修道。

這可說是我目前為止十四年的人生中，最重大的轉變。從小我已不知跟著母親祈禱了幾千

[3] 陶成，指修道者成為正式神職人員所必經的培養及教育歷程。

1950年，大哥首祭，左起、姐、大哥、爸、妹。

次：「求主耶穌讓我將來做神父。」看著哥哥們一個接一個穿上修士服進修道院，總覺得我也會天經地義的跟他們一樣。第一次要求修道被父親拒絕時，我心裏是多麼地失望；如願進入修道院後，又是多麼地快樂，認定這就是我一生要做的事。如今我卻斬釘截鐵地告訴自己，將來絕對不要修道。

到底是什麼原因，造成我一百八十度大逆轉？老實說我也搞不清楚。要說是這個念頭憑空鑽進十四歲少年躁動不安的腦袋裏，也未嘗不可。

也許，當年我之所以那麼堅決想修道，多少是受了母親的影響、兄長的榜樣、還有喜歡教會愉快溫暖的氣氛。我從來不曾好好思考過自己要的是什麼，總是輕易地被別人影響。當初拿著行李去敲修道院的門，和完全不知來龍去脈就跟人去打架，心態上其實差不了多少。一旦修道院的氣氛不再像以往一樣快樂，我修道的熱情也澆熄了。

當然，也有可能是因為和那個女孩的相遇，讓我開始嚮往起修道之外的人生。也許我將來還會再遇到她，有機會跟她說更多話，有更進一步的發展，或者我會遇到另一個女孩……

這些可能的原因，都是多年之後經過一番思索得來的。當時的我什麼都沒想，就這樣下了永不修道的決心。

成年後我研讀哲學，凡事重視邏輯思考和分析，少年時代卻是從不思考，從不用腦，完全憑一時的感覺、衝動行事。

每次想到這裏，我就忍不住自嘲。古有老子莊子，年少輕狂的我卻是不折不扣的「笨子」啊！我並沒有把這決心告訴母親，因為她身體又變壞了，我不想讓她操心。隨即我回到徐滙中學，隨大舅的意思降級念初二。

在家的時候，我就跟著四哥學鋼琴，妹妹也一起學，只是她不像我有風琴的底子，學得沒我快。我還參加了分屬聖伯多祿堂和君王堂的三個聖詠團[4]，其中二個是男女四部合唱的，另一團是全部男生，約有十七八個不同年紀的男生，這一團團員的音樂基礎很好，即使是困難的拉丁彌撒曲，大家一拿到譜，完全不用練習馬上就可以準確地唱出四部合音來。

---

[4] 聖詠團，由教堂成員所組成，專唱聖歌及讚美詩的合唱團。

此外，我又認識了另一個女孩子。其實她是我們鄰居的么女，比妹妹小一些，她的父親是共產黨員。由於我是住校生，並不像妹妹跟鄰居那麼熟。經由妹妹的介紹，我和那位鄰居女孩便開始來往，我們常常拉著妹妹，三人一起出去看電影或散步。

嚴格說來，我跟她之間並不算是真正地交往，每次出去一定有妹妹在場，況且她和妹妹都還是小學生，與其說是男女交往更像是幾個孩子一起遊玩。我也說不上到底喜不喜歡她，那時候的我，對很多事都是一片迷茫。

在學校裏，由於是降級，上課的內容很多都學過了，成績比小學時稍好一些。但我還是不怎麼愛念書，因為根本不知道為何要讀書。我沒想過上大學，也不知道到底想做什麼工作？原本當神父是我一生的志向，現在這個志向取消了，對於未來，我只剩茫然。

原來以為離開修道院就可以得到自由，愛去哪就去哪兒，愛做什麼就做什麼，過著多采多姿的生活；現在卻發現，沒有了目標跟方向，自由就顯得沒什麼了不得了。在學校得不到快樂，跟女孩子交往的滋味也不過如此。

我把大部分的心力都投注在聖詠團上，每週練習好幾次，忙得很起勁。不去考慮未來，也不去思索人生的意義，日子就這麼糊里糊塗地過下去。

十一、難以彌補的空虛

一九五〇年四月二十七日，我的母親去世了，年僅五十二歲。

在我們的信仰中，人的死亡不過是脫離這不值得留戀的俗世，回歸天主的懷抱，得到永恒的生命，等於是第二次誕生，不但不可怕，反而是件可喜可賀的事。生者雖然不能再見到已逝的人，仍然可以藉著祈禱和彌撒，與天國的親人交流。

說是這麼說，失去摯愛的瞬間，那股衝擊和孤獨仍讓人承受不了。

「媽，媽！您不要死啊！媽！」

在母親的葬儀上，封棺的時候，我瘋了似地又哭又叫，完全不顧自己已經是個十五歲的大男孩。家人在旁邊勸我冷靜，我不聽；滿屋弔喪的親友議論紛紛，我也不管。我對母親的感情，他們是絕對不會懂的。

在內心深處，我始終是那個每晚拉著母親衣角入睡的小男孩。母親的溫柔和慈愛，就像巨大的支柱撐起我那小小的世界。只要母親在的地方，就有安全和溫暖。

母親有堅定的信仰做後盾，養大七個子女的辛苦、操持家務的種種為難，戰亂的許多紛擾，她始終安之若素、不憂不懼，也因而穩定全家的心。即使自己的生活相當艱困，她也從來不忘熱心助人，總是全心奉獻。

我離開修道院回家那陣子，她趁著精神還不錯的時候，將我帶回家的棉被、被單重新洗曬縫補過，又捐贈給修道院，二哥三哥去香港後留下的物品也一樣。她絕對不會想孩子回家了，東西全部要原封不動帶回來，而是會把它送給需要的人，她就是這樣的人。

我對這世界的認知、道德標準、為人處世的觀念，全是母親教導我的，學校和其他人對我的影響遠不及母親。小時候在家裏念經文，依偎在她身邊，聽著我童稚的聲音伴著她的吟誦，看著母親臉上純淨無瑕的光輝，對我而言就是最大的幸福。就因為知道自己可以隨時投入母親懷中，我才能享受無憂無慮的童年。

而如今，母親不在了，再也沒有人牽著我的手引導我前進，沒有人用懇切堅定的祈禱聲穩定我的精神，沒有人告訴我將來該怎麼辦。

隨著時間過去，我已不像葬禮上那樣激動。每當我去上母親的墳，還是會情不自禁地痛哭；只是在流淚之餘，我心裏仍然充滿希望：媽媽現在陪在天主身邊，她一定過得很好很幸福，她在看顧我，就像我小時候她看顧我一樣，一點都沒有改變……。

因此，我必須學著長大。

第二章　人生真正的道路

一、暴雨將至

母親去世後，我跳級考入位育高中就讀。位育中學是由當時的民主派人士創立，所謂的民主派，說穿了不過是共產黨的附庸。不過這所學校聘請多位大學教授來教高中生物和理化，水準相當高。

我的數學不太在行，中文倒是還好，因為自小讀了很多小說。那時除了中國古典文學之外，我也大量閱讀外國翻譯小說，各國的文學名著都讀了不少。只是傻氣還是沒有消滅，居然敢在政治課堂上公然站起來和老師辯論，我反對進化論和共產黨的唯物論，老師對我的印象自然不好。

此外，我也開始和妹妹在初中的一位女同學交往。這個女孩和我一樣喜歡文學，也看過很多小說，跟我算是志趣相投，有時我們會討論《基督山恩仇記》、《茶花女》等名著，聊得相當愉快。出門遊玩的時候我妹妹仍然會同行，不過有時在漆黑的電影院裏，我跟女孩會偷偷地拉拉手。

對我而言，少年男女的交往大概就只是這樣了。沒有海誓山盟，更不知浪漫甜蜜為何物，有的只是青澀的好奇。這樣的日子不能說不快樂，我相信離真正的快樂卻還是有一段距離的。只是

1953年，陸爸高三時，與君王堂公青老友至杭州旅行度春假。

我不知道真正的快樂是什麼。

西元一九五一年，大姐達德罹患肺結核住院治療，某一晚量體溫，高燒中的她不慎咬破溫度計。也許是吞下水銀的關係，姐姐第二天就香消玉殞了，年僅二十七歲。

從外公過世開始，我家連著三年失去三位親人，似乎正預言著這個大家庭日後離散的命運。

姐姐從小就很得父親歡心，她的過世讓父親悲痛不已。雖說醫院有疏失的嫌疑，父親卻無意追究。

「人已經回不來了，再追查有什麼用呢？越查只是越傷心而已，算了吧。」他說。

在我們家遭遇不幸時，外面的世界也是烏雲密布。一九五一年江河變色，國民黨撤退來臺，中共已經全面控制了大陸。

中共向來主張無神論，對教會相當不友

高一時，陸爸與大哥（中）、二哥（左）合影。

善，加上教會的主導人物多半為外國籍，更讓他們視教會為眼中釘。他們開始提倡三自運動：自養、自傳、自治，主張中國的教會要由中國人自己管理，自己傳教，經濟上也要自己獨立，為的就是要斷絕外國對中國教會的影響力，將教會收編為他們的統治工具。若有人反抗，就會大禍臨頭。

上海的教會雖然一時還沒發生什麼大狀況，卻不時聽到外國傳教士被驅逐出境，中國神父被捕入獄勞改的傳聞。在教堂聚會或聽道理的時候，常看到一些神情嚴峻，行跡怪異的陌生人坐在教堂最後方，監視著會眾的一舉一動，甚至錄音，讓大家非常緊張。

除此之外，中共還開始取締聖母軍。

聖母軍是天主教的一個熱心團體，主要活動是到醫院探視病人，或協助神父傳教，聚會時交流探訪病心人的經驗，也誦念玫瑰經，是純粹的宗教性團體。共黨卻只因為他們的名稱有個「軍」字，一口咬定這是軍事組織，意圖叛亂推翻政府，便定下期限，要求所有聖母軍成員去公安局登記，承認自己是反革命分子，否則就要嚴辦。

在這種狀況下，教友人心惶惶，深怕自己或親人會在半夜莫名其妙地失蹤。

我沒有參加聖母軍，妹妹參加過幾次活動，嚴格說來這件事跟我們沒有直接關係，只是風聲鶴唳，誰也不知道自己會不會變成下一個被開刀的對象。

緊張的氣氛維持了一陣子，終於因為張伯達神父的入獄而徹底改變。

張神父曾經是我父親的學生，他從法國取得文學博士回來，當了徐匯中學校長和震旦大學文學院院長。我進了徐匯中學後，他對我非常親切，總是稱我為「弟弟」。我在學校扭傷了腳，也是他特准我請假回家，是我非常尊敬的長輩。

中共下令要張神父去領導愛國教會，目的就是要讓教會變成統治者的傀儡，張神父一口回絕，因此被捕入獄。

我舅舅王方神父是徐匯中學的副校長，年邁的外婆一聽到張神父被捕，驚惶不已。

她坐立難安，嘴裏不住念叨著：「怎麼辦？我們家王方是張神父的副手，共產黨會不會下一個就找上他？要是他被關了，可怎麼辦才好？」

可憐的外婆連著兩年失去丈夫和女兒，一想到兒子可能也會遭難，根本無法承受。由於太過焦慮恐懼，她的雙眼一夜之間失去光明，再也看不見了。

三個月後張神父在獄中過世，年僅五十歲。

如果當局認為張神父的遭遇，可以殺雞儆猴，那就大錯特錯了。張神父為信仰而犧牲，感動了所有教友。大家都像換了個人似地，不再提心吊膽，反而更加熱情地獻身宗教，不畏中共的恫嚇，也不怕可能的牢獄之災。

上海主教龔品梅舉辦了更多巨型的佈道會，請來許多學識和口才一流的神父講道。神父們都已做好講完一下台就可能被捕的心理準備，在台上時更是竭盡所能，將自己所知所學所感傾囊而出，每一場都精彩不已。主教自己也每場必親自參加，並主持講道後的祈禱和降福禮。教友們熱烈響應，每場都爆滿，大家聽得如醉如痴，信念更加堅定。

龔主教開始號召聖母軍成員，不要向公安登記。不止是上海，全國各地的聖母軍成員紛紛響應。大家都做好了入獄的準備，年輕人放棄升學和就業，年長者則開始安頓家人。很多人在家裏收拾行李，萬一要坐牢，包袱一拎，隨時可以上路。

張神父可以毫無畏懼地把生命獻給天主，我們也能。每一個人都這麼相信。

二、不可思議之美

那時候，我每天去君王堂聽道理。君王堂的神父以美國人居多，風氣很活潑。本堂是朱樹德神父，負責教導成人，副本堂朱洪聲神父則負責帶青少年。他們兩人都是多才多藝，很得人望。

君王堂離我家步行不到半小時，那時候，我每天三點半放學，回家練個半小時鋼琴就踩著腳踏車飛快往教堂跑。其他還有五六十個青少年，有中學生也有大學生，我們幾乎是黏著副本堂朱洪聲神父，凡是他主持的道理班、聖詠團或禮儀團，還有不時舉辦的音樂會和戲劇表演，所有的活動我們都積極參加，我還曾經上台飾演過耶穌會創辦人聖依納爵・勞耀拉[1]。

最讓我難忘的活動，莫過於蔡石方神父的講道。蔡神父那時是徐家匯教堂的本堂，常常來往各教堂巡迴講道，當然也包括君王堂。

蔡神父身上有股無與倫比的魅力，只要他一開口，台下聽眾所有的注意力就會被他吸去。無論是他的手勢、音調或言辭，全都透著純淨的靈性之光，由他內在滿溢而出，讓人無法相信俗世居然存在這樣的美，那樣懾人心魄卻又如此充滿著撫慰的力量。整個教堂頓時成為神聖空間。所有聽眾如醉如痴，沐浴在狂喜之中，只希望講道不要結束。即使是散會之後，大家仍不願離去，聚在教堂門口熱烈地討論著方才的講道，不管彼此認不認識，都談得興高采烈，情緒亢奮到最高點，甚至到了第二天還未消退。

有一回，在講道過後第二天，我在路上遇到一位前晚一同聽道理的中年商人，他一認出我，立刻抓住我的手興奮地談論起前晚的講道，好像我跟他是熟稔了一輩子的好友，完全無視我只是個還在讀書的小男孩，而他是事業有成的年長者。

---

1 聖依納爵・勞耀拉（St. Ignatius of Loyola，一四九一—一五五六），西班牙人，耶穌會會祖。原為軍人，因受傷而退役。在養傷期間飽讀天主教聖書而成為虔誠信徒。他四處朝聖，從事靈修祈禱，並結合許多同伴，立志過著使徒般清苦的生活，耶穌會因而成形，於一五五四年由教宗正式承認這個團體，勞耀拉即為第一任統帥（總會長）。

1989年，陸爸在加拿大和蔡石方神父去聖衣會拜訪修女。

許多教友都成了蔡神父的忠實崇拜者，追著他跑遍每個教堂，每次講道不僅教堂爆滿，連外面廣場也擠滿了人，還得用麥克風來廣播。我和朋友們當然也參加過好幾次盛會。用現在的話來說，我們全是蔡神父的超級粉絲。真的，當時的狂熱，比起現在歌迷追逐偶像的熱情有過之無不及。

直到那時，我才體會到真正的快樂，那是書本、電影或男女交往都無法給我的，心靈上至高無上的滿足。雖然中共的黑手不斷地在逼進，君王堂裏的青年男女仍然天不怕地不怕，每天過著充實的生活。我們成了一個大家庭，水乳交融的感情，比手足還要親，大家全是兄弟姐妹，彼此了解、彼此支持，再也不用害怕孤獨。

我們雖是血氣方剛的青年男女，但這群人中從來不曾出現任何戀愛的關係。跟五六十個

上海最心儀的蔡石方神父坐牢三十年後，赴美居住。

人相知相惜的堅定情誼比起來，小兒女的戀情根本沒有意義。

四周烏雲密布，我們手牽著手，活在天主中。

三、聖召

西元一九五二年，我升上高三，同學們都在準備大學聯考，我卻無心念書，全部心思都投入教堂活動。一來那時候升學其實並不困難，二來對我而言，教堂才是我心靈的家。

至於未來的志願，我大致設定了四個方向：醫科、化學、音樂、新聞。我只是憑著直覺選定這四個科目，覺得這幾個行業好像都不錯。事實上，對未來到底要從事何種工作，我仍然十分懵懂。

十一月十一日是死於獄中的張伯達神父週年忌日，君王堂舉行追思彌撒。那天請來了徐

左起依序為：陸爸的妹妹、陸爸、四哥、大哥，前排為父親。

匯修道院的小修院院長陳雲棠神父主持彌撒，教友都在一樓，我們聖詠團成員則在二樓唱聖歌。

成聖體後，我跟著聖詠團成員下樓領聖體，然後回到二樓跪下謝聖體。這時我忽然失去意識，只覺得自己彷彿身在大海中，整個人不斷被大浪沖捲著。

我感到一股強而有力的意念傳入我心中，直覺就知道耶穌在呼喚我。祂要我修道侍奉天主，我的第一個念頭是拒絕；那股力量繼續沖捲著我，實在是太過強大，我連思考的餘地都沒有就被徹底收服，在心裏回答：「好。」隨即我就清醒過來。

本以為我方才應該是昏過去了，誰知醒來後，卻發現我仍然好好地跪在自己的座位上，完全沒有異狀。鄰座的人也依舊低頭祈禱，沒有人知道我剛剛經歷過多麼驚心動魄的體驗。

我內心思潮澎湃，強烈的激動狂喜讓我幾乎

坐不住。我得到了耶穌的聖召。這是無比神奇、美妙，完全無法以理性和常識解釋的經歷。小說裏常寫到，男主角見到一名女子，被她的美貌震懾，來不及思考就陷入瘋狂熱戀。我這一生從未嚐過一見鍾情的滋味，我想，受到聖召後的心情大概也差不多如此吧。

我不斷告訴自己要鎮定，不可以隨便讓人知道我心裏天大的秘密，要是說出來，搞不好這神奇的恩寵就消失了。

唯一能跟我分享這秘密的，只有我的神師，[2]匈牙利籍的Papilla神父。神師聽到我的經歷，也吩咐我保密，不要告訴別人，他同時也為我安排修道的事宜。

正好那陣子，長兄達源完成耶穌會陶成的卒試，[3]正式發終身願，家人都去觀禮。莊嚴的氣氛讓我感動不已，興起「我將來也想跟大哥一樣」的心願。我告訴神師這個想法，他便安排我去見當時耶穌會會長格壽平（Lacretelle，法籍）神父。

為了避免中共的迫害，當時耶穌會的修道院全都遷到菲律賓，會長神父建議我進入徐匯總修道院修道。徐匯總修道院是教區修道院，由羅馬教廷委託耶穌會管理，負責培養來自不同教區的修士。為了進徐匯，我前往拜會院長金魯賢神父和小修院院長陳雲棠神父，後者正是在張伯達神父追思彌撒上講道的那位。[4]

---

2 神師，是負責指導信徒或修道人的老師。

3 當時耶穌會陶成分以下幾個階段：初學二年，文學三年，哲學三年，至中學教書二至三年，神學四年，神學念完三年即可正式祝聖為神父，接下來卒試靈修一年，完成卒試後即可發終身願。

4 教區修道院係指隸屬羅馬教廷管轄之修道院，結束陶成之修士分發至各教區服務。教區修士可擁有私有財產。修會

兩位神父聽到我的要求後，反應大不相同。

陳神父說：「修道是關乎終身的大事，你年紀這麼輕，不用急著決定。而且一進修道院就必須與世隔絕，你的人生經歷會有所欠缺。不如先去上大學，好好考驗自己的決心。如果大學畢業後你還是這麼想修道，到時再過來吧。」

金神父的回答就不一樣了。

「現在這個時局，誰也不知道自由的日子還有多久。你既然這麼誠心想修道，不如現在就進修道院，和大家同甘共苦度過這段日子。」

我回家，把兩位神父的建議好好思考了一番。說真的我不想進大學，從小在教區中長大生活，周遭的人都是教友，有共同信仰，彼此很容易溝通。但是在大學裏教友是少數，能了解我的信仰的人想必不多，到時我一定會很孤獨。況且大學裏情感的誘惑一定會超多，會影響我修道的志向。

於是我下定決心，我要進修道院。

就這樣，在一九五三年，我成為位育中學該屆畢業生中唯一不參加升學考試的人。那年八月，我進了徐匯總修院。

之修士隸屬各修會之會長。一般說來，修會修士不得擁有私有財產，工作所得全歸修會，可向修會領取各種需要之費用。

四、主教的眼淚

那年，進徐匯總修院的同學總共有二十多位，其中也有幾位我在聖伯多祿堂和君王堂的朋友。

開學那天，龔品梅主教前來修道院舉行開學彌撒。彌撒結束謝聖體的時候，龔主教聽著聖詠團唱的聖詠「以色列之天主何等美好」，默默地流下了眼淚。全院二百十位修士都看得清清楚楚，留下深刻的印象。

那時天主教會的處境日趨艱難，中共對教會的掌控日趨嚴厲，外籍神父大部分都被羅織罪名，指為帝國主義間諜而驅逐出境。看到主教的眼淚，大家都明白，前面是一條艱辛無比的道路。但是我們都已奉獻給天主，甘願為祂承受一切痛苦。

在徐匯總修院，我們與世隔絕，沒有報紙，更不能聽廣播。除了就醫看病，完全不准外出。此外還有每月一次的聖體遊行，我們都會身穿正式的修士長袍，前往徐家匯聖堂。每隔一到二個月，我們會有一天時間，帶著午餐出外郊遊踏青。

除了讀書修道，我們從事各種勞動鍛鍊身心。每個星期都有固定的服務時間，分配各種工作，例如割草、打掃、整理圖書館的書、養雞，還有養兔子。兔子很可愛，只是多半會成為我們出外郊遊時的便當菜。此外還有運動時間，最常見的運動是踢足球。

修道院分為小修院、大修院和備修院。小修院教的主要課程是文學，所以又稱文學院，徐匯總修院文學院的學歷為上海震旦大學所承認，被視為震旦大學的第二文學院。大修院以研讀哲學

1990年，陸爸探訪上海天主教大家長龔品梅主教，其於坐牢三十年後赴美療養。

和神學為主，備修院則全是高中生。

我進了小修院，學習拉丁文、英文和中國文學，這是我第一次接觸到中國古文，在這之前，我對四書五經等中文學科一竅不通。

和上海其他學校一樣，所有的科目都以上海話授課，只有英國文學一科，講課的加拿大籍神父不會講上海話，用北京話教課。北京話我大致聽得懂，講起來卻不甚流利，所以到現在講國語還是常有上海口音。

我們一群修士合住一間大宿舍，每個人睡一張四柱床，把簾幕放下來就是私人的獨立空間。每天的作息非常嚴謹：早晨五點半打起床鈴，大家起床會先拍手活動筋骨，用拉丁文高呼：「感謝天主！」如此一來就算有人想賴床也賴不成。六點正進聖堂，念早課五分鐘，默想三十分鐘，望彌撒四十分鐘。七點一刻是早餐時間，八點鐘到十二點上課。

十二點到聖堂讀聖經，十二點十分省察自己這個早晨的生活。十二點十五分到四十五分午餐，四個人一桌，用餐時會有人負責朗讀聖書，多半為聖人的傳記，大家吃午餐時都不交談。下午自修到兩點，兩點到四點上課，接下來就是勞動或是運動時間。

下午五點鐘到七點稱為「神聖時間」，在這段時間大家都專心作功課，常常是翻譯或作文，或是復習今天學到的課程。決定了人生目標後，我對課業認真許多，總是超前進度預習，再也不是以前那個輕忽學業的貪玩小子。

我們每個星期要交一篇作文，並送到院外由其他學校的老師批改。我的成績向來很高，一來我從小讀了太多小說，文筆流暢，二來我的情感較豐富，閱卷老師很喜歡我的作品。

七點鐘上靈修課，七點半晚餐，晚餐後散步休息。九點半以後是自由活動時間，當然也可以去聖堂祈禱。十點半到十一點之間熄燈就寢。有時在靈修課上，神父講完道理會講個默想的題目，這是為第二天早上做默想用的提示。

修道院裏的時光多半是安靜的，即使是自由時間，修士們也很少聊天說話，全心投注在靈修和學業上，一點也不會感到沈悶。尤其是我，自從得到聖召後，我每次做默想，得到的感應總是特別強烈。這種強烈的感應整整維持了六年，也就是說，我有整整六年的時間都是處於類似熱戀的激昂情緒裏，更不會有沈悶的感覺。

這種情緒，在進入修道院的第二年算是達到高峰。

五、第二個母親的呼喚

一九五四年二月二日，我搭火車到蘇州去旅遊，同行的還有一位吳修士。[5]晚上，在車站等回程火車時，吳修士忽然提到：「今天是聖母獻耶穌於聖殿瞻禮的慶日[6]，陸修士，有沒有興趣聽我談談聖母敬禮呢[7]？」

我欣然同意。接下來的三十幾分鐘，他喃喃地傾訴對聖母的仰慕和敬愛，低沈的聲音震動我耳膜，聲音中強烈的感情則滲到我心中。受到他的感染，那一瞬間我胸口有團火焰熊熊燃起，我也感受到聖母的慈愛，就像母親溫暖的手撫慰著我。

對聖母的孺慕之情，填滿了喪母後一直留在我心裏的空洞。我感到身心舒暢，深深沈浸在愛與光明之中。整個世界變得無比美好，而我就在其中盡情遨翔，再也沒有任何枷鎖和陰影。

回到修道院，我開始閱讀《虔誠禮敬聖母》一書，到了三月二十五日聖母領報瞻禮我將自己奉獻給聖母，將聖母瑪利亞當做第二個母親，終身敬仰她，沐浴在她的慈暉之下。

六月，修道院放暑假，我回到家中，定期到君王堂及伯多祿堂為兩個高中男生團體講聖母。暑假頂著烈日，騎腳踏車往返家中和教堂，十分勞累。可能因為這樣，把身體弄壞了。

---

5 由於現今中共仍將愛國教會以外之天主教會視為非法地下宗教，為保護當事人，本書中部分友人的全名不便透露。

6 聖母獻耶穌於主堂（聖殿）瞻禮，紀念聖母將嬰兒耶穌獻於聖殿的事蹟。慶日在二月二日。舊稱聖母取潔瞻禮，又稱聖燭節。

7 天主教徒只能對天主用「崇拜」二字，對於聖母與其他聖徒的敬仰之情，一律用「敬禮」稱之。

開學後，回到修道院，常常覺得疲累，但是我無暇在意身體，全心專注更重要的目標：加入耶穌會。

我向院長金魯賢院長神父表達我的意願，他要我去見神師嚴蘊梁神父。嚴神父不但靈修湛深，更是個文學造詣豐富的詩人，在院內很得敬重。

見了嚴神父，他問我：「你想進耶穌會嗎？」

我一呆。我何止想進耶穌會？只要能進耶穌會，我願意付出一切，我全部人生的希望都繫在這上頭啊！但是我又該如何讓嚴神父明白我強烈的渴望呢？

張嘴半天卻無語，眼淚不知不覺地掉了下來。

看到我的眼淚，嚴神父笑了。

「好了，你的心意我已經明白了，現在就要看天主的心意。這樣吧，你來做九日經，看看這九天裏天主會給你什麼樣的回答。」

所謂的九日經，指的是連續祈禱九天，祈求天主的指示。我依著嚴神父的建議，每天誠心祈禱，求天主答允我。結果，天主的回答出乎我意料之外。

在九日經進行當中，某天的勞動時間，我去圖書館幫忙搬書，在一上一下出力搬書時，呼吸中忽然聽到肺部發出「喀」的怪聲。那時我只覺得怪怪的，沒怎麼注意，不料第二天我在咳嗽時，咳出一塊血塊。

照X光的結果，確認我得了肺結核。醫生囑咐我立刻停止念書，回家休養。

要我停止念書？這有如晴天霹靂：不是要我的命嗎？

而嚴神父和金院長神父聽到消息，二人協談後，嚴神父露出欣慰的笑容。

「你不要難過，這正是天主的旨意，表示祂同意你進入耶穌會。你安心回家養病，趁機在家修道，入會的事情我會代你處理。」

換成其他的修會，一定會拒絕有病在身的修士修女，金院長和嚴神父卻正好相反，因為我的病而為我敲開耶穌會的大門，我實在非常感佩他們的慧眼和魄力。

金院長還給了我一些錢買補品。那時民生凋蔽，物資缺乏，這些錢對我確實幫助很大。

我回到家中，聽從醫生的吩咐乖乖療養。除了每天早晚祈禱、望彌撒以外，大部分的時間都必須躺在床上，一天到晚看天花板。不能做運動，也沒有什麼消遣。十九二十歲正是人生精力最充沛最美好的年紀，我卻得在病床上度過，別人總是用同情的眼神看我，我自己卻甘之如飴，毫無怨懟。

精神好的時候，我會彈鋼琴自娛，用音樂撫慰我的心靈。有時到了傍晚，我會用家裏的手搖式唱機聽貝多芬的《帝王鋼琴協奏曲》。那台唱機的音質很好，鋼琴獨奏部份（Arpeggio）每一音節都叩擊我的心肺，直到靈魂深處。啊，音樂把我帶入了與主契合的神秘體驗。

由於醫藥缺乏，也沒有什麼特效藥，唯一的治療就是每天打鈣針，並補充營養。生病時吃不下乾的食物，我特別愛吃湯麵，由於是病人的關係，家人總會特別優待我，給我加一個荷包蛋，在那時已是最奢侈的享受。

父親對我的病情非常擔憂。肺結核已經讓他失去一個女兒，現在幼兒又得了這種病，怎能不讓他心急如焚？讓父親勞心傷神，我也很愧疚，但是對我自己的病情，我其實不怎麼擔心。聽了嚴神父的保證，我深信天主已經接納我進入耶穌會，夢想即將達成，人生還有什麼遺憾呢？

我每天懷著希望，過得非常快樂。

第三章　風暴中的家園

一、最重要的法律

在養病期間，我每週回總修院一次，向嚴神父學習耶穌會的會規。由於那時耶穌會處境危險，神師要我對於加入耶穌會之事嚴格保密。當時還有另一位朱修士也同樣進耶穌會，跟我一起學習。除了他以外，其他人通通不知道我已經加入耶穌會，就連父親也矇在鼓裏。

恩師嚴蘊梁神父。

不久，金院長安排了四位神父，三位中國籍一位西班牙籍，來考核我的聖召。他們與我談話後，便將報告寄去羅馬請總會裁示，要我靜待結果。

嚴神父對我說：「你放心，天主真要你入耶穌會，祂會派一個天使把你平空升起，降落到菲律賓的初學院的。」[1]

1 當時耶穌會的所有修道院，包括初學院、文學院、哲學院和神學院等都已遷往菲律賓，故有此語。

到了五月二十四日，我去見嚴神父，他告訴我：「總曾會長已批准你的申請。從今天起，你就是耶穌會的初學修士了。」

他拿出名錄要我簽名，我的伴侶朱修士也簽了。嚴神父就從那天開始，給我們講解耶穌會的會憲撮要。會憲撮要是從會憲中精選出來的，共五十二條。但是從六月到九月，整整三個月他只教了第一條。這條很簡單：「真正的法律不是用文字書寫的，聖神在我們內心刻印的聖愛法律，勝過任何外在法律。」

他不厭其煩地向我們講述這條會憲的真義，要我們牢牢記住。我明白他的用意，當局對天主教會正式開刀的時刻已是迫在眉睫，到時我們可能都會失去自由。唯有全心服膺聖神在我們心中印刻的法律，才能使我們克服一切困難，忠心度一個完全奉獻的生活。

經過長期的休養，我的健康稍有改善，因此我在八月二十二日回到總修院準備開學。有七、八位修士是同類病人，都住入離徐匯總修院步行約七、八分鐘路程的耶穌會總院。每人享有一間單人房，不跟大家擠宿舍，朱修士則住我隔壁。

開學是九月十五日。之前兩次開學彌撒都是龔主教來主持，兩次他都流下眼淚。現在時局日漸惡化，只怕這次他更加感傷了。

但是這次的開學沒有舉行。事實上，我再也不能參加徐匯總修院的的開學了。

二、風暴來襲

一九五五年九月八日晚上，一直在等待時機清算教會的中共，終於動了手。

警方大舉出動，一家家地搜捕他們名單上的「披著宗教外衣勾結帝國主義的反革命叛國分子」，多半是活躍的教會人士。包括龔品梅主教、君王堂的朱樹德和朱洪聲神父、徐匯總修院的金魯賢神父和陳雲棠神父、嚴蘊梁神父，還有我大哥陸達源神父。拒絕登記的聖母軍成員們更是劫數難逃。

那晚總計逮捕了八百多個人，滿街都是警車，一車車地把教友們押走，手銬不夠用就拿繩子來個五花大綁，上海從未出現這麼恐怖的景象。

住在耶穌會總院的修士自然也不能倖免。那天晚上十點鐘，我聽到粗魯的敲門聲。

「誰呀？」我問。

來者毫不客氣地命令著：「陸達誠，出來！下去集合！」

我走出寢室，看見一群警察正一間間敲門，把人叫出來。隔壁的朱修士也出來了。警察把我們帶到一樓聚會廳，只見所有的修士都集合在那裏，旁邊有一群荷槍的警察監視著。我進到修士隊伍中，人人臉上都掩不住驚惶，沒有人敢開口說話，周遭充滿肅殺之氣。

我心想，這天終於來了，看來我們全都得入獄，搞不好會受到酷刑，像張伯達神父一樣死在牢裏。我不怕死，只擔心會連累家人朋友。糟糕的是，我向來有寫日記的習慣，一本精裝本的日記寫了三年，跟朋友的談話、聽道理的內容鉅細靡遺全寫在上面。要是這本日記落到警察手中，不知會害多少人受罪。

想到這裏，我不自覺焦灼地發起抖來。旁邊一位日本修士低聲安慰我：「不要怕，求聖母吧！」

這時一個警察趾高氣揚地命令：「叫到名字的人出來！」

他按著名單唱名，叫到的人一個個被警察押回寢室搜查，要是查到有問題的東西就當場逮捕。我惶恐不安地等著他們叫我，又累又怕，實在撐不住了，決定到聚會廳旁的小房間去休息一下，等他們叫我再出來。警察忙著叫人，沒注意到我。小房間裏有張躺椅，我躺下，心中不斷向天主祈禱，希望警察千萬不要搜出那本日記，不要讓我陷人於不義。

不知不覺我睡著了。也許是天主幫忙，警察奇蹟似地忘掉了我。

等我醒來，天已經亮了，聚會廳裏一個人都沒有。我踩著虛浮無力的腳步回走到三樓，只見每個樓梯口都有警察守著，我的寢室門口則貼著一張紙，寫著「未查」。

回到寢室，我把整本日記撕成極小的碎片，塞進修士袍的大口袋，然後穿著修士袍到洗手間去，把碎片分批丟進不同的碎紙簍，這才卸下胸口一塊大石。

早餐的時候，警察把朱修士帶走了。後來我才知道，大修院裏被帶走更多修士，我們的院長、副院長、神師，全都被捕了。

接下來幾個禮拜，剩下的人被監禁在會院裏，走到哪裏都有警察盯著。他們動不動把我們集合起來聽廣播，內容無非是政治宣導，勸誘我們坦白自首，向警方承認自己是反革命分子。再不然就是宣布被捕的人中有哪些人認罪了，鼓勵我們效法。那些供狀一聽就知道是疲勞偵訊，甚至刑求逼出來的，我們根本不相信。這種廣播內容，每次一聽就是兩三個小時，真是精神折磨。

不過我們的處境算好的了，一來我們這些剩下的人沒有確實的犯罪證據，二來多半有病在身，警察不太願意靠近我們，所以也沒受到太多騷擾。只是每天心驚肉跳，害怕當局會忽然改變心意，連我們也一起押走。

最後，我們全部被遣送回家，總修院也關閉了。

回到家中，迎接我的是父親和妹妹，以及盲眼的外婆和小阿姨。大哥被捕，四哥去山東實習，舅舅王方神父一年前就入獄了，我們到現在還不敢讓外婆知道。

看著七零八落的家，我心中一片淒涼。

經過這次驚天動地的逮捕行動，上海的天主教教會損失慘重。領導人物全部入獄，所有活動完全停止，只有少數幾間教堂開放讓教友望彌撒，大家在教堂裏也不敢交談，彌撒結束就匆匆離開，上海教會從此成了沈默的教會。

不能回修道院，我只有在家中依著嚴神父的教導，自己繼續耶穌會的初學。每天早上默想一個小時，中午省察十五分鐘，晚上再默想半小時，而且每天都要讀師主篇和崇修引[2]。

[2] 《師主篇》、《崇修引》，兩者均為初學生每日必讀的聖書。

有空的時候，我會陪外婆聊天，希望多少能解開她心中的鬱結。年底，中共公審被捕的教會人士，只憑著他們胡亂捏造的罪名，就把龔品梅主教判了無期徒刑。

俗話說黎明來臨前最黑暗，現在黑暗已經夠深了，卻不知黎明什麼時候才會來。

三、決定去香港

一九五六年，很多從修院被趕回家的修士們都去補習，準備考大學，我因為無事可做，也進了補習學校。補習學校設在中學裏，學費並不貴。

除了補習，基於興趣，我還另外向一位韋修女（Sister Candida）學習英文。

那陣子，中共為了營造開明的形象，弄了一個「大鳴大放」運動，鼓勵知識份子發表意見，也開放人民申請出國。說穿了不過是為了把反對份子引出來，日後一併清算；開放出國也只是想把沒有用的人趕出去而已。

韋修女的親人多半在香港，所以她想申請出境去那裏。她是美籍華僑，中文不太靈光，便拜託我幫她填寫申請書。我心想，我何不自己也申請看看呢？所以我也填了一份申請書。我的兩個哥哥在香港，二舅在印尼，但是到香港還要申請入境證，有點麻煩。因此我先申請前往澳門，那裏只要中國許可出境的人都可以入境。

之後在補習學校裏，和一位以前一起修道的朋友閒聊，他也提到：「與其考大學不如去香港。在香港就可以繼續修道，進了大學就真的和修道無緣了。」

這番話更加深了我去香港的決心，大學聯考的時候我故意交了白卷，當然是落榜了。

在這段期間內，我始終是忐忑不安。萬一申請沒通過，我要如何在這高壓統治下生活？雖說在逮捕行動中倖免於難，不表示我就從此平安無事了。我在教會裏雖然只是無足輕重的小人物，卻也曾給高中男生團體講過課。要是有什麼人去公安那裏告我一狀，我也免不了牢獄之災。如果真的被捕我該怎麼辦？難道我的修道生涯就要這麼結束了嗎？

為了去除心中的雜念，我到顯靈聖牌堂避靜三天。[3] 天主教徒只能對天主用「崇拜」二字，對於聖母與其他聖徒的敬仰之情，一律用「敬禮」稱之。在這期間我仔細思考未來的方向，最後終於想明白了。我寧可坐牢，也不向中共妥協，就算被派去鄉下勞改我也無所謂。

避靜結束後，我問我的聽告解神父：「神父，我初學還沒有完成，又有肺病，如果我將來被派勞改，鐵定會死在外地。到時候我可以在死前發三願[4]嗎？」

神父很肯定地回答我：「可以的！」

聽到這話，我安心了。沒什麼好怕的，就算是死，我也可以死在耶穌會內。

回家後不久，我接到當局的通知，要我去一家電表工廠工作。我的職位是工程師助理。在工

---

3 避靜，也叫神操，普通由神師指導進行深度的反省及祈禱，三天，五天，八天均可，期間嚴守靜默。

4 三聖願指貞潔、服從、神貧。根據耶穌會的規定，修士必須在神師指導下完成兩年初學，通過審核後才可發三願，從此算是真正進入耶穌會。

廠裏每個單位都要輪流待二個星期，因而看到很多以前從沒見過的機械，倒也挺有趣。

工廠的工作，讓我第一次接觸到工人階級的人們。工廠裏大約有五六十人，同事間相處還算和睦，只是總有層隔閡在。大家見了面多半談些言不及義的寒暄，絕口不提政治。我完全不談宗教，也沒有人問我。在那個環境下，沒有人敢多說話。大家在低氣壓籠罩下，戰戰兢兢地生活著。

一九五七年春季，在工廠工作半年後，為了準備申請去澳門，我以健康不佳為由提出辭職。我寫了封信給香港的三哥，請他照我列出的內容回信給我，讓我向派出所證明我在國外有親戚，可以照顧我的食宿及醫療。六月初，我備齊了文件，將申請書交到派出所。

在申請前，我已開始做九日經，準備做十次。申請時大約做到第五次。那週，我每天從二樓窗門玻璃倒影中觀察一樓大門的動靜，等著警察來找我做查核。但是他們一直沒有出現。

第二週我不想在家裏枯等，決定到佘山朝聖一個星期，懇求聖母助援。

四、佘山聖母的許諾

佘山山頂的聖母大殿，向來是天主教重要的朝聖地，它的建築風格也是建築史上的典範。小時候，我曾跟著母親和一群太太上山朝聖，先坐車到松江，再搭船到佘山山麓，單趟就要花上三四個小時，一路舟車勞頓，還不時被日軍攔路檢查，累得不得了。但是一見到大殿和聖母像，大家就勞累全消，心中充滿強烈的感動，日後還是不辭勞苦一而再地前來。

我這次上山，住在半山腰的中山宿舍。本堂神父是大哥的好友，親切地招待我。

從中山到山頂的徑摺路上，立著十四苦路像，每天下午我拿著山頂大殿的大鑰匙，一路拜苦路上山[5]，獨自鎖在大殿裏對聖母祈禱，求她幫助我順利取得出境許可。

待在佘山的最後一天，我在祈禱的時候，心中湧起強烈的感應，直覺告訴我，聖母已經答應了我的請求。我感激不已，當場許下三個誓願：第一，總有一天我要回佘山來，做一台彌撒還願[6]，第二，我要獻一百台彌撒為謝恩，第三，將來我被祝聖成為神父時，我要理光頭。

第二天，我滿懷希望地離開佘山，臨走前將一本鍍金邊的拉丁文彌撒經本送給一位修士，反正我到了香港也用不著。

中午回到家，吃飯的時候我告訴妹妹，我把彌撒經本送人了，她非常不以為然。

「你至少等許可下來再送嘛！萬一去不成怎麼辦？」

佘山堂頂（看似是十字架，其實是聖母抱著耶穌）。

5 耶穌在背著十字架前往受刑的途中，經過十四個地點，總稱為十四處苦路。教徒依序在描繪十四處苦路的畫像或雕像之前祈禱膜拜，此類祈禱稱為拜苦路。

6 獻彌撒，指貢獻金錢，請主持彌撒之神父以貢獻者的意願做為彌撒的第一意向。每貢獻一次稱為「獻一台彌撒」。

陸爸與二十位輔大宗教系師生至佘山修院朝聖，中間為佘山修院任神父。（2002年）

我胸有成竹地說：「放心，一定會下來的。」

她反駁我：「你有什麼理由這麼肯定？」

就在這時，住在一樓的小阿姨跑上樓來找我。她說：「早上你們兩個都不在，有個警察來過，他說毛毛弟的通行證已經核准了，要你快點去拿。」

妹妹目瞪口呆，我當然是非常感恩。佘山聖母，謝謝您！

五、離家

拿了通行證，我趕去車站買車票，買到了一張一星期後的票子。那個星期我神經繃得死緊，總覺得只要稍不注意，通行證和火車票都會不翼而飛。所以我把通行證和火車票裝進貼身口袋時刻帶著，就連睡覺也不離身，免得被偷走。

我的行李很簡單，只有幾套換洗衣物。出發前五分鐘，我來到外婆房裏。關於我準備離家的事，我和家人一直瞞著她，現在不說不行了。

「外婆，我要動身到二舅的地方。二哥三哥都會照應我，您不用操心，您自己要好好保重身體。」

說完我很快地離開她的房間，從後門離開住屋宅，因為我不敢看她哭。

那天是六月二十一日，在上海火車站送行的人有父親和妹妹，還有剛從監獄放出來的大哥。我們的道別很簡短，彷彿我只是要出門二三天，很快就回來。但事實上：我們這一輩子可能再也不能相見了。

在我上車前一刻，大哥忽然問我：「你是不是加入了耶穌會？」

我不得不佩服他的敏銳，如此地保密還是瞞不住他。但是嚴神父鄭重囑咐過，絕對不能告訴任何人我是耶穌會的修士。我只得撒謊到底：「不是。我沒有加入耶穌會。」

就這樣，火車帶著我遠離了家鄉，遠離摯愛的親人，只留下一句謊言。而在我離家後不久，大哥再度入獄，一關二十年。

搭了二天火車來到廣州，我找了家旅館住下，一進房間我馬上跪下禱告，感謝天主保佑我順利走完一半路程，並請祂在剩下的路程上繼續看顧我。

我趁著停留在廣州的時間，拜訪了廣州的鄧以明主教。鄧主教以前曾在上海讀過書，升主教後也來過上海，觀賞我們君王堂聖詠團的表演。他非常了解上海天主教會的處境，好好地勉勵了我一番，並祝福我一切順利。事實上，當時他自己也正處於非常危險的狀態。不久之後他也被捕，入獄十六年。

到達廣州的第二天晚上，我搭船前往澳門，同船還有一些來自上海的教友。其中一位教友無意間看到我手中有一張五塊錢人民幣紙鈔，非常緊張。

「陸修士，你怎麼帶著那東西？快把它沖掉！」

我不解，「為什麼？這是錢又不是犯法的東西，而且我身上只剩這些錢了。」

「不行不行，你帶著它，萬一澳門人不讓船上岸怎麼辦？你可別連累我們這些同船的人。」

「不會的，您想太多了。」

我們爭辯許久，他還是非常堅持。後來我明白了，眼看自由只差一步，在這種時候，人的神經自然會緊繃到極點，沒辦法跟他講道理的。

我只好讓步，乖乖把我全部的財產丟入馬桶沖走。

船不大，在廣闊的珠江江面上顯得更是渺小。遠處中共海防的船，不時用探照燈掃視江面尋找偷渡者，看得人人心裏發毛。雖說船上的人都有通行證，卻沒人能保證海防隊不會忽然把我們攔下來，把其中一些人抓進牢裏。

在這種提心吊膽的狀況下，我只覺得船動得好慢、好慢，我甚至覺得它根本沒前進，只是在原地打轉。就在我以為永遠到不了的時候，澳門的陸地赫然出現在視野中。

天色已經亮了。

第四章　新天地

一、療傷止痛

上了岸，看到一位穿著白袍的修士在等我，正是二哥達初，專程從香港趕來澳門接我。我們兄弟八年未見，此時自然是激動非常。二哥知道我進了耶穌會，帶我到澳門的耶穌會會院落腳，一路上不斷問我上海的情形，家人親友的近況，想到一連串的巨變造成家人離散，都是不勝唏噓。

我住進耶穌會遠東省會院，心中還有那麼一點不真實的感覺，不敢相信我真的離開了危機四伏的上海，踏在自由的土地上。

第二天，我接到通報，說我哥哥來看我，便出去迎接。很奇怪的是，昨天上岸的情況又重演了一遍：穿著修士服的哥哥激動地等著我，抓著我不住詢問故鄉的情況。

我一頭霧水：二哥怎麼今天又跑來了？這些話不是昨天都說過了嗎？

直到十幾分鐘後，眼前的哥哥說了一句：「我聽二哥說……」

我這才醒悟：「你是三哥？」

哥哥莫名其妙地說：「不然你以為我是誰？」

我很慚愧地承認：「我以為二哥又回來了。」

「你睡傻啦！」兄弟二人相視大笑起來。

之所以會鬧出認錯哥哥的笑話，一來是因為雙胞胎長得太像，二來我在中共統治的恐怖陰影下待了八年，壓力太大，雖說現在解脫了，腦筋還是不太靈光。

那時的澳門跟現在的賭博天堂不同，是個清靜優美的地方。夜裏非常安靜，從窗戶看出去是一片美麗的夜景，讓人心曠神怡。然而八年的創傷並不是容易癒合，剛到澳門的時候，我常常在夜裏，大叫著從夢魘中驚醒。雖然離開了傷心地，精神上還是無法放鬆，幸好有兩個人治好了我。

在等待香港簽證的期間，我多半以閱讀排遣時光。偶然間讀到了一本張秀亞女士的散文集「湖上」，這本書的文字清淡有味溫潤柔和的口氣，讓人不由自主地想要放下所有雜念細細品嚐。就在反覆閱讀的過程中，我感覺到書中的文字正溫柔地撫慰著我的心靈，一點一點慢慢地讓傷痛褪去。

除此之外，還有女畫家劉河北的聖母像，她筆下的聖母穿著中國衣飾，乍看之下像極了中國的觀音菩薩。她把中國婦女溫柔婉約的氣質加到聖母像中，更顯出聖母的祥和慈悲。藉著欣賞她的聖母像，我的心情漸漸平靜下來，終於可以在新天地裏自由地呼吸了。

之後我又到澳門的醫院裏檢查身體，為我檢查的是位葡萄牙醫生，他看過我的X光片後，很肯定地告訴我：「你的肺結核已經完全康復，以後不用再吃藥了。」

聽了這話，我真是欣喜若狂。得到自由，健康也回來了，人生夫復何求？之前因為生病的緣故，不能做運動，現在得了醫生的保證，我便盡情地活動筋骨，散步、爬山、划船樣樣來，心情非常愉快。

在澳門待了五六個星期後，我取得了香港的簽證，再度啟程前往人生的下一站。

二、上海人

到達香港後，我跟著兩位哥哥在慈幼會修道院住了一陣子。不久他們就出發去義大利念神學了，我到碼頭送他們上船，隨即搬出了慈幼會修道院。

那時，又有幾個耶穌會的同學從澳門過來，於是耶穌會的院院長才爾孟[1]便在九龍塘租了一棟房子，讓我們六個逃難出來的上海修士居住，並請了一位義大利神父當舍監管理我們。才院長外表威嚴，內心非常慈祥，對我也很照顧。為了體貼我們離鄉背井的心情，他專程僱了位上海老太太幫我們作飯，她女兒幫忙洗衣服。我們終於又可以嚐到懷念已久的家鄉口味。

於是我又繼續耶穌會的修道。會院裏的生活跟當年修道院裏差不多，早上默想和望彌撒，然後上課到下午。只是為了讓我們幾個早些從逃難的陰影中恢復精神，神業[2]沒有修道院裏那麼重。

---

1 才爾孟（Rev. Germain, Georges SJ，一八九五—一九七八，法籍）耶穌會神父，曾任上海震旦大學校長多年，成績卓著，並被龔品梅主教委任為耶穌會上海教區財務顧問。大陸淪陷後，被中共以「帝國主義陰謀份子」名義驅逐出境，抵達香港繼續傳教，擔任耶穌會中華區總務。

2 神業，修士在修道院裏的課業之總稱，包含靈修、讀書及勞動。

那時，院長請了不同領域的老師充實我們的課業。一位中學老師每週來為我們上二到三次的英文，上課一律用英文交談。教國學的是一位知名的報社專欄作者，他教我們史記、戰國策和孟子，我也學得頗有興趣。教拉丁文的是我們的舍監義大利裔的博神父，拉丁文向來是我的拿手科目，難不倒我。

閒暇的時候，我們六個年輕人會在中庭花園裏踢足球。有一位同學是體育系肄業的，運動神經特別發達，受他的影響，我們其他人也更加熱愛運動。

除此之外，我們一星期有三次郊遊行程，二次半天一次全天。我們有時會去爬山，或到荔枝灣或長洲划船，不過最頻繁的是去海邊游泳。

我原本是隻旱鴨子，這回下定決心學游泳。海水的浮力比淡水強，感覺比較不容易沈下去，只是深度又讓人生畏。我的解決辦法是把救生圈用繩子繫在泳褲上，游到腳踩不到底的地方就抓住泳圈漂浮，休息一下。多次練習之後，終於學會了游泳。

我們幾個每個星期都會去聖德蕾莎堂望彌撒，週末該堂放映經典電影我們也絕不錯過，那時的生活過得充實而愉快。

同時，經由華仁中學[3]陳倫緒神父的介紹，我認識了散文家思果先生。思果先生是有名的作家，也是天主教徒。我們往來相當密切，我得以時常拜讀他的文章，向他請教寫作的要訣。

[3] 九龍華仁中學，由耶穌會創立之男校，又稱華仁書院。另一所在香港，叫香港華仁書院。

到香港後，我將當年在上海的經歷寫成報導，由其他教友翻譯成法文發表，讓世界各地的教友都知道上海天主教徒遭受的迫害，得到不少迴響。後來耶穌會遠東省[4]倪會長（Cristóbal deOñate，西班牙籍）前來香港，特別接見我，熱情地鼓勵我一番。這對年僅二十二歲的我而言，真是極大的光榮。

由於來往的全是來自上海的朋友，幫我們煮飯洗衣的幫傭也是上海人，根本沒機會學廣東話。星期天電台（麗的呼聲）廣播兒童劇，我還蠻愛聽的，一來內容有趣，二來它們的語言較簡單，大致上聽得懂。

聽是沒問題，開口說卻很困難。跟香港本地人之間難免有些隔閡，在公共場合常聽到香港人語帶輕蔑地稱呼「上海人」。那時很多上海人逃難來香港，其中雖然有不少有錢人，上海人在香港人印象中還是跟「難民」劃上等號。

當年在上海，我們對不會講上海話的外來居民也總是帶著三分輕視。他們多半來自長江以北，在上海開理髮店或洗衣店維生，或是給人幫傭。我常去光顧其中一家理髮店，手藝很好。即使如此上海人還是看不起他們，認為他們比本地人低一等，把他們一律叫做「江北人」。

如今輪到我們被叫「上海人」，只能說是風水輪流轉。

[4] 耶穌會以「省」稱呼全球不同區域之組織層級。耶穌會在香港的組織有二，遠東省及愛爾蘭省。遠東省管轄部分香港、部分澳門、台灣、部分菲律賓及中國大陸，之後改稱中華省。愛爾蘭省管轄大部分香港、馬來西亞、星加坡及廣東。

當初由澳門來香港，我搭的是一艘大船，甲板底下還藏著一批沒拿到簽證的偷渡客。上岸之後，偷渡的人都很快得到永久居留權，反而是拿合法簽證入境的我，一直只有短期居留權，每隔半年得去延期一次，相當麻煩。

以上這些生活上的不便，其實都只是小事，不會造成太大的困擾。到達香港將近一年後，我遇上了真正的大麻煩。

三、入院

一九五八年五月開始我常常胸悶，呼吸困難，到了下午還會發燒。去醫院檢查後，醫生告訴我：「你的肺病已惡化，非動手術不可。」

「什麼？我肺病不是好了嗎？」

原來在澳門照X光的時候，肺部一個小小的病灶被肋骨遮住沒照到，造成醫生誤判。如果那時立刻吃藥休養，病情很容易就可以控制，但是我不但停了藥，還毫無顧忌地激烈運動，生病的肺當然受不了。

事已至此，再來埋怨追究也沒有用，於是我住進了醫院。

住院後，我先休養三個月，準備動手術。在手術之前必須做個小手術：插管至氣管注入顯影劑，再照X光。插管是件非常痛苦的事，但我之前早已下定決心，願為天主忍受世上一切痛苦，所以我非常合作。

幫我插管的是醫院院長。他命令我：「深呼吸。」我便乖乖照做，讓他很順利地將管子插進我的氣管。

照完X光回到病房，護士稱讚我：「你很勇敢，很多病人受不了痛苦，都會掙扎抗拒，還有人因此戳破氣管呢。」

接下來，我必須靠自己將肺部的顯影劑咳出來。我整整咳了三四個鐘頭，還勞煩護士不停幫我拍背，折騰了許久才大功告成。

當晚我寫信給上海的父親：「插管比手術還麻煩呢。手術至少會麻醉，插管的時候我從頭清醒到尾，真是難受。」

誰知過不了一個星期，我又被推進手術房，這回院長身邊圍了一群醫學系學生。

他告訴我：「陸修士，我要幫你再插一次管。」

「為什麼？」我問。

「哦，因為我要給學生做示範教學。」

「那為什麼找我呢？」

「因為幫你插管最順利。」

唉，甘願受苦的結果是再受一次苦，天哪！

照完X光片，手術的日期也定了。醫院有個規定，凡是手術的病人，家屬必須捐一磅血給血庫。我當然沒有家屬，幸好，當年徐匯修道院為我講解聖母敬禮的老友吳修士慷慨捲袖，為我捐血。

手術動刀的是醫院副院長，他看過我的X光片後對我說：「有些肺結核手術需要鋸掉四根肋骨，我看你的情況應該是不用。」

我聽了鬆一口氣，不鋸肋骨痛苦當然比較少，復健也比較容易。

手術後我在加護病房裏醒來，痛得差點死掉。由於胸口被打開過，必須固定胸腔形狀，胸口牢牢綑著好幾層繃帶，幾乎把我勒死。我已經痛到失去理性，伸手偷偷將繃帶解開。

我在加護病房裏躺了幾天，幾乎完全不能動彈。不知是第幾天，氣管裏忽然卡了塊血痰，怎麼也咳不出來。那時我身上插了根導管，用來排出肺裏的廢物和體液。氣管一堵住，空氣無法進入導管，廢物排不出來，我便開始發燒。

那天夜裏，我全身上下像是有火在燒，痛苦難當卻又動彈不得，只感覺到喉嚨裏那塊血痰不住上下移動，跟外公過世時的情況非常相似。我知道再這樣下去，等血痰堵住氣管就是死路一條，便向聖母祈禱。

「親愛的聖母，求您幫助我渡過這一劫。從此每月第一個星期六（天主教特敬聖母之日），我一定會加倍用心地念玫瑰經，望彌撒，更加虔敬地為您而活……」

才禱告完，一位幫忙護士照顧病人的阿媽泡了杯溫牛奶給我，我用吸管吸了下去，忽然「咳」地一聲，血痰咳出來了！

血痰咳出後，空氣長驅直入，導管也暢通了，體內所有廢物源源不絕流出。不久，燒也退了。第二天我被推回到了普通病房裏去。

強調科學理性的人也許會說，我會得救純粹是心理因素，或是那杯牛奶的功勞，跟聖母沒有關係。但是我心裏明白，當時的危急狀況絕不是我自己的力量能夠克服，那杯牛奶也絕不是巧合，而是聖母的看顧。

回到普通病房後，親朋好友紛紛前來探望，這時才有人看到我床尾掛的病況紀錄。

「陸修士，你鋸了四根肋骨啊？」

我吃了一驚，本來不是說不用鋸的嗎？

後來才知道，醫生是在手術中途才臨時決定要鋸肋骨的，怪不得這麼痛。

母親的好友楊阿姨，幾年前就跟著她做保姆的家庭一起搬來香港，這時也常帶許多上海食物來看我。還有當年在慈幼會修道院的邱神父，那時也在醫院附近的香港仔工業學校當院長。有一天傍晚，他帶著七、八位修士來探病，只見病房裏站了一大群白袍修士，病友人人側目。

普通病房分為三個區塊，每區有八張病床，也就是說每一間大病房裏住著二十四個病人。我在醫院裏一住十個月，原本半生不熟的廣東話，也因為同這麼多廣東人相處而大有進步。

病友們來自三教九流，什麼階級都有。這是我繼工廠工作之後，第二次和工農階級的人們相處。說真的是有些不適應，但是我既然決心修道，當然也要有為人民服務的心理準備，所以我總是非常地尊敬他們，跟大家培養出同病相憐的感情，相處十分融洽。

住院也是觀察人生百態的好機會，在病房裏常可看到一些令人啼笑皆非的事。

睡我對面病床的先生是位基督教徒，有一回教會的美國牧師來看他，給他領聖餐，又送了個紅包慰問他。等牧師一走，他老兄立刻跳起來向醫院請假要外出。

我們問他：「您要去哪兒？」

他一揚手上的紅包：「難得拿到錢，我要去找小姐快活一下！」

我只能希望他千萬別給那位牧師撞見。

另一位病友也是個風流浪子，有位女客常來看他，不知是太太還是女友。有時那位女士一來，他們兩人就躲進廁所，消失老半天才出現。

還有一次，一個高大的外國人與幾個年輕人經過我的床。一看見我立刻說出「陸」。怪了，他怎麼知道我是「陸」？他用英文告訴我說我長得同我的父親一模一樣，而我的父親從前在主母會修士在上海辦的中法中學，教過二十多年書，所以……。

以上都是住院時的趣聞，在病房中我仍舊過著滿腦子的宗教生活：每天定時祈禱，默想省察。聖神修院的郭神父每週三次會來給我領送聖體。

為了跟大家和睦相處，我從不跟病友談論宗教，更不會向他們傳教。奇妙的是我出院後不久，一位從來不曾表現對天主教有興趣的病友開始上教堂聽道理，後來領洗時還找我當他的代父（或稱教父）。

人跟人之間的交流，有時會在最想不到的時間地點結出果實。

這次手術我割掉了四根肋骨和左肺葉的四分之一，平常生活完全沒有不便的感覺，只是天氣

1958年，在香港因肺病開刀。

不好的時候會有些不太舒服，不過以後一連十年，每次照X光的結果都是正常的。

終於得回了健康，我想這十個月的折騰是值得的。

四、空氣不足

我在一九五九年四月出院，住入才院長在九龍城裏買下一棟二樓洋房，我便住進會院裏養病。接下來半年專心休養，準備入初學院。我每週三次向一位比利時修士學習法文會話，並向思果先生學習英文寫作。

同年十月，順利進入位在長洲的初學院。這所初學院屬於愛爾蘭省，平常全部用英文上課。語言並不是問題，但是我跟師長的溝通卻出了大麻煩。

我的神師是愛爾蘭籍，他會講廣東話，曾在廣州傳教。在他眼裏中國就只有廣東和香

康復後，對未來充滿希望。

港，對於大陸他根本不在意，更不了解中國的文化傳統。更糟糕的是，他非常強調理性，對我這種凡事重感性的生活模式很不以為然。他更加不能接受我對聖母的強烈傾慕，時時刻刻想導正我，要我把全部心思放在耶穌身上。

跟這樣的長輩相處當然很不容易。耶穌會並不禁止合理的辯論，但是跟一個立足點、著眼點都和我南轅北轍的人，再怎麼辯論也不會有結果。況且他是老師，我不能公然跟他爭執，只覺得非常鬱悶，彷彿身在空氣稀薄的高山，連呼吸都很費力。

楊阿姨來探望我的時候，看出我很不開心，她勸我：「既然在修道院過得不好，那就離開吧！有我在，你在香港生活不會有困難的。」

我苦笑，婉謝了她的好意。當初我為了要修道，才千辛萬苦離開上海，哪有到了自由的地方反而放棄的道理？我要做的不是放棄修道，而是換個環境，一個能讓我自在呼吸的地方。後來聽說耶穌會在台灣關西設了初學院，就一直很想過去。

之前倪會長就曾幫我申請到台灣，只是國民黨政府對來自大陸的移民審核很嚴格，必須在大陸以外地區居住過五年的人才可以進入台灣，我的資格當然還不夠。倪會長看我在初學院裏悶悶不樂，更加積極地幫我申請，據說還請了國大代表幫忙遊說，最後在一九六〇年十月，我終於得到准許，可以到台灣居住。

就在這時，我接到通知，再過一個月就可以拿到香港永久居留證了。

我考慮的結果，要是留下來等香港居留證，恐怕國民黨政府會對我有所猜忌，搞不好會取消我的入境許可，於是我決定放棄香港永久居留權，搭機前往台灣。

第五章　欠缺

一、真正的反共

我在松山機場下了飛機，迎面就來了個警察。

「陸先生，警方有些問題想請教您，請跟我們來一下。」

我來自中國，這點已經夠讓人懷疑了，況且我沒照規定，在香港只待了三年半就獲准來台，警方當然更要好好調查一番。

我在警察局一待就是兩個小時，警方鉅細靡遺地盤問我的來歷背景，我也仔細回答他們的問題，告訴他們我的親人朋友是如何遭到中共迫害，甚至還告訴他們我在課堂上和老師爭辯的往事。他們的態度還算客氣，還讓我吃飯。最後他們暫時決定我沒有什麼可疑之處，就放我離開。

走出警局，有兩位神父來接我。一位是朱勵德神父，也就是君王堂朱樹德神父的弟弟；另一位是顧保鵠神父，他在師大英語系教書，是我哥哥的同學。

他們兩位帶我住進和平東路聖母會的服務中心。在談天中他們告訴我，現在台灣的大學生很熱衷新儒家思想，唐君毅、牟宗三、徐復觀及錢穆的著作都大受歡迎。老實說，這些東西我都聽不懂，幾年來的時間都用來修道，讀書也只限法文拉丁文和其他文學科目，與宗教距離較遠的東西我就一無所知了。我不懂文化，不關心政治，連報紙都很少看。

兩天後，我搭上對號列車，前往彰化靜山修道院。列車乾淨舒服，隨車小姐親切有禮，窗外的田園景觀怡人而祥和，這是我初到台灣最深刻的印象。

靜山修道院設立不久，佔地寬廣，學生卻只有幾個，三名初學三名文學，加上我共七名。到達靜山半個多月後某日，我居然有十二名訪客，他們全是警察。六名來自台北，其他六名應該是彰化當地警察。警察機關果然還沒有真正解除對我的疑心。

我拿出無比的耐心，向他們解釋我不是間諜，那麼多家人朋友被中共平白關在牢裏受罪，我怎麼可能幫中共作事？

其中一個警察回答：「搞不好你就是打算將功贖罪，出賣台灣的情報給中共，好讓你親友出獄呀！」

我真的有點火了，忍著氣對他們說：「你們都說你們反共，你們真的反共嗎？你們吃過中共的苦頭嗎？你們受過生離死別的折磨嗎？你們的反共跟我的反共比起來，差太遠了！」

他們這才放過我，從此沒再來騷擾，只是我的信件似乎都被拆閱過。我想這是沒辦法的事，他們有他們的顧慮，反正我對得起我的良心，信上寫的東西也都光明磊落。不怕他們看。

這裏環境清幽，食物也很合胃口，同學師長間可以用廣東話、上海話溝通，我開始學習注音符號，國語也比以前標準了些。這裏比香港的初學院多了幾分親切感，我在香港感受到的鬱悶也一掃而空。

前面說過，我自從得到聖召後，整整六年期間都處於極其狂熱的情緒中，腦中除了靈性的價值外，其他都不足道。後來，這種激情總算稍微冷靜下來，比較能夠思考宗教以外的事情。到台灣之後，我更發覺到，自己欠缺了很重要的東西。

二、自卑情結

原本我應該再做第二年初學然後念文學，由於我的修道過程一波三折，光初學就換了三個地方，加上逃難的緣故，年紀已經不小，倪會長特准我在靜山念初學的同時也念文學。

念文學必須讀拉丁文、中文和英文。英文學的是英國文學史和英詩；拉丁文每天都要背西塞羅[1]的演講稿，和法學辯論訴狀。所以我每天早上早餐後都到四樓屋頂上去背書。中文是請東海大學的孫克寬教授來教荀子，另外請台中一中的韋政通老師來教牟宗三思想，我這時才初步認識了新儒家思想，對我日後影響很大。

文學本來有三位修士，其中一位不久就離開彰化去新竹做出試（教書），剩下我和另外兩位修士。張宇恭修士是震旦大學肄業，曾經到越南、西班牙留學十餘年，擁有兩個碩士學位。王敬弘修士則是台大土木系畢業生，當完兵才來修道。他的叔祖父是中央研究院院長，父親是有名的

---

1 西塞羅，Marcus Tullius Cicero，西元前一〇六年—西元前四十三年。古羅馬著名之演說家與政治家，曾任律師，後擔任羅馬執政官，因堅持共和制而遭處死。留有大量哲學著作及演講稿，成為古典拉丁文的大文豪。

出版社負責人，可說是書香門第。

他們兩人都比我年長，而且學識豐富，談話的深度和涵養跟我這個傻小子大大不同。每次跟他們交談，我都好像小孩聽大人說話一樣，滿心驚歎與佩服，同時也察覺自己的視見淺薄，忍不住自慚形穢。

除此之外，在寒、暑假常有很多台北的大學生來修道院避靜，修士們要幫忙分發食物，收拾和清洗碗盤。那些學生多半是台大師大政大的學生，有極高的學歷，看著這些學有專精又自信滿滿的年輕人，沒上過大學的我深深地感到自卑。

一九六一年，我完成初學，在天主面前，慎重地許下了貞潔、服從、神貧三願。十月中我正式進入文學院，從四樓的宿舍搬到三樓。

這時我體會到，不能再老是做井底之蛙，滿腦子只有宗教狂熱，否則會與現實世界隔絕，變成不食人間煙火的出世人。該是好好充實自己的時候了。

三、光頭小和尚

耶穌會規定，修士每年必須避靜八天。進入文學院後，我參加了一次難忘的避靜，講道的是朱蒙泉神父。他曾經就讀上海震旦大學醫學院，念到大三就修道了。他學識豐富，做事也很認真。這回避靜，他一天要講四次默想題。他說他來之前，一天準備一個默題，整整準備了三十二天。

這次避靜，可說是我十幾年的陶成期間中最好的八天避靜，我受到前所未有的感動和啟發。

避靜的最後兩天剛好是天主教的聖週。[2]我在朝拜聖體時，細讀耶穌在最後晚餐時給門徒開誠佈公的談話，深受感動，仔細思考我究竟要做什麼：博士或修士。避靜後就剃了個光頭。雖然還沒正式祝聖為神父，我想藉著這個動作提前宣示我跟隨聖召的決心。

由於之前在上海和香港念了很多文學課程，會長特准我在文學院只需念半年，半年結束後我就和張宇恭和王敬弘修士一樣，申請前往菲律賓念哲學，那時是西元一九六二年。

簽證下來之前，我們三個前往蘇澳度假，在那裏遇到一群剛從菲律賓回來接受祝聖的新神父。一行十五個人在蘇澳待了一、二個星期，每日的行程就是拜訪附近的教堂，或是到海邊和山區散步。

度假結束後，王、張兩位修士的菲律賓簽證都下來了，他們就跟著新神父們一起去菲律賓，我沒有拿到簽證，就得留在台灣。

知道會長要我去看他，我在回彰化的路上，去台北拜訪他。會長指示我：「今天你不用回彰化了，去新竹類思青年中心開始做出試吧。」

既然已經發了服從願，當然要聽從會長的指示。於是我把往彰化的車票改成往新竹，來到了下一個落腳處。

[2] 聖週，復活節（Easter，每年春分月圓後的第一個星期日）之前一週為聖週，為天主教禮儀節的核心，紀念耶穌在比拉多執政時釘十字架受難而被埋葬，第三日復活的過程。聖週的開始是復活節的前一個星期日，稱為聖枝主日（Palm Sunday）。

四、廢物利用

新竹類思青年中心位於新竹市北大路上，由美籍神父杜華（Fr Louis Dowd S.J，一九一一—一九九〇）募款建造，設備相當完善。中心聘請新竹一中的老師，在放學後為附近的中學男生補習課業，只收極低廉的費用，很受年輕人歡迎，成為男孩子們活動交誼的園地。

我第一次走進青年中心的時候，一群學生正在裏面開會。他們忽然看到一個頂著大光頭，身穿長衫，背著小背包的怪人，都目瞪口呆不知如何反應。

人群中有一位四十好幾，容光煥發的美國人，正是負責人杜華神父。他操著流利的國語帶著三分戲謔說：「我來介紹，這位是陸修士，耶穌會把他派來我們這裏幫忙，算是廢物利用。」說著他就大笑起來，學生們也笑成一團。

我勉強跟著笑，心裏卻很不是滋味：這神父怎麼一見面就損人？

沒多久我就知道，杜神父原本就是個擅長搞笑，懂得炒熱氣氛的人，所以甚得學生們的愛戴。他不但風趣幽默，語言能力也超強，不但精通國語，上海話和閩南語也非常流利。他的募款能力更是了得，拍下許多生動的照片寄回美國向親友募款，為青年中心籌得大筆的經費。

雖說一進門就被損了一句，我可是有備而來，不是給人戲弄的。學生們晚上上完課後，不少人會留下來望彌撒聽道理，彌撒時我負責彈琴，結束後帶領念玫瑰經。我早已準備了幾十個笑話，每次念完經就講一個，逗得孩子們哈哈大笑，不久他們跟我也熟絡起來。

1969年，杜華（前左二）的小光頭都成了大學生。鄭聖沖（前右二）、陸爸（左一）。

中心有少數學生住的宿舍，每天早上我帶著他們做十五分鐘默想，等孩子們都上學後我就回房讀自己的書；放學後，當一大群孩子嘻嘻哈哈地騎著自行車回到中心，我一定會出來迎接他們。他們全都是非常優秀的孩子，腦筋靈活又多才多藝，日後也都成為社會菁英。跟他們相處的這段期間，我就好像多出了一大群弟弟，再度享受當兄長的滋味。

杜神父不愧是點子王，非常懂得如何吸引年輕人。他用募來的款項買了一台小火車，還有村莊模型，在中心外面擺設起來通上電，只見小火車「嘟嘟」地在鐵軌上奔跑，駛過鄉村和森林，充滿童趣。附近的孩子無論信不信教，都非常愛看，向父母吵著將來要來中心補習，因此我們的人氣也越來越旺。

到了暑假，杜神父用自己的小貨車，把二十幾個孩子塞進去——真的是用塞的——開去日月潭玩。我坐在副駕駛座上，一路上聽著那台車的喇叭聒噪地響個不停。

到了目的地，我們白天帶著學生們爬山郊遊，有時也會講道，晚上就寄宿在附近的學校教室裏，大家都玩得很盡興。

因為向心力強大，即使是暑假，孩子們照樣往青年中心跑。所以從年頭到年尾，中心總是洋溢著笑鬧聲。

有空我會教教學生拉丁文，他們也教我閩南語。我學了半年，總算學會一些詞句，還是很不靈光。

至於休閒，每個月我會跟另一位在新竹工作的吳楚仁神父結伴去看電影，有一次看到一部片子，講的是釋迦牟尼的生平。這是我有生以來第一次接觸到跟佛教有關的資訊，覺得很新奇有趣。

在青年中心最重要的經驗，是拜訪聖衣會。

聖衣會是天主教修會中很特別的一支。男女分住不同的會院。男會員可以出外傳教，女性一旦入了修會，除了就醫之外，終身不得外出。她們一生留在會院內，每天祈禱超過四小時，為了世上受苦的人祈禱。其他時間就靠製作彌撒用的麵餅和手工藝品賺取經費，是完全避世的苦修生活，修為之深不是外人可以體會的。

中國聖衣會原本設在上海，後移至美國。經過新竹耶穌會的邀請來台設立分會，所以聖衣會和耶穌會的關係很好。會長是寶拉修女。她當年在上海震旦大學讀過書，英文也很流利。

當年聖衣會修道院離青年中心很近，只有五分鐘，所以我和學生常去拜訪她們。

聖衣會的修女不能出來，孩子們便隔著柵欄和她們交談。們聽著她們娓娓傾訴心中堅定的信仰和長年靈修的心得，大家都大受感動。回來之後，原本不信教的人也開始信了。

順道一提，乍看之下，聖衣會如此苦修，應該沒有幾個人受得了，事實卻恰恰相反。她們後來搬到萼林，因為人數太多而在台北深坑又設了分部。參加的女性很多都擁有極高的學歷，我日後在輔大教的女生也有人入會。可見這世上有多少人渴望過著與世隔絕，全心奉獻的靈修生活。

在青年中心服務一年後，我取得了菲律賓簽證，動身前往菲律賓攻讀哲學。

第六章　不再是井底之蛙

一、開竅

一九六三年，我來到Novaliches的伯曼學院。學校位於馬尼拉郊區，專為培養耶穌會修士而設，屬於菲律賓省，制度和師資均屬上乘。

我在這裏遇到許多舊識，有在上海的朋友，也有香港的同學，還有彰化的王敬弘和張宇恭修士，總共約十三、四名中國修士。我們組成了讀書會，每個月固定研讀中國哲學。因為學校的教育以西方哲學為主，我們得自力救濟，才不致和中國哲學脫節。

這是我第一次真正研讀西方哲學，開始的時候，真的非常辛苦。因為我向來只喜歡文學，比較習慣文學具體描寫事物和情感的模式，碰到強調理性邏輯思考，內容抽象的形而上哲學時，怎麼也進不了狀況。

為了彌補先天的不足，我只好加倍用功，別人一篇文章讀一遍，我就讀十遍，直到讀通為止。雖然如此，還是抓不到要領，一直讀得很辛苦。

入學八個月後，有一次老師出了個作業題目「共相」[1]，要我們寫八頁的報告。讀了想了一個多星期以後，某晚我睡前躺在床上，絞盡腦汁思考這個題目，忽然間我腦中跳出一個問題，就像漫畫裏人腦中忽然亮起燈泡的感覺，接著又是下一個問題，又一個；八道問題源源不絕湧出。這下子我睡意全消，跳起床來，把這八個問題寫下來。

研究學問，找答案還在其次，最重要的是問對問題。就像武功高手打通任督二脈一樣，這一瞬間，我發現我的思路已經通了。不但順利寫出老師要的文章，日後讀書也不再有格格不入的感覺。從此我真正跨入西方哲學的門檻，哲學也變成了我一生的志業。

此外，由於我從小受西式的教會教育，學習拉丁文和英文，消遣是彈鋼琴，不知不覺養成了崇尚西方文化的想法，總認為西方比中國高一等。直到在讀書會裏，和大家一起研讀中國哲學，接觸到了新儒家思想，讀了唐君毅和牟宗三的學說，這才了解中國哲學的偉大。中國老祖宗幾千年來傳下來的思想資產，比起西方毫不遜色，連西方的哲學家都得來研究中國的老莊哲學，我居然以為中國比不上西方，真是太淺薄了。

導正了錯誤的觀念，我在學習上進展更大。由於唐君毅是以黑格爾的方法論治學，牟宗三則主要研究康德，連帶著我也對黑格爾和康德產生興趣。尤其是黑格爾，念哲學的第二年，我開始研讀黑格爾思想，後來也以黑格爾做為碩士論文的題目，日後這篇論文發揮了極大的用途。

1 共相，普遍的形式。哲學上對於事物是否存在普遍形式，有各式的學說理論。

原本我棋藝不精，自從學了重邏輯的西方哲學之後，學會了推理思考，能預測對手的策略，下棋百戰百勝，這也是哲學的附加價值吧。

在哲學院的另一個收穫是認識了馬賽爾，並進入了存在主義的世界。

伯曼學院有一座設備完善的圖書館，各式藏書和期刊都極為豐富。我進入學院後，為了彌補知識的不足，開始勤跑圖書館，這在我目前為止的求學生涯中可是前所未有的事。

在圖書館裏我讀到一本期刊，上面有一位美籍神父V.Miceli寫的一篇文章《An Ascent to Being》，探討存在主義大師馬賽爾的存有論。

這篇文章的主旨是探討人與人間的關係，人類如何藉著彼此關照，建立緊密的關係而得以超越自身的限制。我深受感動，從此與馬賽爾結下不解之緣。

存在主義在西方哲學中雖然不算主流，卻讓許多哲學研究者深深喜愛。它較為感性，強調社會和終極關懷，也要通過人文了解人性。正因如此，存在主義學者中有許多文學大家，如卡繆和沙特。

老實說，雖然喜歡哲學，但我不願意變成一個事事只重理性、忙於思考空想，卻不與人接觸的人。存在主義深刻的人文精神正好和我的個性，以及小時候在慈幼會受到的教育不謀而合。加上我原本就喜歡文學，這個學派自然是深得我心。

從此馬賽爾成為我一生最景仰的三位學者之一，對我日後的人生更有著直接的影響。至於另外兩位，一位是前面提過的唐君毅，另一位則是德日進（Pierre Teihard de Chardin，一八八一－一九五五，法籍）。

德日進是耶穌會神父，同時也是古生物學家。他最特別的一點，在於他提倡「有神進化論」，認為進化是神的安排，使神的創造通過進化日趨完美。進化論當時是被正統教會排斥的，所以為避免德日進影響歐洲學界，耶穌會把他「放逐」到東方，從事挖掘北京猿人的工作，也在中國寫下他最重要的著作，但是在他生前幾乎都無法出版，只能以打字稿的形式在科學和神學界私下流通。直到他於一九五五年去世後，他的鉅著《神的氛圍》和《人的現象》才得以面世，立刻受到科學界的廣泛支持，後者有一長段時間還被教會判為禁書。

照理我是絕對沒有機會接觸到德日進的，然而之後的一件事情改變整個天主教會，當然也改變了我。一九六二到一九六五年，梵諦岡第二屆大公會議在羅馬舉行，公布了許多革新作法。其中最重要的，就是改變原本的封閉思想，打開天主教的大門，改採較為入世的態度，要積極參與各種政治社會活動。從此也不再排斥其他宗教信仰，而是要肯定它們的優點，還要積極交流，大家互相尊重和平共處。

正因如此，原本我一心認為信仰天主教才能掌握真理，信其他宗教的人全都不如我們，應該盡量避免和他們往來，這種觀念也慢慢改掉了。

梵二大公會決議多少受到德日進的影響，他的著作當然也解禁了，他的《宇宙基督論》還被收入神學院教材中，因此我得以閱覽他的論述，也深受震撼。

之後在二〇〇五年，在德日進逝世五十週年的時候，全世界十個大城市同步舉行紀念大會，我參加了北京那場，還受邀發表論文。當年我在課堂上為了進化論和老師爭辯的時候，完全想不到會有這天。

事實上，在菲律賓的每一天，幾乎都會受到不同的衝擊，促使我反省目前為止的觀念和態度。在學校裏是這樣，出了學校仍是如此。

二、淺嚐貧民生活

菲律賓是天主教國家，在社會和政治上，教會都舉足輕重。教會非常關心人民，尤其是貧下工農漁民。因此主教要求所有的神職人員，都必須到貧民區去暫住，體驗貧民生活。期望這些神職人員在牧靈的時候，也能關懷弱勢。

我奉命到貧民區一戶人家去借住兩星期，這期間的生活費則由耶穌會提供給寄宿家庭。

事隔已久，那段期間的很多記憶都已模糊，但是我絕忘不了在那裏生活的感覺：真是太辛苦了！

我寄宿的家庭住在一間手搭的二層竹屋裏，房子簡陋，附近也非常髒亂，加上天氣熱，傳染病盛行。治安更是差得不得了，我住進去不到二天，附近就傳出兇殺案，可見環境有多惡劣。

寄宿的家庭成員有主人夫婦，和三四個小孩，我已經記不得到底有幾個了。依我的判斷，孩子們應該都在十歲以下，但是他們每個人都又瘦又小，光看外表很難確定年齡。孩子們沒有上學，整天待在家裏。

這個區域的居民生育率很高，白天的時候，戶外到處都是小孩跑來跑去，打鬧嬉戲，沒有大人看管，更沒人教育他們。女主人曾經苦笑著對我說：「我們什麼都不會，就只會生小孩。」我睡在一樓的房間，主人一家住二樓，晚上小孩會直接朝地板小解，尿水就從竹子縫隙中滴滴答答流下，得拼命閃躲才不會被沾到。

食物自然也是差到極點，每餐都只有一盆米飯，全家配上一兩條乾扁的小魚，夾一點鹹魚味，吃一大口飯。吃蔬菜是奢侈，吃水果是妄想。

白天主人出門工作，只有我和女主人和小孩在家。那些小孩不懂英文，沒辦法和他們溝通，女主人懂英語，但我跟她根本沒有話題可說。由於是去體驗人家的生活，不能帶書去看，大部分時間只能坐在屋裏發呆，忍受著酷熱，不斷提醒自己振作，一定要熬過這場考驗。

前面說過治安很亂，所以我極少出門，偶爾走出去也是提心吊膽。幸好附近的人都知道我是修士，他們都是信徒，不會來跟修士為難。

當兩個星期終於結束，我要離開之前，女主人怯生生地問我：「修士，可否答應我一個要求？」

「當然好啊，您請說。」

「您回去以後，可否買個籃球給我的孩子們？我們沒錢給他們買玩具，只好拜託您了。」

我心裏十分難受，這是什麼樣的生活啊！連一顆籃球對他們而言都是奢侈品。

當時我一口答應，但是回去之後課業繁重，居然把這事忘記了。後來才想到我沒留他們家的地址，這個承諾永遠無法實現了。

這件事是我在菲律賓四年求學生活中，難以磨滅的遺憾。至今我仍會想起，那個搖搖欲墜的竹屋，只要一顆籃球就心滿意足的家庭……

三、眼界大開

我寄宿的貧民家庭固然困苦，至少三餐都有米飯配小魚吃。我曾經跟著教會去拜訪另一個貧民區Sapangpalley，看到那裏的住家屋簷下，吊著兩條比人的小指頭還小的小魚，一個人吃都不夠，卻是那一家人當天的晚餐。我實在沒辦法想像，人怎麼能在如此艱困的環境中生活。

由於菲律賓天主教會對工人和貧民的關懷，我多少也受了點影響。那時有位美籍的Hogan神父，從事社會運動非常積極，他一心追求社會正義，想改善菲律賓貧富不均狀況，四處演講，還發動各式抗議遊行，最後被菲律賓政府驅逐出境。我聽過他的演講，大受感動，再加上自己的親身體驗，一度考慮念社會學來支持工運，只是省會長不贊成。他認為我既然已經認定哲學是我的方向，就該專注地研究下去。我也可以通過教育來啟發學生去參與改造社會的工作。我經過一番思考，決定接受長上的意見，繼續鑽研哲學。

伯曼學院是馬尼拉首屈一指的雅典耀大學的分部。老師個個學有專精，見多識廣。每次聽他們講課，或跟他們交談，都有種耳目一新的感覺。從前我的世界是多少狹小，簡直就像隻在牆洞裏鑽來鑽去的老鼠。現在牆被打掉，我目瞪口呆地看著廣闊的天空，試著找出自己的道路。

1963年，在炎熱的馬尼拉讀哲學時的陸爸。

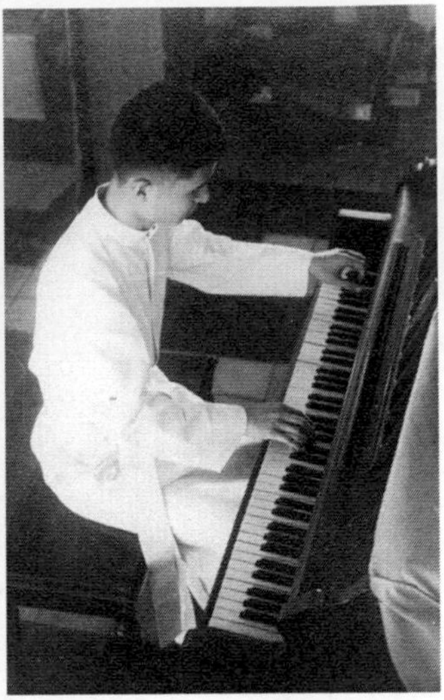

喜愛彈奏貝芬奏鳴曲的陸爸，攝於馬尼拉。

第一年念哲學的時候，我總是悶著頭上課，悶著頭讀書，第二年就不一樣了。我表現得越來越積極，在課堂上敢於發問，討論時也會發表意見。沒課的時候去車程一小時的雅典耀大學聽演講，海棉似地吸收各種知識。

兩年後我取得學士學位，轉到亞典耀大學繼續攻讀哲學碩士。大學裏有一棟新建築，專供耶穌會修士居住使用。

一年後，跟我同屆的同學紛紛完成論文，取得學位離開學校；然而我跟他們不同，英語不是我從小用到大的母語，讀英文書和寫論文的效率怎麼也趕不上他們。

於是只剩我一個人留在學校，每天待在圖書館裏發憤寫論文。被拋在人後的孤獨感已經很難忍受了，糟的是圖書館的冷氣故障，馬尼拉的夏天熱得可以把人蒸熟。我的論文毫無進展，心情也惡劣到極點。

這種鬱悶的情況，因為一次偶然的談話而改變了。那天我去拜訪碧瑤神學院新任院長張春申神父，他看我氣色不佳，問我原因，我據實以告。

張院長說：「那簡單，你就來碧瑤這邊念神學好了，這裏氣候舒適得宜，可以一邊讀書一邊寫論文。」

於是我聽從張院長的建議，搬進了有菲律賓夏都之稱的碧瑤，在我們遠東省的神學院就讀神學。碧瑤風景優美，氣候涼爽宜人，對在馬尼拉飽受酷暑折磨的我來說，這裏就像天堂。神學院的成員全是華人，或有志獻身為華人傳教的外國傳教士，沒有語言隔閡，食物也對味，還有豐富的藏書供我閱覽，讓我如虎添翼，寫起論文下筆如飛。有空的時候，我定期到一位菲律賓神父的家裏借彈鋼琴，一週數次陶醉在美妙的旋律中，生活充實而快樂。

一年之後，我完成了論文《黑格爾——論個人在國家中的自由》，回到馬尼拉接受口試，成為碩士。那是西元一九六七年四月。

在那同時，碧瑤神學院也宣布遷至台灣，位於輔仁大學旁邊，也就是現在的輔大神學院。回台灣之前，我暫住在馬尼拉聖若瑟修院。心情輕鬆，生活也相當愉快。我還和王敬弘修士搭檔跟兩位美國神父玩橋牌，原本大輸，卻在最後關頭逆轉為大勝。我常開玩笑地說，這真是中國人的光榮。

菲律賓求學數年，我終於脫胎換骨。原本一直為沒有學歷而自卑，現在我不但念完了大學，還拿到碩士學位，可以從容自在地和大學生和學者來往。我立定了志向，以後要從事文化事業，一生和知識份子在一起。

此外，不管在上海還是台灣，天主教信徒雖然不少，比例上仍是少數，在政治和社會上始終處於邊緣地位，沒有什麼影響力。在菲律賓不一樣，天主教是整個國家的中心，不但人人尊敬神職人員，政治經濟全由教會主導。選舉時得到教會支持的候選人一定會當選。念神學院期間，我還曾碰到當時的總統馬可仕來修道院避靜。

有生以來，我第一次發現，原來天主教可以展現這麼大的力量，因此自尊心大增，使命感也熊熊燃起，我告訴自己一定要對社會有所貢獻。

就這樣，我建立起對中華文化和教會的信心，建立起對自己的信心，在一九六七年八月，懷抱著全新的心情離開了菲律賓。

四、如沐春風

離開菲律賓後，我繞道香港暫住一個月。除了拜訪親友外，另一個目的是拜訪我最仰慕的唐君毅。

唐老師是大師級的學者，我只是個沒沒無聞的學生，想見他一面可不是簡單的事，得花點功夫。

那時香港《人生》雜誌常常刊登唐老師的文章，雜誌總編王道先生和唐老師十分熟稔。台灣的狄剛神父在德國留學時，常給《人生》寫文章，所以認識王道先生，而我在神學院的老師房志榮神父是狄剛神父的同學。於是我藉由房神父聯絡狄剛神父，輾轉認識了王道先生，請他代為引見唐老師。

可惜的是，當時唐老師正遠在日本治療眼疾。在我留在香港的一個月中，熱心的王先生一面陪我拜訪另一位新儒家大師牟宗三教授，一面寫信給日本的唐老師，告訴他有個學生在香港等著與他會面，催促他早日回香港。

在我離開香港的前三天，唐老師終於回來了，並且跟我相約第二天早上在他在新亞研究所辦公室會面。

那天仍是王道先生陪我前往。唐老師的會客廳裏坐滿了等待會見他的訪客，個個都是地位崇高的學者，唐老師卻第一個接見我，讓我受寵若驚。

這次會面約一個小時，幾乎全是唐老師侃侃而談他的思想理念，我和王道先生只是屏息靜聽。光是得以瞻仰大師風采，已經讓我感動萬分；而老師的每句話都在我心中產生強大的感應，即使我心中有一點難以苟同的想法，老師也會從我的眼神或小動作中很快地察覺，而稍做調整。這種不需言語，心神也可交會的感覺，實在是美妙無比。

當會面結束，唐老師送我們走出辦公室，外面等待的訪客們立即起立致敬，著實讓我這個初出茅廬的學生惶恐不已。

我離開香港之後，又和唐老師通信數次，他的來信每次都讓我獲益菲淺。雖然唐老師是以站在宗教之外的立場著論，和我的看法稍有不同，但他總是能夠超脫自己的立場，設身處地考慮宗教人士的感受，恢宏氣度實在讓我敬佩。這次會晤雖然短暫，大師的典範永遠留存我心中。

五、和年輕人在一起

睽違四年，終於回到了台灣。這時碧瑤神學院已經搬到輔仁大學，傲視亞洲的圖書館也遷了過來。我住進輔大神學院繼續念神學，念神學的修士都會被張春中院長分發到台北各教會團體服務，我的指派工作是去基督生活團服務中心當輔導。

基督生活團原稱聖母會，在一九六七年改名。它的成員幾乎都是大學生，在各大專院校裏都很有人氣。成員們平日到教會當義工，每天要做默想，每週聚會，要求相當嚴謹，等於是小型的耶穌會。服務中心原本在和平東路二段，後來遷到新生南路的聖家堂。

我每個週末上台北去服務中心，每週一次指導成員神學討論，另外一週成員開會我也會參加。除了主持神學討論和靈修指導，我也會為學生們講解德日進的道理，向他們介紹這門剛被教會接納的前衛思想。

服務中心主任是鄭聖沖神父，他當過光啟出版社社長，後來調到台北服務中心負責全台基督生活團的團務。他也是我的舊識。當年我在念徐匯中學初一時，他是管理我的修士。我那年有一次未經許可跑出校外買麵，被他打了一下手心懲戒。

服務中心約有四十個學生，大部分是台大學生，女生佔五分之三。我跟他們很快地建立了感情，其中有六七個是我在新竹類思青年中心就認識的男生，再次跟他們相聚，倍感親切。

在服務中心第一年的暑假，我參加了在台北縣八里鄉聖心女中舉行的全台基督生活團年會生活營，為期一週，工作是輔導員。那一週的經驗帶給我極大的快樂，我彷彿又回到當年在上海君王堂，五六十個青少年男女和樂融融有如一家人的時光。在那次年會裏認識的十幾個朋友，到現在友情仍持續著。

從此以後，我一直很喜歡這類營隊活動，這次生活營的精神日後也延續到耕莘寫作會文藝營上。之前在青年中心，我學會了和中學生孩子相處，現在我也同樣喜愛和大學以上的年輕人為伴。也就是這樣的心情，支持著我日後四十年的教育工作。

六、終於等到這一天

一九六九年六月二十八日，我和另外三位修士，在聖家堂正式升神父，由羅光總主教為我們祝聖。那天我有五位親人去觀禮，二舅、二哥三哥，還有三位表兄。

儀式約一個小時，和彌撒一同舉行。首先，我們四個人全身撲伏在地上，由全場觀禮教友為我們唱歌祈福。起身後，聆聽主教訓話，教導我們神父應盡的職務。接著授與權柄，在兩手掌心擦聖油，合掌後用布包起，象徵我們從此擁有舉行彌撒和聽告解的權責。

接下來是初次送聖體，新神父第一次向教友授與聖體。跟我一起升神父的三位，分別來自西班牙、加拿大和義大利，他們的家人都遠道而來觀禮，當司儀說出「請新神父的家屬先出列領聖體」時，三位異國神父都有家人出列，反而是我這個中國人沒有家屬出來。因為我的觀禮家屬全

1969年6月，在聖家堂晉鐸，右一是陸神父。

是神父，通通站在我身後的台上，不能從教友席前來向我領聖體。

就這樣，在燠熱的六月天，沒有冷氣的教堂裏，我穿著長袖長袍，汗流浹背，面前一個領聖體的人都沒有，頓時成為全場注目的焦點。

幸好僵了一會後，有人出列為我解圍。她姓劉，是我的乾妹。我和這位乾妹結緣的由來，仍是和基督生活團有關。

乾妹是台南人，念輔大中文系，是輔大基督生活團的主席。我在她帶輔大團來台北服務中心參訪的時候與她結識，她知道我住輔大，就邀請我也到輔大的基督生活團指導。後來她告訴我，我長得很像她過世的父親。那時我只是姑妄聽之。聖心女中的年會結束後，我們又到全國各地舉行讀書會，順便拜訪團員。到台南的時候，也去了她家。

1969年，晉鐸後赴台大醫學牧靈。

1969年，晉鐸時。

我們在她家裏聊了約一個小時，便起身告辭。這時她忽然看著我，又回頭問她的弟弟妹妹三個字：「像不像？」

她的弟妹異口同聲回答：「像！」

我抬頭，看到她家牆上掛著父親的相片，還真的跟我有幾分相似。

因為有這一層緣份，我正式認她當乾妹妹。在他人面前她不會提及我是她乾哥，不過日後她的孩子全喊我舅舅。

在祝聖儀式上，她原本不打算出列，眼看我快要變成壁花神父，這才出來解救我。

儀式結束後的星期天，在耕莘文教院大禮堂舉行慶祝會，當年在新竹認識的學生們來了好幾個。其中一個念輔大哲學系，之後當了輔大的校長。朋友們送我各式禮物，舅舅的禮物是一台德製手風琴，從此拉手風琴成為我的招牌，每次有活動我都會拉上一曲。

在聖家堂晉鐸典禮之一幕。

之後我繼續念第四年神學，離開了服務中心，改為擔任台大醫學院天主教同學會以及康寧基督生活團的輔導，每週要去震旦文教中心做彌撒和講道。在那裏我認識很多醫學生，跟這些優秀的學生相處，對我也是一大挑戰。除了成績優良，他們都很熱心，每到中國新年，就會自費準備年夜飯，邀請不能回家過年的僑生一起過年，以慰思鄉之苦。那時我也參加了，深受感動。他們真的是天生就會為別人犧牲奉獻，沒有一點自私的成分。

雖然參加了這麼多活動，那時我最重要的任務是寫神學論文，我全心投入，到了一九七〇年，終於取得了神學碩士學位，論文題目是《奇蹟的可能性》。

照理我的陶成已經完成了，但是我還不滿足，總想更深入地鑽研哲學，想要達到和唐君毅、牟宗三的學生同樣的水準。但是要去哪裏讀呢？既然馬賽爾、德日進都是法國人，顯然法國就是我深造的最好地點。

只是有個問題，要去法國留學，必須先在台灣通過法文考試。憑我只在上海和香港斷斷續續學過幾年簡單法文的程度，絕對無法通過，那我該怎麼做才能拿到簽證呢？

我去找利氏學社社長甘易逢神父（Father Yves Raguin，法籍）討論，他大力贊成我的計劃，為我向耶穌會取得許可，並建議我用迂迴的方式進入法國。

於是我寫信給比利時耶穌會省會長，請他給我邀請函，邀請我去比利時魯汶大學輔導中國學生，這樣我就可以避開法文考試這關。不久邀請函來了，我立刻辦出國手續。

向會計人員申請出國經費時，他說：「你的生活費向比利時的耶穌會申請就行了，出國不用太多錢吧？」居然只給了我十五塊美金，老實說我還真怕不夠用。

幸好後來我去向鄭聖沖神父道別，他一聽到我只拿了這麼點錢，立刻又多塞了幾十塊美金給我。在一九七〇年七月，我再度負笈海外。

第七章　留級生變留學生

一、迂迴前進

老實說，以我的法文能力，到法國念小學都有困難，更何況是讀哲學博士班。加上我沒有法國簽證，這條留學之路可說是難上加難。聰明一點就該趁早放棄，但我決心發揮我的「笨子精神」，一定要堅持到底。不管遇到什麼困難，相信自己一定可以克服，仔細想想，還真是愚勇。鄭聖沖神父也曾對我說：「你膽子很大呢！」

經由香港、泰國，我到達比利時布魯塞爾。一下飛機，我就到中華民國大使館求見陳雄飛大使，他是上海震旦大學的校友。我帶了些牛肉乾當禮物，還有大使的老師，也就是台北震旦中心主任傅承烈神父（Jean de Leffe，法籍）的介紹信。

大使看了介紹信後，欣然同意幫我申請一年期的法國簽證，但是要等一個月才能拿到。那天我帶著照相機在布魯塞爾四處遊覽，第二天就搭火車來到比法邊境。簽證還要一個月才會下來，我總不能在比利時傻傻地閒晃一個月。所以我想到一個辦法：偷渡。

我聽說法國邊境海關一般不會盤查開車的人，就拜託一位住在邊境的法國耶穌會神父開車過來載我，就這樣進了法國的領土。第二天我搭火車去巴黎，找到我未來一年的住所，把部分行李放下後，又立刻搭上火車，四小時後來到法國東部的小城Besancon，那裏向來以視聽教育聞名。

我進了語言學校，住在一位法國神父家裏。那位神父當時人在台灣傳教，由他的年邁雙親接待我。主人對我非常親切，讓我住在一間很大的房間，三餐自理。

語言學校裏聚集了來自世界各國的學生，其中有兩個信基督教的瑞典女孩，知道我是神父，對我非常客氣。

Besancon臨近瑞士，風景非常美。同學有時會開車去瑞士遊玩，我也跟著去。有時，我還會參加學校每個星期天安排的活動，郊遊或參觀酒廠。

我在語言學校念了一個半月，法文已經可以做基本運用。課程結束後，我跟著寄居家庭的主人去參加一個星期的避靜，講道的法國神父講得非常好，更讓我高興的是，我可以聽懂七八成。

這次避靜是由「愛德之家」舉行，這也是我第一次接觸愛德之家。它的創辦人是瑪特羅伴女士。她在二十五歲時，身上便奇妙地印刻五傷，並且全身癱瘓，在床上躺了五十年。此外她完全不需進食，也不喝飲料，更不能睡眠，後來更雙目全瞎。她的信仰始終堅定無比，藉著為基督受苦奉獻，鼓舞著全世界的教友。

現在該離開Besancon了。之前載我進入法國的神父，請了他的助手開車過來接我回去比利國邊境。我自己搭火車去布魯塞爾，到大使館拿到辦好的簽證，光明正大地到了巴黎。

二、入學

在巴黎落腳後，我開始打聽適合的學校和指導教授。經過熟人的推薦介紹後，我打電話求見一位知名的哲學教授Emmanuel Levinas，並帶著我在菲律賓寫的碩士論文赴約。

教授看完我用英文寫的論文，問了幾個問題後，他說：「連黑格爾這麼難的題目你都會寫，寫其他人一定也沒問題。」

我心中暗叫好險，他沒有跟我長篇大論地討論哲學，否則他要是發現我的法文那麼差，搞不好會拒收。

教授又問我想研究什麼題目，我回答《梅洛龐帝[1]之現象學與存有論》。

所謂現象學，它的中心思想是事物呈現在外，讓人得以感官觀察的現象，並不完全代表事物的本質，必須要深入地去觀察，才能感知本體的真實樣貌。而存有論又稱本體論，本體指的就是大家辛苦追尋的本質。那時現象學可說是西方哲學的顯學，大批思想家都受它的感召，而梅洛龐帝在法國是研究現象學的第一把交椅，在台灣卻沒有什麼人研究。我千里迢迢來到法國，當然要研讀當代最流行最受歡迎的學問。

然而教授說：「你野心太大了，這題目太廣泛寫不完的，不如砍一半，只寫存有論就好。」我自然虛心接受。然後他就在我的入學申請上簽了名，同意收我為學生。

---

[1] 梅洛龐帝，Merleau-ponty，知名法國哲學家。

因為我的法文實在太糟，我又到語言學校學語文。在學校參加了語文能力測試，能力標準共三階，每階三級，我居然只到第一階第二級。

從此我每天早上上兩個小時的語文課，拿出當年學拉丁文的拼勁，努力跟上進度。一有機會就去聽演講，聽不懂也照聽不誤。下午就閱讀從英國買來的，以英文翻譯的法國哲學書籍，主要內容當然是梅洛龐帝。

那時我的程度真的很差，連報紙的大標題都只看得懂一兩個字。身邊的法國人看到這麼一個半文盲居然跑來讀博士，都認為我一定是吃錯藥了。

我每星期到巴黎第十大學一次，去聽指導教授的課。不需考試，也不用上台報告，只是連教授講課的內容我都不太懂。

雖然壓力很大，我還是堅信我一定可以做到。

我買了一台便宜的機器腳踏車，有空的時候就騎著四處遊覽，或是去游泳，對減壓頗有幫助。

到了一九七一年，我的法文能力進步到第三階第二級，已經足夠日常運用，第三級是學習法國經典文學，我覺得可以不用上。此外，我原本的住所全是外國留學生，平日都用英文交談，對練習法文沒什麼幫助，因此我決定搬到市郊的耶穌會哲學院，和法國修士一起生活，果然法文大有進步。

入學第一年的考試，我還是得用英文書寫，再翻成法文，還得請人修改再呈給老師。主審除了指導教授Levinas外，還有另一位教授，兩人都認為可以過關，讓我大大鬆了口氣。聽說有不少留學生讀了十年都不能通過，實在很辛苦。

通過考試就不用再去上課，可以著手寫論文了，甚至可以回國寫。但是我需要的資料在台灣通通找不到，必須留在法國。這點我早有心理準備，卻沒想到指導教授在這時給我投來一記變化球。

他說：「我看你不要寫梅洛龐帝了，改寫馬賽爾吧。題目就取《奧秘與意識》。」

我很不樂意，雖然喜歡馬賽爾，但是他的學說我已經研究了很多，想讀點別的，而且我一直認為馬賽爾比較淺顯簡單，梅洛龐帝比較困難有挑戰性。況且，之前讀了一年的梅洛龐帝，現在要我通通放掉，真的不甘心。

但是，教授都這麼說了，我該怎麼辦呢？

三、波折連連

雖然為了論文題目苦惱不已，我還是利用假期去了趟愛爾蘭，參加一位同班同學的祝聖儀式。儀式結束後，我到倫敦一所教堂服務三週，在這期間我利用時間，去倫敦大學拜訪一位哲學教授，Fredriek Copleston神父。這位教授寫過十本西洋哲學史，是全球哲學界赫赫有名的人物。現在台灣和菲律賓的哲學系，都用他的書當教材。

我向他請教關於論文題目的意見，他問我：「如果不寫馬賽爾和梅格龐帝的話，你要寫誰呢？」

我思考了一下：「柏格森可以嗎？」[2]

他說：「柏格森不錯，不過你最好是配合東方宗教來論述。」

這一來我更加苦惱。我從小信奉天主教，對東方宗教一概不知，現在該從何學起？況且在法國去哪裏找東方宗教的書？

回到法國，我再和Levinas教授談話，他還是堅持我寫馬賽爾。

馬賽爾在法國學術界的地位是非常崇高的。他常常為大報寫專欄，不只是哲學，他在文學、戲劇、詩詞都造詣頗深，他還精通德文，又會彈鋼琴，確實是多才多藝。一九五六年Levinas教授提出博士論文的時候，他是主審之一。

Levinas之所以要我寫馬賽爾，無非是認為馬賽爾的學說和他自己的學問可以有所對應。既然他那麼堅持，我也只好接受。

不過，和Copleston談話後，我也明白馬賽爾並不像我想像的那麼容易。他從二次大戰後便不再寫學術論文，而是將他的思想融入他的形上日記、劇本、評論及詩作中，因此他沒有系統性的學術著作，我必須把他的著作全部讀通，光劇本就有五十幾部。除了數量外，他的文字也不像學術論文那麼嚴謹，尤其是日記更是隨性，要讀懂非常困難，開始時，我常常苦讀七個小時才讀完三頁。

---

[2] 柏格森（Henri Bergson，一八五九—一九四一，法籍），知名哲學家，諾貝爾文學獎得主。

這種時候我的法文能力自然是不符所需，我便回到語言學校繼續研讀第三階第三級，下了課又回去跟馬賽爾奮鬥。

讀書之餘，也得把握機會好好看看歐洲。一九七二年聖誕節，我去意大利朝聖，在羅馬遇到一位美國神父，V.Miceli，他正是當年在菲律賓，引起我對馬賽爾興趣的論文《An Ascent to Being》作者，真的是非常巧。

我告訴他，他的文章對我影響深遠，他很高興，送了我一本他的著作，也是談馬賽爾。除了這次巧遇之外，意大利本身也讓我深深喜愛，在那裏停留的兩個星期，是我在歐洲最快樂的時光。它不但是天主教的聖地，四處可見的藝術珍寶更是讓我目不暇給。它帶給我的滿足感，是歐洲其他的地方難以比擬的。

除了羅馬，我還去了意大利北部，鮑思高生前傳教的都靈城（Turin）。聖人的遺體仍然放在他建造的聖母進教之佑大殿裏，供人瞻仰。我在遺體旁瞻仰了兩個小時，默默向聖人傾訴許多心聲，心情無比滿足。我還參觀了聖人的故居，看了他的房間，經堂地面嵌了塊匾，說明這裏正是聖人晚年舉行彌撒時產生神魂超拔的地點。[3] 我深深沈醉在神聖的氣氛裏。

結束了歐洲旅行，我回到巴黎繼續讀書。之前的努力漸漸收到成果，我抓到要領，進度加快許多，到了一九七三年，馬賽爾所有的著作幾乎都讀完了。

[3] 聖鮑思高有一次在經堂裏做彌撒時，忽然整個人浮了起來，稱為神魂超拔。天主教歷史上，僅有少數聖人產生此現象。

馬賽爾在二戰期間在紅十字會服務，接觸了許多戰爭受害者，看到被戰爭拆散的家庭，無依無靠的婦孺，深深感受到人類是活生生的，種種悲歡離合絕非冷硬的學術文字所能描寫，因此他捨棄了抽象概念性的哲學，專心研究具體與人性有關的學問。他後期的哲學書相當簡明易懂，他還透過通靈，試圖和戰爭中的死者交流，並把通靈經驗寫進書中。

教會人士對他這種作法當然無法苟同，他卻認為人不應當封閉自己，應該多研究關照這些超自然現象。受了他的影響，我雖然不會主動鑽研碟仙通靈這類行為，但也不會輕易否定它們。

暑假中，有一個機會使我到巴黎一所醫院去服務三週，跟重病的病患談話，給他們精神上的支持。有時在病人過世前幫他們領洗，病人往生後我也得為新亡者祈禱。

從小我對死亡就沒有恐懼，現在當了神父，對生死看得更淡，並不害怕為亡者祈禱。奇怪的是，有一回深夜，醫院護士急電我過去做臨終祈禱，我回來之後，腦中卻一直浮現往生者的容顏，整晚睡不著。之後只好拜託醫護人員，不要半夜叫我過去。

不過，醫院的工作倒也不全是困擾。有一回，我和一位老太太談話。她的時日已經不長了，對我坦誠以告：「神父，我真的很害怕，要孤孤單單地過去另一個世界。」

我告訴她：「不用怕，死亡就像回家，絕對不會孤單的。妳到了那邊以後，麻煩替我問候我母親。」

不知是否因為我給了她這麼一個重大任務，她的心情真的篤定多了，平靜地走完了最後一程。我相信她一定會和我母親成為好朋友的。

1974年，在法國寫論文時居住的研究中心Chantilly。

在暑假之前，我終於有機會去拜訪馬賽爾，和他談了一小時。他聽說我的教授的理論和他相反，便提議在十二月找個時間，等Levinas教授從美國講學回來後，約他三個人見面討論一番。

我心裏很期待，深信這次會談對我的論文一定大有幫助。萬萬沒想到，那年七月馬賽爾就過世了。

尊敬的大師驟然辭世，對我當然是莫大的打擊。除了不捨，還有困擾：我該請誰指點我的論文呢？

四、高人相助

為了集中精神寫論文，我離開了原本居住的耶穌會哲學院，搬到巴黎近郊的小城Chantilly居住。Chantilly是個文化研究中心，這裏原本有所耶穌會陶成院，後來陶成院搬去巴黎，房子便空下來，轉為專供學界研究寫論文的機構。只要通過申請，就可以用低廉的費用搬進去居住，盡情使用藏書豐富的圖書館和種種設備。

這棟房舍原本是一位猶太人的財產，二戰時耶穌會幫助過不少猶太人，所以戰後屋主將房子捐給耶穌會。這裏的風景十分優美，庭院花園都是根據莫內的畫作規劃設計，每天論文寫到一個段落，抬頭從窗口望出去就可以看到莫內名畫，寫累了就到院子裏散步，真是心曠神怡。除了美景，這裏也比哲學院安靜多了，確實是讀書研究的好地方。

三餐之外，這裏還提供下午茶，正是來自各國的學者彼此交流的好時機。我在這裏遇到兩位法籍耶穌會神父，都是有名的哲學家。一位叫Fessard，已經八十幾歲，是黑格爾專家；另一位Tilliette神父較年輕，約六十歲，是巴黎天主教大學的教授，專門研究謝林[4]。

這兩位神父都對我非常照顧，最重要的是他們是馬賽爾的好友，對他非常熟悉，當我遇到問題，可以隨時向他們討教，多少彌補了馬賽爾過世的遺憾。

我每寫完一章，就會印三份，兩份給這二位神父指正，另一份送去巴黎給Levinas教授。不過教授很忙，專心寫自己的書，抽不出時間指導我，幸好我有兩位專家協助。

在Chantilly的生活很規律，這裏的藏書文獻完全滿足我的需要，又有高人指點，再方便不過。剛開始的時候我還得用英文書寫再翻成法文，之後我日漸上手，可以直接用法文寫了。

---

[4] 謝林（Friedrich Wilhelm Joseph von Schelling，一七七五－一八五四，德籍），哲學家，為德國唯心主義發展的重要人物。

我全心投入論文之中，完全不受外界干擾，靈感源源不絕，一天寫一頁，寫完幾乎不需要修改。

有時候，我結束一天的工作，抬頭看到天邊的夕陽正是燦爛無比，感到心中非常快樂。除了讀書還有其他收穫。Chantilly有一座可以容納一二百人的教堂，教堂裏有座品質很好的電風琴，彈出來的音樂有管風琴的效果。教堂每次舉行彌撒都由我彈琴，因此上教堂的法國人幾乎全認得我，很多人都對我很友善。有一個法美聯姻的家庭跟我特別投緣，每次彌撒結束都會邀我去他們家用餐。每次聚餐都很愉快，連他們家初生的幼兒都很喜歡我，只要我一抱就會停止哭鬧。在這裏，我彷彿又找到了家庭的溫暖。

五、我真的不是在傷心

每個星期，我會在巴黎待一個下午，辦一些瑣事，例如看牙醫、買書之類，此外還要去一個教堂聽兩個小時的告解。

聽告解的時候，我會聽到教友們犯下的各種千奇百怪的過錯。如果他們的態度夠誠懇，讓我相信他們已經完全坦白並誠心悔改，我便可以依天主之名赦免他們。他們中的確有很多很有誠意的懺悔者。每週二小時的聽告解，使我對法國人的內心世界增加了認識。

巴黎還有另一個地方是我常去的，就是顯靈聖牌總堂，一八三〇年，一位修女曾經在此地目睹聖母顯靈，因而得名。每次進到這裏，我總是深深地受感動。住巴黎的時候，我一有空就往這裏跑，搬到Chantilly之後，我也會找機會過來，也會來這裏參加共祭。[5]

有一回彌撒結束，我走到當初聖母顯現所坐的椅子旁，伸手觸摸椅子，想到我自從蒙受聖召以來，聖母賜與我的種種恩寵，心中激動狂喜不已，難以克制，我頓時跪下大哭。那時教友們已經走得差不多了，有位法國老太太還留著，看到個亞裔神父不知何故跪在教堂裏放聲大哭，以為我在傷心難過，便走過來在我手中放了一枚五法郎銀幣做為安慰，又轉身走開，留下一臉愕然的我。

唉，我實在很想告訴她：夫人，我是喜極而泣啊！

六、得到肯定

在Chantilly，我遇到一位當年在碧瑤神學院的加拿大同學。他本來準備去越南傳教，卻碰上越戰爆發，只好到法國寫論文。這位同學又介紹我認識一位比利時年輕神父，我們三個人常聚在一起交換心得。

有一次，那位比利時神父告訴我，他去年去比利時神學院，跟著院長Albert Chapelle做了三十天的神操，[6]獲益之大，到了不可思議的地步，他建議我也去。耶穌會原本就規定在卒試時須做一

5 共祭，數名神父共同參與的彌撒。
6 神操（spiritual exercises），原是指「心靈的運動／操練」，包括各種各樣的祈禱方式。通常需持續一個月，每天長時間祈禱靈修，並每日固定與神師談話。

次神操，因此我接受了他的建議，和Chapelle神父聯絡，他要我先到布魯塞爾和他會面。我找了個週末，搭車前往布魯塞爾。

Chapelle是神學、哲學和心理學三料博士，學識淵博自是不在話下。第一天的會面，我和他談話三小時，第二天談了四小時。這期間神師幾乎都是專心傾聽我說話，很少開口發表意見。然後他和我約定當年的暑假做神操。

到了暑假，我再度來到比利時。神師要我在神操開始前十天提早到達，然後不碰論文，只做打掃花園修剪果樹之類的簡單勞動，達到完全放鬆的效果，接下來就進入三十天的避靜。

神操一開始，我就馬上進入狀況，整個心靈彷彿經過一次大改造。那三十天我幾乎天天都有強烈的恩寵經驗，天主的愛充滿我的心靈，從小到大的遭遇一一呈現，把我的潛意識澈底翻修，又使我得以整合。我從今以後毫無疑問的只有一條路可走，即完成聖召的使命，為愛天主、愛教會和愛眾生奉獻自己。

在一次會面中，神師要我把寫好的一部份論文拿給他看，我那時只寫了一章半，便將草稿交給他。

他看完後，告訴我：「我收到中華省省會長朱蒙泉神父的來信，他說你的論文已經寫了四年還沒寫好，時間似乎長了些。他要我考核你的能力，到底適不適合寫論文。如果太過困難，他要我勸你放棄，只要修完幾門簡單的課就可以回台灣去作牧靈工作。現在我看完你的論文，我可以很肯定的說，你絕對有寫論文的能力。我會回信請朱會長放心，你就安心寫吧。」

這番話對我有如一支強心針：連這麼有名的大學者都肯定我的能力，我還擔心什麼呢？於是我士氣大振，寫得更加順利。

七、完結

一九七六年復活節過後，我的論文終於完成。我寫信回上海，向父親報告這個好消息，父親也回信祝賀我。

一個月後，父親就過世了。本來以為寫完論文之後，也許某天政局會改變，我還有機會回上海團聚，但父親卻等不到這一天。也許是因為終於聽到我的好消息，他知道他可以安心地去了。

在父親臨終前，陪在他身邊的人是二哥。他聽說父親病重，便從香港回到上海照顧。他後來告訴我，回家之後他一直想為父親進行臨終聖事—這是天主教徒非常重視的儀式—但是整棟樓裏左鄰右舍來來去去，而且不准關門，家裏一切動靜全讓外人看在眼裏，要是舉行聖事被發現就不得了了。

二哥等了一星期，終於等到門口沒人的時刻，他偷偷關上門，問父親：「爸，您要不要告解？」

父親虛弱地回答：「要。」

於是二哥為父親辦告解，並幫他敷油送聖體，完成了這神聖的儀式。當天下午一點多，父親就過世了。

我非常感謝二哥，他代替我們全體兄弟，其中四位是神父，盡了孝道。雖然我不能再和父親見面，至少知道在他辭世之前，已妥領了各項聖事，使父親可以死也瞑目。這真是做子女最關切的事。

在偶然的機會中，我認識了一位比利時神父，他自願為我修改法文。論文寫完後，我便將論文寄給他，他幫我把文字改得極為優美。

打完字後，我將論文印了十五份，交給教授、學校相關人員，隨即回到巴黎第四大學參加口試，那時我的教授已換了學校。口試委員包括我的指導教授Levinas、幫我修改論文的Tilliette，和法國的哲學會會長Henri Gouhier等人。

旁聽的聽眾之中，還有馬賽爾的兒子和其他家人。他們都和我相處愉快，還專程來為我打氣。另外一位聽眾是樞機神父Henry de Lubac，他是非常有名的神學家，高齡已經八十八歲，居然賞光來旁聽我的口試，讓我受寵若驚。

三位口試委員討論的結果，給我的評價是「Tres bien」，意思是「非常優異」。

我鬆了口氣，朋友們為我準備的香檳總算沒白費。

誰想得到，當年的留級生，今天居然能拿到博士學位，而且還是用法文寫的論文！

八、耶路撒冷驚魂

論文通過之後，我去了趟耶路撒冷朝聖，做為對自己的犒賞。在到以色列後搭公車前往耶路撒冷的路上，聽到鄰座乘客的討論，才知道發生了劫機事件。有一班法航飛機被恐怖份子劫持到非洲，而且就是我搭的班機的前一班。真是好險，要是搭錯班機我就得流落非洲了。

我原本已訂好旅館，是由方濟會修女經營的。到達耶城的時候已是夜裏十一點，城裏一片寂靜，我叫了計程車。誰知司機竟開出市外，越開越遠。我看著車外的風景，越來越偏僻，很明顯是鄉下，而司機即使看到旅館也不停車。我明白了，這司機分明是想繞遠路騙我的車資。當他問我要不要女孩時，我立刻要他在一家旅館門口停車，我進去問路。

旅館的人告訴我：「這地址在耶路撒冷市內，離這裏很遠呢。」計程車司機知道詭計和惡計均被揭穿，只好乖乖載我回耶路撒冷，但是我已經被敲詐了一大筆車資了。

我隨便找了家仍在營業的旅館入住，第二天一問，才知道我原本要住的旅館離這裏只差一條街。

剛到聖地就被敲詐，心情當然不太好，但是我也暗自慶幸，還好那司機沒把我載到更偏遠的地方打劫，到時就真的叫天天不應叫地地不靈了。

之後，我在耶路撒冷每次搭計程車，都會告訴司機這則故事。如果司機是猶太人，就會回答我：「那司機一定是巴勒斯坦人。」換了巴勒斯坦司機，就會斬釘截鐵地說：「會做這種事的一定是猶太人。」

我只能苦笑，耶路撒冷真是複雜的地方啊。

無論如何，朝聖仍是件愉快的事。我四處參訪耶穌行神蹟的處所，去看祂當年站在船上講道的湖，還吃了湖裏的魚。更不能少的是拜苦路，沿著當初耶穌行進的路線前進，深深感受到祂當年受的磨難。

有位德國女士看到我拜苦路拜得非常虔誠，深受感動，主動來找我攀談，之後好幾年，我們還互寄耶誕卡。

朝聖結束後，我也該準備回台灣了。

九、道別

「咦，陸神父？好久不見，沒想到會在這裏遇到你。」在巴黎街頭，一位和我巧遇的朋友驚喜地說。

我笑著回答：「可是我早知道會遇到你呢。」

回到巴黎，我忙著收拾行囊準備回台，事情實在太多，根本沒時間一一向朋友道別。在法國六年期間，我總共到九十幾個法國家庭作過客，熱誠照顧過我的人也是不計其數，現在要走了，我卻來不及通知他們，和他們說聲再見。

說也奇怪，待在巴黎的最後二週，我開始四處和朋友巧遇，在街上、在地鐵裏、在商店裏。前幾次我驚喜萬分，到後來每天都很篤定，今天一定又會遇到什麼人。果然，短短兩週之內，每個我想見的人全都見到了。

這事也許微不足道，卻是我生命中小小的奇蹟。離開法國，我又到比利時做了八天神操，隨即前往美國費城，參加聖神同禱大會，並且與同去的法國朋友告辭。老友分手時，難免熱誠擁抱，互親臉頰。我在法國待久了，對這種禮儀早已習以為常。

然而等我到了舊金山，前來迎接我的中國朋友卻非常拘謹，連握手都沒有。我立刻強烈地感覺到東西方國情的不同，也深深體會到，我接下來又要回到一個完全不同的環境了。

第八章　文學的候鳥灘

一、就任新職

回到台灣，我才知道朱蒙泉省會長有意派我去香港，擔任「中國新聞分析」雜誌的副主編。那是一份英文雜誌，專門分析並評論中國的政治環境。

然而，我實在不願意再接觸政治的世界，因此省會長改為指派我擔任耕莘青年寫作會會長兼耕莘文教院文教主任。

耕莘文教院是耶穌會會院，由以聖心堂本堂牧育才神父（Rev. Edward Murphy,S.J.，美籍）為首的一群神父募款興建。那時辛亥路只是羅斯福路上的一條小巷子，現在做為大馬路的地方，當年蓋滿了古早的舊屋，巷間偶有挺拔的椰子樹，氣氛幽靜平和。那條巷子汽車只能進來，要退著出去，窄況如此今日無法想像。

文教院裏住著許多在大學教書的外國神父，在學界都極有聲望，他們的學生日後也頗有成就，例如白先勇、王文興等人。耕莘也每年招待一次台大校長、院長及系主任來院用餐。此外，它是舉行各式文教活動的好所在，因靠近台大、師大，參與的成員主要是大專青年。

耕莘青年寫作會。

我還主持過留歐系列座談會，就是由歐洲歸國留學生的聚會，在這聚會上我見到了盧修一和他太太陳郁秀，那時他們還沒有被列入黑名單中，大家齊聚一堂氣氛熱絡，沒有人想到後來的種種變故。

由於我喜歡和年輕學子為伴，另外又兼任了台大天主教同學會和至潔基督生活團的輔導，每週數次去台大普六開會，這工作持續了兩年。星期天下午，我在耕莘文教院指導莘莘聖詠團，團員多都是大專學生，我們先練唱，五點鐘在彌撒中領唱，吃完晚餐繼續練到很晚。通常都是我彈琴伴奏，聖誕節表演都得到很好的評價。

因為星期六下午，耕莘常有婚禮，聖詠團團員樂於接受邀請，用甜美的歌聲增加喜樂的氣氛。婚禮結束後，我會拿著紅包去基隆或烏來暢玩，記得有一次我開小汽車超載了七人出

張神父與詩人余光中，以宗教會心，以文會友。

衆星環繞著陸爸。

遊呢。

此外，我的博士論文得到教育部通過，我取得了副教授資格。鄭聖沖神父推薦我到輔大哲學系教存在主義，一週兩小時，每月薪資是一千元。

到了第二年，我接受政大哲學系主任趙雅博神父的邀請，到政大開兩門課——哲學系的現象學、教育系的哲學概論。而我在輔大的課程也增加了，變成現象學和法國哲學兩科。本來是一個星期兩小時的課一下子暴增為八小時，實在分身乏術，只好辭掉耕莘文教院文教主任的職位。

除此之外，身為神父，自然也得主持彌撒和講道理，偶爾還要聽告解。我工作太多，沒辦法排太多次講道，和聖心堂的本堂牧神父商量後，他讓我一個月只需排班一次。

工作雖忙碌，我還是想辦法抽出時間，專

心研究學問。除了繼續研讀唐君毅哲學以外，我也翻譯了馬賽爾的《是與有》（一九八二年商務出版社出版），並助譯德日進的《人的現象》（聯經出版社），希望把西方哲學介紹給台灣。

原本在法國過著單純平靜的研究生活，一夕之間，我身兼數職，責任重大。轉變可說相當劇烈，壓力自然也不小，我只能盡最大的力量一一調適。

二、適應期的困擾

在法國待了六年，回到台灣後，所有事物都變得非常陌生。以前認識的大學生，現在都出國去了，讓我感到有些失落。此外，我對耕莘文教院還很陌生，剛住進去的時候總覺得自己像個外人。

回國約四五天後，我看到文教院裏有台舊機車，一時興起便騎出去四處遊覽，重新認識環境。但是那時台灣仍然使用有鉛汽油，台北的空氣非常差，騎了沒多久就覺得很難受。最糟的是，我不懂台灣的交通規則，因而惹上麻煩。

騎到新生南路上，忽然被警察攔了下來。

「先生，你知不知道你剛剛把車停在快車道上，還違規左轉？駕照給我看一下。」

我向他抗議：「可是在法國騎機車不用駕照，而且可以騎上快車道，重型機車還可以上高速公路呢！」

他不為所動：「這裏不是法國，麻煩駕照拿出來。」

這下糟糕了，我才剛回國，根本沒有駕照。警察一聽到我不但違規還無照駕駛，臉都綠了，毫不客氣地開了張三千元的罰單。

我在輔大一個月薪水才一千元，哪裏繳得起三千元的罰金？

幸好鄭聖沖神父向他認識的警官請教，研究之後，那位警官建議我向臺北市交通事件裁決所提出訴願。當局看到我的護照影本，知道我確實剛回國，不懂交通規則，此外，我及時考取駕照，一併把影本呈上做為證據，終於得以取消罰單。

除了交通規則，我不懂的事還很多。

回國的時候我繞道香港，那時楊阿姨的外孫女要結婚，我去參加婚禮。新娘也算我的世姪女，喊我舅舅，看我沒幾件衣服，堅持為我添購了幾件新衣，年輕人的品味總是比較新潮，她送我的衣服式樣顏色都相當花俏，鞋子衣服西裝都是香港流行的款式，還有幾條喇叭褲。

老實說我並不習慣穿得這麼講究，但是既然是別人的好意，總不能把衣服丟著不管，穿久了也漸漸習慣，沒有什麼不適感，回台後我就繼續穿著。再加上我從生肺病以來，眼睛一直有些畏光，常常戴太陽眼鏡，沒想到因此引來一些異樣的眼光。有人開始稱呼我「時髦的神父」，認為我是個愛漂亮重打扮的人，實在是冤枉。

另外，在開放的法國待了那麼久，我的舉止難免比較洋化，雖然常提醒自己，這裏是台灣，風土民情跟法國不同，要注意言行，卻還是造成了不必要的誤會。

有一陣子，我常常收到一些奇怪的信，有時一天五六封，居然是某些女性寫來向我表示好

小說家陳映真，上課時彷彿仍在沉思：「啊！我那條山路……」

感。我真是一頭霧水，我是神父，寫這些信給我做什麼呢？從此我只要一收到信，總是連拆都沒拆就直接丟垃圾桶，只希望這些小姐能夠自己醒悟。

除了信件，還有奇怪的電話。任我拿起話筒喂了半天，對方就是不說話。這種時候我就會把電話掛掉，不去理它，也懶得追查對方身分。我確信自己沒做對不起良心的事，也不會讓這些事困擾我。

三、不懂文學的寫作會會長

耕莘青年寫作會是由張志宏神父（Fr. George Donohoe，美籍）於一九六六年創辦，他邀集名師，在每年暑期中為喜愛文學的大專學子們講授二個月的文學課程，學員僅須繳納極低的費用。

暑期寫作班原本僅限教友參加，之後也開

眭澔平上課前與陸爸合影。

放非信徒加入。張神父創立寫作會的原始動機，是訓練翻譯教會書籍的人才，後來宗教成分慢慢地淡了，純粹是一個讓年輕學子享受文學之美的園地。蔣勳和喻麗清都曾是寫作會的學員。

除了寫作會，張神父還負責山地青年服務團，一九七一年二月十五日，他帶領山服隊在中橫公路健行，不幸車禍喪生，由鄭聖沖神父接任寫作會會長。然而鄭神父另外兼任光啟社社長，工作繁忙，實在無暇分身，一九七六年九月我回國之後，朱省會長便指示由我接任寫作會會長。

張志宏神父是我大哥的朋友，當年在上海也受過中共的迫害，反共立場非常堅決。我剛從菲律賓回來的時候，曾在台北見過他一面，卻沒想過日後我會接棒擔任他的職位。

事實上，當初接到任命時，我心裏很猶

黑幼龍的年輕面貌。

溫文儒雅，令人懷念的朱西甯老師。

還記得王文興老師的《家變》，那年少的缺口。

豫。之前說過，回國後我一心想從事研究工作，把西方哲學介紹給台灣社會，會長卻派我做這個專門辦活動的工作，那我出國念書不是白費了嗎？而且我又不是研究文學的，只是喜歡讀小說，也沒有什麼寫作經驗，怎麼能當寫作會會長？

鄭聖沖神父勸我：「不用擔心，有郭芳贄在啊。你就掛個名，把事情都交給他就行了，像我也是這樣。」

郭芳贄是那時的文教院文教秘書，兼寫作會秘書，十四年前我在新竹青年中心的時候就認識他了，那時他還是個中學生，卻已經非常活躍，人緣好，又有永遠用不完的點子。常常可以看到一群人圍在他身邊談天說地，大老遠就可以聽到他的笑聲。後來我去輔導台北基督生活團，他也是成員之一，同樣是風雲人物。

一九七五年九月，也就是我回國前一年，

他在土耳其念完碩士，就來寫作會工作了，而且帶來許多重大變革。原本寫作會的活動只限暑期寫作班。每期寫作班結束後，總有很多學員依依不捨，時常跑來文教院串門子。郭芳贇就增加夜間春、秋季寫作課程，招收了更多喜愛文學的大專學生和社青，寫作會的規模因而大增。原本只是暑期臨時性的寫作研習班，直到此時才成為真正的寫作「會」。

我覺得鄭神父說的沒錯，有郭芳贇這麼能幹的幫手，我還擔心什麼呢？因此我便接下了這工作。

當時我以為這職位只是暫時的，很快就會換人，沒想到一做就是三十三年。

四、逐漸融入

當我加入耕莘時，大家在四樓為我舉行歡迎會。有生以來，我第一次見到那麼多喜歡文學的人齊聚一堂，心裏非常感動。

我採納鄭神父的建議，把寫作會事務全權授權郭芳贇處理，凡是他提出來的計劃，我沒有不同意的。我向來認為外行人不該領導內行人，我既然不懂寫作，也不擅長辦活動，就該充分借助他人的專長，不可輕易干涉。況且我在菲律賓的時候，一位老師教導我們關於「Group Dynamics」——群體動力。一個團體不能只靠一個人獨撐大局，必須讓團體的每一份子都盡情活躍，同心協力付出，才會有進步。

策劃活動和課程的工作交給郭芳贇，我就負責募款，或在人手不夠時幫忙。有時舉辦演講或課程，需要貼海報或傳單，我也會跟著會員到校園裏一起發，連帶覺得自己也年輕起來。

寫作班原本以講授英美純文學為主，後來郭芳贄認為我們是寫作會而不是文學會，凡是寫作有關的課程都要開。所以後來分成小說、新詩、戲劇、新聞和哲學五組，開新聞組是因為當時報導文學很受歡迎，哲學組的用意則是寫作的人需要學習思考。每組都會聘請導師指導學員，另外還有學長姐當各組的輔導員。哲學組由我主持。

我們每年都會邀請知名文學家擔任各組的導師。在排課上，有部分課程保留給導師，其他課則另外邀請文學家主講。由於導師們待在寫作會的時間較久，跟我們感情也比較密切，往往下一年度還是會邀請他們回來擔任導師。

至於其他的老師和課程內容，我們都會盡量避免重複，以維持新鮮感。

當年張志宏神父在世的時候，對來寫作會上課的作家及老師們都非常尊敬，每次都會搭計程車去接老師來上課，還常在休息時間帶咖啡和蛋糕去給老師們當點心，因此老師們每年都很樂意接受我們的邀請前來開課。真的要感謝張神父，他的尊師重道為我們打下了良好的基礎。

那個年代的大專生並沒有太多娛樂，全台灣只有兩個寫作班：救國團主辦的中國青年寫作會，以及耕莘寫作會。由於我們的師資都是名師，其中也包括兩大報的編輯，因此得到新聞界的熱心宣傳，寫作班的報名狀況非常踴躍。原本侷限在台北的學校，最後擴及全台各校。暑假的課程，中南部都有學生來報名參加。平均每期學員都會超過一百五十人以上。課程結束的時候，我們會在學員中徵求自願者，擔任下一期的輔導員，並請大家建議下期要請的講師名單。

三毛演講的丰姿。

每年六月我會手寫一封信給各大專院校的學務長，告訴他們該校去年有若多少學生來報名，得到什麼寫作的成果，請教務長今年繼續鼓勵學生來參加。這個作法還挺有效，不少人參加過一次後，第二年又來報名，還會引領一些朋友前來參加。

我們的課程設計也很活潑，夏季暑期班早上上課，下午有分組團康遊戲和各式活動。文教院非常幫忙，每到暑期班的時期，文教院其他活動一律停止，等於整棟建築物供寫作會盡情使用。由於太過愉快，大家常常待到很晚還意猶未盡，不願回家。

有一年，我們請來司馬中原教授，他的講課方式非常特別：在夜裏帶著學員們走到新店的空軍公墓，邊走邊講荒野傳奇，到了公墓更是排排坐著聽鬼故事。這樣有趣的課程，口碑自然很快就打開了。

向明、瘂弦、馬森在耕莘開講。

除了暑假整期的課程，開學後寫作會經常舉辦系列性文學講座，通常在二週內有五到六次晚間學術演講活動，而且要買門票。分為全票和單次票，全票是新台幣二十元，單次票是五元，而當時大學學生餐廳一頓飯大概五至十元。

耕莘文教院可說是台灣首開公開演講要收費的機構，首創台灣演講活動的「使用者付費」觀念。當初寫作會提出收費的作法時，文教院有些神父很不以為然：「就算免費也不知道會不會有人來聽，你們居然敢收費？」但是事實證明，只要講師夠份量，講課的主題夠吸引人，樂意付費來聽課的人是很多的。

像小野、鹿橋等人的演講，全都是大爆滿。不過如果作家真的人氣很旺，例如三毛、龍應台，必須用到大禮堂開講座，這時我們反而不好意思收費，免得被人誤會為牟利。

陸爸早年講課風采。

由於有很多活動是脫胎於天主教基督生活團，耕莘寫作會還有很強烈的維繫感情功能，和其他上完課就分道揚鑣的一般寫作會大不相同。

在為期四週的暑期寫作班期間，我們會安排一個週末文藝營，寫作班的學員大部分都會參加。通常是星期六中午出發，前往陽明山福音園或淡水聖本篤中心住宿。下午先上一兩節文學課，晚上就辦晚會，讓學員演戲或其他表演。這時我也會上台露一手，拉一曲手風琴。晚會結束之後，學員們仍會聚在一起談天說地，捨不得去睡覺。

第二天清晨，我會帶領大家做感官祈禱，由學員自由參加。這活動是我在基督生活團學到的，雖然名為「祈禱」，其實並沒有宗教意味，只是大家圍成一圈坐著，閉上眼睛，改用嗅覺、味覺、聽覺和觸覺去感知這個世界，功用在幫助放鬆，讓心靈平靜，感官敏銳。

早餐之後通常是文學辯論賽，有時由老師們上場對辯。學員們看到平日道貌岸然授課的名師，在台上辯得面紅耳赤，都覺得十分有趣。

有一回的主題是「寫詩是否需要靈感？」正方是主張寫詩一定要有靈感，否則寫不出好作品，反方則認為靈感不重要，重要的是平日的苦功。

比賽結果如何我已經不記得了，只記得比賽結束後，一位反方的隊員苦笑著對我說：「我也很想要靈感啊！」確實是很無奈。

週末文藝營結束後，在暑期寫作班剩下的課程期間，氣氛會完全不同，學員的感情熱絡許多，對寫作會的認同感也更強。那時候，文教院的寫作小屋是長年不上鎖的，離校較近的學員一下課，就會跑來小屋談天說地，或是在留言本上留下自己的心情和大家分享，就像是一個相親相愛的大家庭。

尤其是輔導員們，他們要照顧學員還要安排活動，責任重大，彼此相處的時間也長，培養出深厚的感情。有時下了課大家還不想走，就圍坐在文教院四樓的中庭聊天唱歌，氣氛和樂融融。

文教院規定每天晚上十點一定要鎖門，但是學員們有時辦活動太晚，或是開會討論太熱烈，不可能準時十點散會。我那時住在文教院裏，就請門房在十點鐘先鎖門下班，等到十一點左右，學員們活動結束，我開門讓他們出去，自己再回房就寢。這樣他們就可以不用擔心時間，暢所欲言。

由於這樣長時間的融洽相處，很多人擦出火花，進而結為連理。例如詩人白靈就是在當年擔任輔導員的時候，認識了夏婉雲，兩位詩人二年後就在耕莘大禮堂舉行婚禮，由我證婚，成為本會的佳話之一。同樣的例子還有很多，總幹事楊友信也是在寫作會找到他的另一半。因此我常常幫學員證婚，成了耕莘的紅娘。

原本接任會長接得有些勉強，一兩年下來和學員們一起貢獻心力，分享許多歡樂，慢慢地，我越來越投入這個職務。

五、文學的淨土

耕莘寫作會還有另一個優勢。當年正值戒嚴時期，集會演講都要受政府當局嚴格監控，但是政府對我們的管理卻比較鬆。一來我們是教會組織，二來文教院裏有許多外國神父，當局為避免影響外交關係，對我們比較客氣。第三，當年政府最大的敵人是共產黨，天主教會比誰都反共，政府對我們自然比較放心。

就憑著這點，再加上我的完全授權，郭芳贄幾乎什麼課都敢開，什麼老師都敢請。就連當時被打入左派的陳映真，我們照樣請他來辦電影、小說座談會。他的書被列入禁書，學員們也關起門來偷偷討論。

這種大膽的作法，當局不可能沒注意到。有幾次講座，我們都留意到有些奇怪的人在場監聽，不過到頭來什麼事都沒發生，我們未收到任何反應下，也就繼續堅持開放而中立的理念，因

智多星翁詩彬，攝於1985年。

而獲得台灣文壇的尊敬和美譽。

耕莘文教院大禮堂是當年最適宜辦文化活動的場所，常有文化人士來租借，舉辦各式活動。不論是「劉必稼的「石頭夢」放映、或是龍應台的「野火集」燃燒，耕莘都沒有缺席，何況是「鄉土文學論戰」這件大事。

最令人難忘的一次講座，是在一九七八年，由王文興主講的「鄉土文學的功與過」。

在一九七七到一九七八年間，文壇上正經歷著前所未有的鄉土文學論戰。支持鄉土文學者有王拓、陳映真等人，大力提倡以忠實角度，深入描述台灣農村生活，反對者則以朱西甯、銀正雄為首，認為鄉土文學格局太小，有鼓吹台獨分離主義之嫌。朱西甯所要表達的乃是台灣文學必須「回歸中華民族文化」而非台灣本身。王拓、尉天驄、陳映真等一派則給人扣「紅帽子」。兩派文人筆戰連連、煙彈四起。我們在論戰最激烈的時候辦鄉土文學座談會，當然也免不了一場紛爭。

那晚王文興講完後開始接受聽眾發問時，王拓和尉天聰等鄉土派作家輪流上台搶麥克風，爆發一場舌戰，雙方你來我往僵持不下，場內氣氛越來越火爆，聽眾的情緒也越來越激動。結束的時間到了，但是沒有人肯收兵散場。

到了晚上十點，郭芳贄跳上講台拿起麥克風宣布：「對不起各位，台大女生宿舍關門的時間快到了，為了避免在場的女同學進不了宿舍，本次講座就此結束，謝謝大家。」說著關掉了麥克風，眾人這才悻悻然散去，不然再吵下去可能會暴動。

鬧得這麼兇，我們是否有些後悔，決心下次收斂？老實說，一點也不。

最重要的是，耕莘將寫作擴大為文化，而寫作會的立場又完全中立，無論黨派、省籍、宗教，只要是在文學上有成就的作家，我們都會請他或讓他來耕莘辦講座或開課。在那個言論自由仍然被箝制的年代，耕莘文教院提供了知識份子自由發聲的空間。學者們若要舉行小型聚會，都是在紫藤廬，至於大型活動，非耕莘莫屬。

剛接寫作會的時候，我心裏多少有些期待，希望藉著寫作班的課程讓學員們喜歡天主教，進而成為信徒；很快地我就看開了，宗教信仰畢竟是要隨緣，勉強不來。試圖傳教只會帶給我自己和學員莫名的壓力，把氣氛搞壞。寫作會最重要的使命，就是保持超然的立場，不受宗教或政治的影響，細心耕耘一片文學的淨土。

以白靈為例，他入會數十年，妻子夏婉雲是天主教徒，自己卻始終篤信佛教。他曾開玩笑地對我說：「神父，您認識我這麼久，我卻一直沒信教，我一定是你傳教生涯最大的失敗吧？」我笑而不答。正因我決意不向學員傳教，彼此才能建立純淨不帶目的的情誼，這不但不是我的失敗，反而是最大的成功才對。

不只如此，我們還請了不少篤信佛教的文學家來開課，例如王邦雄、林清玄等。林清玄講課非常精采，大家都聽不膩，因此我們常請他來。

雖然寫作會從不傳教，畢竟樓下就是教堂，學員進進出出之間，看到教堂裏望彌撒和講道理的情況，真的有不少人對天主教產生興趣，進而受洗成為教徒。例如應芝苓，她不但受洗，還當了修女。另外還有參加過寫作會和聖詠團的董澤龍，他也進了耶穌會修道，真是無心插柳柳成蔭。

我原本就喜歡文學，在上課時一起旁聽，獲益匪淺。我記性不錯，每期都可以很快記住學員的姓名，和他們寒暄聊天培養感情，希望能讓他們喜歡寫作會，下一期再回來。

寫作會就像我的孩子，我希望它成長茁壯。這個心願成了我一生的執念。

六、低潮

一九七九年，寫作會發生重大的變化：已經升任副會長的郭芳贄提出辭呈，應輔大校長羅光總主教邀請，前往擔任輔大公關室秘書。

這次轉職對他是好事，對我卻是晴天霹靂。當初是由於鄭神父保證，只要有郭芳贄在就沒問

楊昌年老師（中）煥發風采。

題，我才接下寫作會的職務：沒想到他現在居然要離職了？

我心情緊張不已，郭芳贄還爽快地對我說：「神父，我要離開您了，您保重啊！」我真是哭笑不得。

雖然郭芳贄的離職讓我稍微慌張了一下，其實那時寫作會的運作已經漸上軌道，接任執行秘書的夏婉雲和助理秘書謝志騰同樣勝任愉快。此外，在資深學員陳養國、洪友崙的號召之下，成立了幹事會，負責訓練、培養輔導員。從此，每年秘書都會邀請最活躍最熱心的學員擔任總幹事，再由總幹事召募輔導員。平日秘書處理財務、採購等行政工作，幹事會聯繫學員間的感情，雙方合作無間，我完全不用擔心。只是，我的心情還是陷入低潮。

每一期寫作班結業時，我們都會發問卷詢問學員意見，希望下一期上哪些老師的課。然

齊邦媛老師：「一生中的一天，永恆的一天。」

而當我們請來學員們想要的老師，學員卻沒有回來上課。不管我再怎麼努力去認識學員聯絡感情，下一期繼續回來的人總是只有五分之一，之前的功夫就這麼白費了。

此外，我幾次邀請學員星期日早上和我一起去公園踏青，可以怡情養性，卻沒有幾個人來，同樣讓我感到很挫折。

還有一點，寫作會成立這麼多年，教導過無數學員，卻拿不出好成績。從我擔任會長以來，除了白靈的詩作「大黃河」得到國軍文藝銀牌獎外，沒有學員得過大獎。

我覺得很氣餒，寫作會好像成了一片沙灘，每年滿懷熱誠地等待一批批候鳥般的學員前來駐足棲息，熱鬧一番後，候鳥全部頭也不回地飛走，什麼也沒有留下，而且明年還不見得會再回來。這一切到底有什麼意義呢？

我越來越消沈，開始考慮辭職。

在做年度避靜的時候，我向講道的強斯頓神父（Fr William Johnston）訴說心中的苦惱。強神父是愛爾蘭人，在日本傳教，學過禪坐，因此他的思考模式也帶著東方味。

他建議我：「你應該試著找到這份工作的神學意義，而不是一直用哲學的邏輯思考去分析它。」

接下來的八天避靜，我依照他的建議，用神學的眼光來審視寫作會的工作，最後我終於找到答案。

學員們每年來來去去，流動性大，這是無法改變的事，但是導師們幾乎都是固定的班底，例如司馬中原、朱西寧、楊昌年、蕭蕭等人，每年都會回來為寫作會貢獻心力，完全認同本會。我應該把友誼的重心轉移到他們身上，同他們一起開創寫作會的未來。

此外，得獎這種事是急不來的。這麼多學員，只要拿出耐心和毅力慢慢磨鍊，總會得到好成績。

想通了這點，我重新打起精神，決心好好守護我的候鳥灘。

第九章　我當爸爸了

一、喜得賢才

一九八〇年，我又遇到頭痛的事，夏婉雲初為人母，必須專心帶小孩，也要離職了，尋找統籌規劃課程的人才，成了我的當務之急。

在偶然的機會中，我認識了馬叔禮。那時他參與「三三」集團的創建工作，籌辦「三三」雜誌。雖然獲利不佳，他仍然全心投入。我覺得這個年輕人很有想法，而且才華洋溢，便聘請他擔任寫作會專任指導老師，負責統籌每期的課程規劃，並邀請老師。

馬叔禮行事果決，而且很有主見。他不負眾望，表現得可圈可點。他每週上班三個晚上，安排課程多樣而生動，不落俗套。他會花整整一年時間思考下一年的課程，計劃得非常嚴謹。在為期一個月的暑期研習中，他每週安排一個專題，例如哲學週或國劇週，有時還會排跟創作沒什麼關係的課程，如相聲，只為了打開學員的視野。

在師資選擇上，他秉持寫作會一貫開放的精神，邀請老師只有兩個標準：一是老師的創作水準，能否稱得上有成就的文學家，二是老師的表達能力，能否在課堂上流利的講課。只要兩者都

陸爸（右四）、朱西甯（右三）、許台英（右二）。

符合，就不考慮宗教或政治立場，他一定會去邀請，而且每年盡量不邀請重覆的老師。

國劇週是個特例，馬叔禮認為京劇是現在唯一由現代人表演的老東西，有一探的價值，堅持邀請戲班演員來開課。然而演員們雖然功夫了得，卻因為教育程度不高，面對大專生會緊張，不肯答應，馬叔禮還花了一番功夫去研究京劇，了解他們的行規，結交京劇界的朋友，這才說服他們。

旅居海外的名作家一回國，馬叔禮立刻就會去邀請對方來寫作會演講。有機會的時候，我也會動用我的私人關係，幫忙情說老師前來。例如思果在一九七九年回國領取梁實秋文學獎時，我就把他請來演講「創作與生活」。此外，藉由朋友的輾轉介紹，我認識了不少文藝界人士，所以當我以會長名義親自出面邀請的時候，作家多半會給我面子。

有時候會發生狀況，老師臨時無法來上課，這時馬叔禮就會親自上陣講課。他事先都已準備好備案，一點也不會手忙腳亂，而且他口才極好，兩個小時的課上得精彩萬分，學員都聽得非常投入。

我盡量抽空去旁聽課程，每次都坐在第一個位置。一來我可以吸收新知，二來認識老師，第三還可以接觸學生。有時學員上課反應不是很好，或是精神不集中，我就會搶先發問，試著讓氣氛活絡起來。在下課前五分鐘，會由我做總結，並回饋心得。我雖然不是文學科班出身，一來從小愛讀小說，二來記性不錯，每回總結都可以大致重覆老師上課的內容。

白靈曾經開玩笑地說：「陸神父，我看全寫作會最認真的學生就是您了。」

在課程之中，我覺得最困難的還是京劇。我對京劇一竅不通，總得聚精會神地聽，才能了解一些皮毛。在這次課程中，我認識了郭小莊，只是那時還不太熟。後來聽說她腳扭傷在家療養，她住得離耕莘很近，我便帶了水果去探望。

她見了我很高興，和我暢談她的成長經歷，當年學戲練功的種種辛苦，談了兩個多小時，我也很高興她願意和我分享。

後來思果來台，我帶他去看郭小莊的表演，思果大為讚賞，請我介紹他和她認識。一週後我便邀郭小莊去和他見面，那時思果在植物園附近演講，我和郭小莊在植物園荷花池邊等他。

眼看時間還很長，郭小莊說：「神父，您上次不是說您會打太極拳嗎？可不可以打一遍給我看？」

於是我就在暮色漸深的植物園裏，邊打著太極拳邊等思果，這也是難得的經驗。

除了春秋季班的導師外，馬叔禮也擔任暑期寫作班的班主任。這個職位從張志宏神父的時期開始，就是非常重要的工作，整個暑期班的所有行政業務，接待講師的工作，全都交付在班主任一人身上。班主任還得延續張神父留下來的傳統，叫車接送老師，可謂責任繁重。

這個工作原本是郭芳贄擔任，郭芳贄離職前安排白靈接任。白靈是個非常熱心，很會照顧別人的人。他當輔導員的時候，常把領到的一點點車馬費全拿出來請學員聚餐，人望極高。但是他那時還年輕，才二十七歲左右，很多老師都不認識他，執行工作上諸多不便，我只好把他換下來，自己當班主任，當時夏婉雲還未離職，便讓她當副班主任。後來有了馬叔禮，我終於可以卸下這份重任。

在馬叔禮的推動下，寫作會有了屬於自己的刊物——《旦兮》月刊，每個月出版，報導寫作會的活動及其他訊息，幫助聯繫成員的感情。

有了強而有力的推手，我們的口碑又更上一層樓，原本因為連著兩任秘書離職而低迷的氣氛，再度熱絡了起來，謝志騰秘書、陳養國等幹事們也忙得更起勁了。

二、感情的銀行

有一次，寫作會要在大禮堂辦活動，但是大禮堂前一天晚上放電影，結束後滿屋的椅子沒有人收。為了避免第二天寫作會的活動受影響，我便和秘書一起收拾，學員們看到了，便自動加入整理場地的行列。那時已經很晚了，他們大可上完課逕自回家，卻沒有人離開，也沒有人露出不耐煩的表情，大家有說有笑地把場地打掃完，讓我非常感動。

我向白靈提起，他笑著說：「神父，您每次都親自動手幫忙做雜務，我們晚輩哪敢閒在旁邊呢？」

原來如此。不過我並不是想給年輕人壓力，只是想讓大家享受一起勞動的快樂而已啊！

我漸漸領悟一件事，寫作會不只是候鳥灘，更像一間銀行，必須存入資產，才會累積財富。第一筆資產當然是張志宏神父存下來的那股熱情與愛心，繼任的我將它領出來付給學員們。此外，我還得鼓勵學員們把他們的心血也存進來。感情銀行資產愈多，團體的向心力愈強，相互的友誼愈深。

如果學員來寫作會只是上上課聊聊天，之後就各自回家，他們不會對寫作會產生感情，學期結束後當然不會再回來。只有給他們機會為寫作會付出心力，他們才會認同這個地方，從此留在這裏不再離開。

四十幾年來，為寫作會存入大筆財富的學員們實在太多，我無法一一細數，只能舉一、二個人做代表。

陳盈良是斗六天主教正心中學畢業生，由於對大學聯考結果不滿意，北上補習重考，也在這期間內加入寫作會。

每天補習班一下課，他就來到寫作會，那時我的辦公室就在寫作小屋對面，我每天都看到他在小屋裏，一個人默默地整理環境，收拾散亂的書本物品，還常常主動幫秘書跑腿。沒有人要求他做這些事，他總是自動自發，為其他學員維護良好的活動空間，別人不願意做的工作，他也一肩挑起。

他的種種付出，我全看在眼裏，直覺地認為他是個沒有原罪的人。天主教向來相信人生來即有原罪，必須努力克制自己，才不會走上為惡的道路。但陳盈良不是，對他而言，幫助他人，為團隊犧牲奉獻就像呼吸一樣簡單自然，完全不費功夫。

他後來考上輔大歷史系，畢業後在輔大人事室工作。一九九二我到輔大專任，常有機會碰到他，每次一看到他都很開心。他結婚的時候我也去喝喜酒，上台致詞的時候我說：「凡是有陳盈良在的單位，同事們都很省力。」跟他同單位的同事全部大力贊成。

會長最重要的幫手當然是秘書，四十幾年來寫作會經歷過無數任秘書，其中多的是行政能力和領導能力兼具的人才，例如夏婉雲、黃玉鳳，都是讓我可以完全放心託付重任的人。而有些秘書由於個性的關係，比較沒有那麼活躍，卻同樣讓我難忘，例如謝志騰。

謝志騰原本是夏婉雲的助理秘書，之後擔任秘書職位。他的個子小小的，皮膚有些黑，沈默寡言，給人非常穩重的印象，做事也很可靠，總是苦幹實幹，悶著頭工作，每件事都辦得非常週到。

他原先對寫作會的一位女性學員有意，卻因為太過害羞，遲遲不曾追求，錯過了這段感情。後來有一回，他受託寄東西到天主教在中央大樓的辦公室，給一位小姐，那位小姐特意請他吃飯答謝。以他的個性絕不會平白吃人家一頓，又找機會回請。兩人就這樣請來請去，請出一段姻緣來。之後他們在聖心堂結婚，也是我給他們證婚。謝志騰原本不是教徒，受了太太的影響，後來也受了洗。

陳盈良、謝志騰，和其他許多跟他們一樣的人，正是寫作會最重要的資產。

幹事會成員都很有活力，非常熱心地投入寫作會的工作。他們當幹事非但沒有薪水可領，遇到急需經費辦活動，卻來不及申請的時候，他們甚至會每個人平均分攤墊錢，順利把活動辦完。

每次幹事會，或是後來的理事會開會，都是由總幹事或理事長主持，我會全場參與，從頭到尾保持沈默不發表意見。會議結束前五分鐘，我會把討論中出現的共識提要說明，作為本次會議的決議，並且告訴大家如何在會議後實施。開會中，即使會員表達的想法和我的心意相左，我也不會提出來，有時會提供資訊，但不是為反對而反對。這種做法只是為使與會者在有充份表達之可能，不受約束，使會議真能實踐「群體動力」的效果。

忙完後，大家會一起聚餐。我在吃飯時總是習慣性地為我左右鄰座的學員夾菜，有一回總幹事洪友崙忽然開口：「陸神父，我覺得您好會照顧人，好像爸爸哦！以後我們就叫您『陸爸』好了。」

大家齊聲叫好，於是從此學員們都稱我「陸爸」。在那之前，由於我是神父，他們在我面前總是有些緊張，態度都很拘謹。一旦叫了「陸爸」，立刻跟我親近起來，之前的生疏都不見了。

一個宣誓獨身的神父，居然能一口氣當上那麼多孩子的爸爸，這真是難得的經驗。

1980年的暑期班。

不過，後來有人反應，我幫鄰座夾菜會讓其他人吃不到菜，我只好把夾菜的習慣改掉一些。另外，某些會員也學會了我的一招，可是沒人叫他們爸爸呢！

剛回國的時候，每到農曆年，我就會看到耕莘聖心堂本堂牧神父發小紅包給來望彌撒的小朋友，一包五十元。牧神父的紅包大受歡迎，連大人也想拿。我看了幾年，決定向牧神父看齊，每年新春團拜的時候，各發一百元的紅包給參加的人，從此成為寫作會的傳統。

金額不多的紅包，代表著這間感情銀行的資產流動，也聯繫著我和學員們的心。

三、第二次文藝復興

一九八二年，洪友崙、莊華堂、楊友信以及其他幾任總幹事，召集了所有資深學員開會，決定成立永久會員制度。凡是繳交兩期學

1992年瘂弦、吳晟至耕莘演講。

費參加課程的學員，就自動成為永久會員，由寫作會發給會員證。以後寫作會的所有課程活動，永久會員都可以用優惠價格或免費參加。

這個決議的目標當然是為了吸引學員回流，讓候鳥每年都回到沙灘上相聚。

他們開會之前並沒有通知我，而是等開完會後再告訴我這個決定。我一點也不生氣，相反的，我非常高興。學員們貢獻心力，只為了讓寫作會更好，我支持都來不及，怎麼會生氣？

我要他們放手去做，需要任何支援就告訴我。無論是籌募經費，或是和文教院主管溝通，我都會代他們解決。

除了推行永久會員制度，在一九八五年，我們把原本在學期中舉行的作品比賽擴大舉辦，創立耕莘文學獎，凡是兩年內參加過寫作會的舊學員都可以參賽。這個作法又進一步加

白先勇老師（左）與班主任馬叔禮。

由左至右依序為馬叔禮、陸爸、洛夫與楊昌年，攝於1984年。

深了學員對寫作會的向心力。

每年的暑期寫作班，報名人數都超過一百人，而春秋兩季的學員也都有五六十人，規模相當龐大，也吸引了媒體前來報導，甚至有些文藝記者，如桂文亞等就曾經是學員。在媒體的宣傳下，寫作會的曝光度更高了。

接下來幾年，我原本耿耿於懷的學員程度問題也消失了。得獎的人越來越多，而且都是全國性的大獎。而輔導員們也有不少人升級為講師，例如白靈就當了好幾期詩組導師，稍後羅位育、黃玉鳳、談衛那、黃英雄、凌明玉、方群、陳謙、莊華堂、管家琪、李儀婷、許榮哲等會員繼承了這個良好的傳統。

此外，白靈還主辦了一系列「詩的聲光」表演活動，先後在國父紀念館、新象藝術中心、實踐堂、台大和耕莘大禮堂舉行，每次表演的演員幾乎全是寫作會會員，他們用活潑的方式表現新詩之美，打破了詩原本靜態深奧的刻板印象，常常連演三天，每場都大爆滿，成為每年的例行活動。

看著活力十足的寫作會，我原先的消沈想法徹底消失。我想，把這個時期稱為「寫作會的文藝復興」，一點也不為過。

四、聖詠團的火雞

一九八六年寒假，我正在輔大做八天避靜，忽然感到喉嚨不適，請校醫幫我開消炎藥，卻不見效。我聽從校醫建議，改去公保中心看診，醫生認為是甲狀腺出問題，要我做進一步檢查。

當天中午我向政大請了假，獨自帶著行李去中華開放醫院掛號住院，本以為醫生會幫我詳細檢查喉嚨的情況，誰知他一聽完我的症狀，再用手摸了摸我的喉嚨，就說：「一定是左邊甲狀腺的問題，開刀吧！」

我有些疑惑，他會不會太武斷了點？不過看他胸有成竹的模樣，我想還是應該尊重專業，就依他的安排直接開刀。我那時太糊塗，覺得這種小手術不用緊張，沒有想到應該由我自行選定動刀的醫院和醫生，就這麼傻傻地簽下手術同意書。

手術後麻醉退去，我發現喉嚨非常痛，聲音怎麼也出不來。

第二天主治醫師來看我，我啞著聲音告訴他，喉嚨很緊，沒辦法出聲。他輕描淡寫地回答：「那個沒什麼大礙，只是因為你傷口流血，我幫你把血管縫起來，位置離聲帶太近，所以聲帶振動困難，等拆線以後就可以出聲了。」

我原本信以為真，卻在不經意間聽到協助手術的菲律賓女醫師輕聲對護士說：「這手術開得不好。」

我心驚膽跳，開得不好？是怎麼個不好法？接下來該怎麼辦？

事已至此，也只能留在醫院裏靜觀其變。我住院八天，會員談衛那、王愈智和官舜弘天天都來陪我，寫作會會員也輪流排班照護，常常送吃的來，各式食物堆滿整間病房。各式花束也不斷送來，病房裏放不下只好堆到外面。

照理說這種手術只要兩三天就可以復原，我足足在醫院住了八天，卻還是沒辦法出聲，只能嘶聲說話。我去看同一家醫院的外科門診，醫師據說是大牌名醫，卻不肯明白說出他同事是否把我的喉嚨弄壞了，只說：「以後如果你右邊甲狀腺要開刀，我可以幫你開。」

這根本是答非所問，完全沒有解決聲音的問題。況且我光是開左邊的甲狀腺，就已經造成荷爾蒙不足，得終身吃藥，怎麼可以無緣無故再把右邊甲狀腺割掉？

眼看再糾纏下去也沒有用，只好辦了出院。我乾妹（就是說我長得像她父親那位）的姐姐在三軍總醫院當護士，我向她請教，她推薦三總一位劉醫師，剛從加州回國行醫。

劉醫生為我檢查後，告訴我一個壞消息：「你的聲帶已經完全麻痺了，只能用施打矽膠治療，讓聲帶擴大，比較容易震動。但是你現在傷口還沒好不能打，你先回去休養，半年後再來吧。」

我只好先回到耕莘，等待手術的日期。講話不方便，教書工作也只有暫停。跟人溝通得靠紙筆，或是比手劃腳。說來諷刺，小時候學假啞巴說話還挨了罵，現在自己卻成了真啞巴。

我心情沈重無比，萬一聲帶治不好，以後怎麼教書？況且我從小就愛唱歌，參加聖詠團數十年，現在卻成了啞子，簡直就像整個生命被剝奪了一半，不能唱歌的人生是多麼空虛啊！

幸好我沒有消沈太久，很快又振作了起來。我樂觀地相信，之前那麼多次危機都度過了，這次也一定會平安過關的。

心情放鬆後，我決定安心休養。那時我三哥已經還俗，結婚生子住在加拿大，我趁著假期去探望他們。這次四哥也到加拿大來團聚，我們已經分別二十九年，兄弟重逢，心中興奮難以言喻。

在三哥家住了幾天，一位熟識的長老會張信一牧師來電邀請我們去他家作客，我便和三哥一家開車前往。我們在張牧師家住了三天，享受他的熱情接待，便由我開車返家。

誰知道在路上，我一時不慎，車子打滑衝到對向車道，被來車撞個正著。由直升機把我從縱貫公路載至附近一所大醫院。

三哥一家人都只受了皮肉傷，只有我腿骨骨折，得住院七天，真是禍不單行。

結束了多災多難的加拿大之行，回台後我住進三總，接受矽膠治療。為了避免誤差，我還得全身麻醉。這回住院三天，還是沒聲音，我真是心力交瘁。

我聽了另一位朋友的建議，去了榮總，榮總的張醫師說：「上次的矽膠沒有弄好，我再幫你打一次吧，不用住院。」

他又為我注射了矽膠，同樣得全身麻醉。當天下午我還得去洪建全基金會開一個會，討論基金會出版兒童哲學叢書事宜。麻醉一退，我便立刻趕過去，到了會議上，我試著輕輕出聲，發現手術成功了。

三天之後，我恢復了說話能力，只是聲音很微弱沙啞，而且講不了多久，喉嚨就會痛得受不了。

我再去看門診，醫生要我到復健室做復建。復健師囑咐我，雙手用力按著牆，對牆發聲，還要高八度說話。

我心裏發愁：我要上課教書，哪能高八度說話？

之後，我利用暑假的尾聲到梨山度假一週，照著醫生的囑咐，每天提高聲音說話，覺得非常辛苦。度假回來後，我接受友人建議，再到台大掛門診，醫生要我每天早晨放聲大叫四次，叫的時候還得全身奮力往上跳，以放鬆聲帶。

在這之前，我曾經受邀去美國一位教友家中作客，她的先生是醫生，聽到我聲帶受損，告訴我一則真實故事：

一位生性吝嗇的男人，和我一樣開刀傷及聲帶，決意上法院控告醫院。某日他和妻子開車經過一座教堂，妻子便獨自進去為丈夫禱告，祈禱他的聲音早日復原。

她出來後丈夫用沙啞的聲音問她：「妳捐了多少？」

妻子回答：「二十塊美金。」

丈夫一聽，破口大罵：「捐個二塊三塊就夠了，妳捐那麼多做什麼？」這一吼，聲帶居然恢復了功能，聲音也回來了。

照這樣看來，放聲大叫的復健法確實有效。只可惜我不是個喜歡動怒大吼大叫的人，沒辦法像他一樣奇蹟似地復原。

動完手術一年後，我再度回到榮總，開刀把之前植入失敗的矽膠拿出來，算是結束了這場惡夢。接下來只能靠我自己的力量復健。

平日在辦公室當然不能大叫，我總是趁清早人少的時候，無論晴雨氣溫，跑到室外去叫，就這樣叫了八年，連出國旅遊進修的時候也不例外。有一回我忙到忘了，就聽見一位修士取笑：「今天火雞怎麼沒有叫？」

被取笑是小事，這次事件嚴重攪亂了我的生活。我在政大開的存在主義課程，原本選修的學生多到擠滿整間梯形大教室，手術失敗後，教室裏一度只剩兩個學生，其中一個還是旁聽生。直到我聲音狀況改善，學生才慢慢回流。

八年後，一位政大的學生向我引見他們合唱團的團長，他聲帶也受過傷，復健得很順利。那位朋友建議我，不要再大叫，改用深呼吸發音法，同樣可以放鬆聲帶，我嘗試過後，效果還不錯。

現在我可以自然談話，只是聲音容易瘖瘂，講課時一定要用麥克風，而且講兩小時後就會喉嚨痛，需要用喉片或藥丸緩和，親友常從海外為我寄來各式喉藥，對我幫助很大。有時新認識的朋友還會對我說：「神父，我完全聽不出來您的聲帶曾經受傷過耶！」

雖然不能再唱聖歌，我還是可以彈琴，或拉手風琴，音樂始終是我的最愛。

重要的是，正如我預想的，我真的過關了。

五、離別

我的聲帶手術還造成另一個嚴重的後遺症，就是馬叔禮離職事件。

當我在加拿大探親的時候，馬叔禮安排了一系列關於紫微斗數或占卜的課程，消息傳到當時耕莘文教院院長耳裏。對於寫作會的課程與活動，耶穌會向來全權信任我，從不干涉，這回可不行了。

當初馬叔禮規劃這些課程的時候，也向我報告過。我對這類事情向來保持開放態度，並不覺得有什麼不妥，院長卻不是這麼想。他請了另一位作家教友來旁聽課程，認定馬叔禮的排課與天主教的教義不合，他無法容忍，便打了長途電話，向遠在加拿大的我抱怨連連。

之前，每當文教院其他神父對馬叔禮的作風有意見，我總是會為他緩頰，並請他們尊重寫作會的自由。但是這回我人在國外，又成了啞巴，再加上車禍住院的麻煩事，沒有餘力保護他。於是院長便作主把馬叔禮解雇了。

等我回國，才發現事態嚴重。主導的人離開了，幹事會頓時群龍無首，沒辦法做事。而且大家對院長干涉寫作會事務的行為很不滿，整個寫作會氣氛低迷。

至於馬叔禮，全心投入工作卻遭到解職，受到極大的打擊，那陣子心情一直很低潮。

我知道我一定要修補這個狀況，便帶了莊華堂和其他十幾個與他熟識的學員，到馬叔禮新店的家去拜訪他，並致贈一些慰問金。我撐著沙啞的破鑼嗓和他懇談，安撫他的情緒，總算他的心情開展了些。

日後馬叔禮自己開班授課，在文化界工作，建立了極高的名聲地位。每當寫作會邀請他參加講座或開課，他總是大方答應回來助陣，讓我很感謝、也很欣慰。幸好，他和寫作會的緣份沒有就此斬斷，真是太好了。

六、第二次文藝復興

為了解決缺乏寫作會領導人的困境，一九八六年底，永久會員召開第一屆會員大會，決議選出八名理事組成理事會，理事會每年開會，負責規劃和統籌的工作。理事們選白靈當理事長，但他不願接受理事長這個頭銜，改稱值年理事，以強調服務的精神而非領導。

理事們全都有自己的家庭和正職，卻願意不支薪擔下這吃力不討好的工作。他們每個月慎重其事地開會，為寫作會規劃每月的功課。

要推動會務當然也需要經費，當年張神父過世後，留下一百六十萬元的經費，這筆錢經由鄭神父轉交給我。我原本把錢存在銀行裏，藉著每年學員繳的學費勉強維持收支平衡。在一九八六年，一位政大畢業的學生建議我，把經費借給一家融資公司，利息比較高。這筆金額對我有很大的吸引力，我便接納了他的建議，每個月可以領到八萬元利息。

有了這麼多錢，我充分添購各式設備。這可說是我一生花錢最大方的時期，大電視、音響、投影機，只要寫作會有需要的東西，我一律買下毫不猶豫。理事會想出版刊物，我也二話不說拿出經費來。

選出了領頭的人，經費充足之外，我們還有強力的後援。

一九八七年，原本的文教院院長任期已滿，由王敬弘神父接任。王院長對我的信任遠大於前院長，從此對寫作會全權委任，不再干涉所有的課程及活動。不只如此，那年剛好耕莘文教院新

1989年春天，「師奶殺手」李潼老師留下燦爛的招牌笑容。

大樓落成，王院長對我說：「寫作會人數那麼多，活動也多，需要充足的場地，以後新大樓的四樓就交給你們管理吧！」

當年九月，「耕莘文化中心」正式啟用，除了寫作會自己辦活動外，我們還可以對外出租場地賺取經費。那時台灣經濟正在起飛，工商界常常辦活動，對場地的需求大增。因此我們經濟上更加寬裕，可以大步前進。

之後，由於寫作會日漸興盛，理事人數也增加到三十一名，並訂立了寫作會章程，組織更加完備。白靈蟬連了好幾任的值年理事，他在文學界人緣極好，有他出面拜託，我們總是可以請到知名又有能力的老師，例如余光中和瘂弦。

接下來，我們主辦了更多文化活動，和文化界名家往來頻繁，學員們也是獲獎連連，寫作會欣欣向榮，口碑也更好。

1997年寫作會的志工模範之一陳盈良的結婚日，與陸爸合影。

一九八八年，鑑於報導文學極受歡迎，為了讓寫作會的風格在純文學之外，增加一些變化，秘書翁詩彬邀請報導文學作家陳銘磻擔任新聞組導師，大受好評，之後更成立新聞編採研究班，成為熱門的課程。

此外，莊華堂也成立「小說創作研究班」，等於是原本小說組的進階班，對學員的素質要求較高，得要通過審核才能參加，因此也造就日後無數知名作家，女作家邱妙津正是其中之一。

那時候寫作會每年的報名人數居高不下，要繳好作品才能報名，無論氣勢或風評都遠勝過其他寫作班。我認為，這是寫作會的第二次文藝復興。

第十章　大師印象

一、廣結善緣

我依照避靜時做的決定，把我的注意重心轉移到老師身上，因而認識了許多難得的好友，也讀了很多好文章。

有一回蕭麗紅來上課，講得精彩無比。我之前沒讀過她的書，回去後立刻讀完了《千江有水千江月》，感受到醍醐灌頂般的快樂。

雖然我是不寫作的寫作會會長，這職位確實讓我的文學素養加分不少。

一九八一年是張志宏神父逝世十週年，當時的執行秘書趙可式，正是張神父跌落溪谷時，第一個趕到他身邊施行急救的人。我和她商量過後，決意出版張神父紀念文集《葡萄美酒香醇時》，並舉行追思彌撒。

彌撒由我和王敬弘神父共同主持，許多在張神父生前和他熟識的文學家都來參加，如張秀亞老師、喻麗清老師等人，王文興老師也是其中之一。他和張神父很熟，當年常受張神父邀請來寫作會上課，是寫作會最早期的講師之一。張神父過世後，他仍然繼續支持寫作會，讓我非常感動。

王文興（左二）在耕莘領洗，與兩位就讀台大外文系的僑生合照。

王文興上課很認真深入，總是旁徵博引，每節上課都會發下二頁的講義，一節課的時間卻只夠他講完第一頁的一半。他教學生如何思考，如何分析文學，讓學員獲益良多。

王老師不止講課認真，對寫作也很嚴謹。據說他一天只寫二十幾個字，不知傳聞是真是假。如果是真的，我相信他一定是仔細琢磨，字字珠璣。

他原本不是教友，也沒聽過道理。在張神父追思彌撒之後，他兩次約我和王敬弘神父聚餐，我們討論宗教，一談就是兩個多小時。之後他就決定領洗，在聖心堂由王敬弘神父為他施洗。十幾年來他每週固定到聖心堂，後來去聖家堂望彌撒，不曾錯過一次，因此我常常碰見他。

在寫作會待久了，耳濡目染之下，我也開始寫作，多半是抒發宗教情懷和心情記事的散

老兵作家張拓蕪（左一）。

文，有時寫完還會拿給老師們指教。我曾寫過一篇〈形容詞的攀昇〉，寄給王文興請他評論，他回信說：「你這篇文章，有三分之二的部分一個字都不用改。」被他評得這麼高，讓我受寵若驚。

雖然和專業作家有些距離，寫作卻讓我找到另一個寄託感情的管道。不知不覺我也寫了兩本非哲學類的書籍：《似曾相識的面容》和《候鳥之愛》。

琦君女士在我的著作《似曾相識的面容》出版時，還寫了一封信給我，談論她的讀後感言，另外贈送我一本她自己的著作。她上課時我總是坐第一排，第一個發問。那樣地位崇高的大師，卻如此看重我的作品，讓我感動莫名。

至於曾昭旭，他的文章多半和愛情有關，可說是一代情聖。他曾在聯合報三天連刊三篇文章，內容詳細分析「一見鍾情」現象，我在《馬賽爾》一書中便曾引用過這篇文章。

還有知名的老兵作家張拓蕪，雖然出身軍旅，學歷不高，文字卻非常細膩，我很喜歡他的文章。我跟他也是因為寫作會的演講而結識，他為人謙虛而單純，很好相處。

我曾帶寫作會的學員去拜訪他，他還親自下廚用未中風的右手作菜招待我們，盛情讓人感動。他告訴我們，他當年剛開始寫作時，每投必退，家中退稿積了快半個人高，等到他成名後，各方邀稿不斷，他便隨手從那堆退稿中抽一份寄去，真的是風水輪流轉。這故事也可以激勵有志寫作的朋友們，不要因為受挫而放棄。

對這些因為寫作會而結識的朋友，每次和他們交談，觀念交流，從他們身上吸取到的智慧，一直是我人生中的寶藏。

二、忘年之交——思果

思果是我在香港認識的朋友，當時我二十出頭，他已經五十多歲了，照理該是我的長輩，彼此的感情卻像兄弟一樣親近。

他本名蔡濯堂，當時他有一篇文章被收入台灣的國中教科書，還附了照片，因此雖然長居香港，台灣的年輕人幾乎都認得他，也知道他的本名。他的文字幽默風趣，光是觀察香港九龍間的渡輪上的中外男女，他都能寫出妙趣橫生的文章來，因此在台港備受歡迎。

一九七九年，他來台領取中山文藝獎，在基督教青年會旅社「ＹＭＣＡ」訂了房間。我下了

1990年，陸爸去美國北卡拜訪思果夫婦。

課便直接去旅社等他，不久，他終於抵達，我們已經九年沒見，重逢的時候當然萬分欣喜。

他在旅社的登記表上簽下「蔡濯堂」，服務人員已經注意到了。後來我們在電梯裏遇到一位年輕的男服務員，他興奮地對思果鞠躬，還說：「蔡老師，我們都很喜歡您的文章，請您以後一定要繼續寫。」

思果嚇了一跳：「你們居然認識我？還知道我的本名？」

我笑著說：「你不知道你在台灣很紅嗎？」

他很高興，第二天向大地出版社姚女士要了一本得獎作品，簽了名送給那位服務員。

思果在台灣的時候，由於中國時報和聯合報的副刊主編都想向他邀稿，兩報董事長分別設宴招待他。另外，為他出書的大地出版社姚宜瑛女士也請他吃飯，幾次聚會我都作陪，也因此認識了更多藝文界人士。

十幾年後，他再度來台領獎，在台三天期間，我仍是陪著他四處走訪。我們去拜訪亮軒先生，他請我們吃江浙餐，並拿出他收藏的書畫讓我們欣賞。思果很興奮，像著迷似地和亮軒坐在滿屋的書畫之中談得不亦樂乎，那個門外漢陪客只能待在一邊，默默地聽著。

最後一天，我們去台大醫院探望兩位病人，一位是張秀亞，另一個就是無名氏。張秀亞跟思果都篤信天主教，相談甚歡。無名氏和思果是揚州同鄉，而且年齡相近，只是無名氏談話主題多半繞著自己的作品，不時問思果：「你有沒有看過我某本書？」偏偏思果沒看過，場面就有點尷尬。

後來思果移居美國北卡羅萊納州，我到北卡探望他。到了機場，正在下電扶梯時，遠遠地看到一位老人飛奔而來。原來他遲到，怕跟我錯過，才跑得這麼急。偏偏那時我聲帶受損，不能出聲喊他，看他都已經八十好幾了還這樣奔跑，真讓我捏了把冷汗。

思果和夫人住在么兒家中，兒子雖然腿部有疾，行走不便，生活狀況仍然不差，讓老爸老媽住在家裏最好的房間。然而思果年輕的時候，白天在銀行上班，晚上回家就關在書房裏讀書寫作，跟孩子有些疏遠，到了老年收入不豐，必須依賴兒子生活，為此他總覺得很歉疚。

之後，他的幾個子女合出一筆錢，讓他和太太在附近買了房子搬出來住。不久他就去世了。

也許正因為思果是在我離家不久後認識的朋友，對我而言，他不只是朋友，更像家人，我非常懷念他。

1997年，慶祝無名氏新書發表會，下排左起：陸爸、張拓蕪。

三、赫赫有名的無名氏

我和無名氏結識得很晚，不過當年在上海讀中學時，我讀過幾本他的小說，相當喜歡。

到台灣後，我在聯副上讀到他的作品「死的巖層」的連載。這本小說的主角原本是西安修道院裏的準修士，後來改信佛教。我讀這本小說的前半部，大吃一驚，作者不是教友，居然對天主教的教義和禮儀這麼了解？從此我對無名氏產生了極大的興趣。

後來，他的《創世紀大菩提》在中國時報上連載，我一看就迷上了，每天吃完早餐就拿起報紙追連載，成了我的例行公事。我看完該書序言的當天，就寫了一篇「無名氏的震撼」，交給輔仁大學的「益世月刊」發表。出版後，把該期雜誌寄到香港新聞天地社，請他的哥哥卜少夫先生轉交給無名氏。

幾週之後，無名氏寫了封信給我，答謝我的讚美，並且說他把我的文章借一位朋友看，沒想到被朋友弄丟了，現在他想把我那篇文章收進一本他的專書裏，希望我再寄一次給他，我當然是欣然同意。

於是，就因為這次弄丟文章的意外，讓我得以和無名氏結緣，那篇文章後來還成了《創世紀大菩提》的再版序。

之後他來台定居，和我數次見面，第一次我們在中華路一家咖啡廳，足足暢談了三小時，後來我邀他來耕莘文教院用餐，我們又聊了兩小時，每次都談得非常愉快，從此成為好友。

後來，無名氏遷住台灣，並和馬福美小姐結婚。當時他已經六十好幾，馬小姐還未到三十。我去參加婚禮，他向新婚夫人介紹：「這位就是陸神父。」可見他之前就向夫人提過我，讓我非常榮幸。

他婚後住在淡水，我還曾帶寫作會學員去拜訪他。他一旦寫了新文章或出了新書，也總不忘寄一份給我。

可惜他的婚姻生活不甚美滿，幾年後夫人就跟他分居了，他一個人生活，鬱鬱寡歡。我去探望他，看到他屋裏仍然置放著夫人的巨幅相片，由此可見他是個浪漫多情的人，正因如此，才能寫出那麼多熾熱的愛情故事。

他曾告訴我，有機會想受洗為天主教徒，卻一直沒實行。後來他在榮總過世，我便在他彌留之際為他付洗，並在他耳邊輕聲向這位老友道別，願他在天堂過得平安如意。

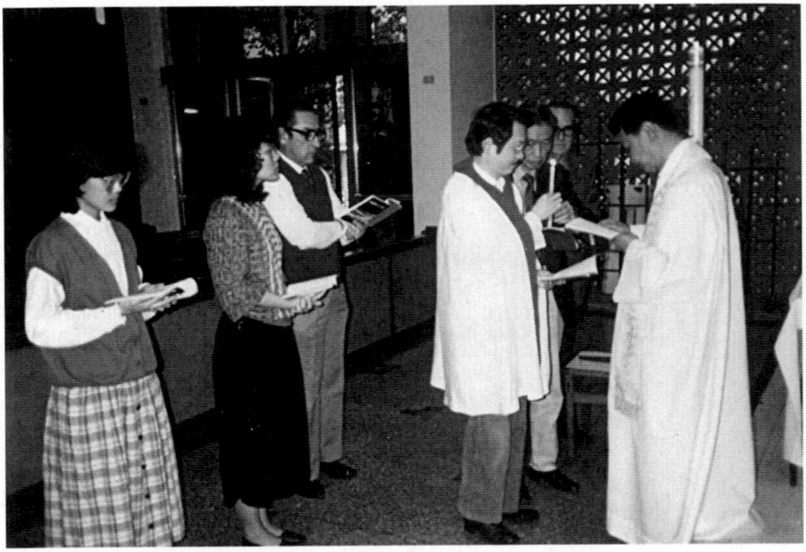
王文興於耕莘領洗（陸爸攝影）。

還有另一件小事，和無名氏也有點關係。有一回他開書畫展，我去參觀的時候遇到了主播李豔秋。李豔秋也是教友，我是在她朋友的婚禮上認識她的。這回她來採訪書畫展，一看到我就抓著問：「陸神父，我不太懂書畫，您幫我講解一下吧！」

我連忙回答：「老實說，我也是外行。」便快快逃開。真是尷尬的場面啊！

說到李豔秋，她在準備和李濤結婚時，曾問我可不可以在耕莘舉行天主教婚禮，請我幫她證婚。我很想幫她，但是由於李濤是基督徒，又離過婚，和天主教教規不合，我只好去問神學院教倫理的金象逵神父。

金神父說：「雖然不方便舉行天主教婚禮，但是在基督教教堂舉行，同樣可以得到祝福的，不用太拘泥。」

所以他們最後是在基督教教堂結婚，我雖

然不能為他們證婚，仍然誠摯地祝福他們。

四、神奇人物三毛

在寫作會的眾多講師之中，自然不能不提三毛。當年她成名的時候，我人在國外，完全沒聽過她的名字，回國後才知道國內有這麼一個極受歡迎的女作家。

第一次見到她，是在聯合報的文學獎頒獎典禮上，我還記得那次是許台英女士得小說首獎。我坐在前面幾排，跟朱天文、朱天心姐妹很近。忽然兩姐妹跳了起來，跑向一個剛走進來的人，身穿黑衣，披著黑長髮，正是剛剛喪夫，從西班牙回國的三毛。

朱天文她們圍著三毛問她近況，她說了沒幾句，兩行眼淚就落了下來。我遠遠地看著，印象非常深刻。

不久之後，某日馬叔禮邀請我參加一場通靈活動。由於當年研究馬賽爾的關係，我對通靈活動並不排斥，基於研究的立場，更覺得有一探的必要，因此便答應了。

那天晚上，我和「三三」集團的一群年輕作家，齊聚在朱西甯先生家中，三毛也在場。在一雙方桌的四面，男女各半對坐，各用一手指點住畫有箭頭的碟背，請碟仙降來。之後碟子開始轉動，大家輪流發問，碟子便會轉到紙上的文字給出答案。

在場的都是博學多聞的人，請來的碟仙也跟別人不同，國父、司馬相如之類的古人全都請來過。我難免半信半疑，但是其他人都很可靠，應該不致刻意移動碟子作假。

凌晨移民加拿大多年後與陸爸在溫哥華重逢（1999年）。

三毛請出來的，自然是她的丈夫荷西。碟仙回答她的種種問題都很正常，由於知道丈夫仍在身邊，三毛的心情大為振奮。

散會後，我順道載她回家。在談話中，我老實告訴她，我沒讀過她的書，她並不介意，要送我五本她的著作。她還告訴我，雖然她是基督徒，不過正在考慮受洗當修女。我心裏覺得不太可能，因為修道需要極大的決心，以她當時的狀況，不太適合做這種決定。

不過，經由這次的交談，從此我也成了她的忠實讀者。

一週後，陳銘磻請三毛來耕莘領獎，我又有機會和她暢談，彼此更加熟絡了。

那時作家凌晨在警廣主持廣播節目《平安夜》，每晚十一點到十二點播出，我常常收聽，還會把她的節目錄下來，有時心情鬱悶睡不著，聽聽錄好的節目，很快就能放鬆沈入夢

陸神父在活動中介紹三毛。

鄉。現在邊聽她的節目邊讀三毛的書，可說是閱讀和聽覺上的雙重享受。

後來我請三毛和凌晨一起來耕莘開座談會，我上台做開場白，說：「我現在最喜歡『聽凌晨，看三毛』。」聽得兩人哈哈大笑。

會後，我和夏婉雲招待她們吃餃子，席間有人要求我拉手風琴，我便拉一曲《Merry widow》（譯名：風流寡婦）調侃三毛，自己忍不住邊拉邊笑，她也毫不在意。

又過了一陣子，聯合報邀請三毛演講，假耕莘大禮堂舉行。我永遠忘不了當時整個大禮堂爆滿，排隊排到馬路上的盛況。

那次照例是我上台介紹她，我本想稱她為「傳奇人物」，但由於國語不太靈光，一時想不起來「傳」字應該讀「船」或是「賺」，一急之下竟衝口說三毛是「神奇人物」，實在很尷尬。而且那次演講全文之後在聯合副刊上刊

陸神父在活動中介紹三毛。

登，也不知有沒有把我的口誤改掉。

三毛有時會請我去家中聚餐，她家是江浙人，我可以和她父母講上海話。當三毛沈浸在悲傷中時，會不時透露自殺的念頭。有一回她父親便當著我和凌晨的面斬釘截鐵地說：「我永遠不會寬恕殺我女兒的人。」意即若三毛自殺，絕不原諒她。三毛聽了父親的重話，從此便不敢再說出想自殺的言語了。

此後，三毛對通靈越來越熱衷。試過碟仙後，她改用錢仙，當她讀完我送她的馬賽爾演講集《人性尊嚴的存在背景》一書後，又學到自動書寫的方法。她在紙上用西班文寫一問句，她的手就會自動寫出答案，她就以這種方式和亡夫溝通，每次結束後還會打電話告訴我談話內容。

我對於通靈始終是抱著「好奇」和「研究」的心態，嘗試一次就夠了，實在不宜太過深入。看她如此熱衷，心中難免不安。但是她每次得到的資訊都算相當正常，而且她可以從中找到化解悲傷的力量，總比動不動想自殺來得好，因此我也不方便出言勸阻。

然而之後還是出了麻煩。一天夜裏，她用自動書寫和荷西交談，荷西要求三毛為她獻三台彌撒。三毛提出三位神父的名字問：「你覺得讓這三位主持彌撒可好？」

誰知對方卻斬釘截鐵地回答：「不要。這三個都不是好人。」

這時三毛起了疑心，懷疑此時和她交談的人已經不是荷西，便用耶穌之名命令對方說出他的真實身分。她的手動了起來，用粗大的字跡寫出幾個西班牙字：「魔鬼神。」

三毛大吃一驚，發現有惡魔侵入她和荷西的溝通管道，立刻停止書寫，命令惡魔離開，抓著十字架整夜祈禱發抖。

第二天下午，她來耕莘文教院找我，告訴我事情經過，並且給我看前晚寫下的交談紀錄。我看到那粗大的魔鬼簽名，也是嚇了一大跳。為了安撫她，我為她奉獻了一台彌撒，並讓她戴上隆重祝聖過的法國帶回來的顯靈聖牌，她帶了之後，情緒逐漸安定下來。

接下來一年，她的生活忙碌而充實，過得相當穩定，也沒再接觸通靈之類的事物，並且不斷地行善。她曾告訴我，她每次收到稿費都會分成六份，捐給不同的慈善團體。我非常感動。

這裏還得再談談徐訏先生，也就是三毛的乾爸。

當年我在上海時，就讀過徐訏的《風蕭蕭》，不過一直到了當上寫作會會長，才有機會和徐先生結識。那時徐先生應高信疆先生邀請來台演講，耕莘自然也邀請了他，我和他交換了名片，聊了一會。直到和三毛談天，知道徐先生是她的乾爸，心中倍感親切。

後來我去香港，拜訪「中國新聞分析」的勞達一神父（Fr. Ladany S.J，匈牙利籍），他對我說：「我下午要去醫院探望徐訏先生，你要不要一起來？」我這才知道徐先生病了，便跟著一起去探病。

徐先生住在香港雷敦治醫院，他的肺癌已經相當嚴重，由於醫護和家人的隱瞞，他自己還不知道病情，以為是肺結核。徐先生見了我，很高興地和我招呼。我應勞神父的要求，用上海話為徐先生講了四十幾分鐘的道理。

講完後，徐先生說：「你們真幸運，從小就有信仰。像我這麼老了才要投入信仰，已經晚了。」據勞神父說，徐先生近幾年一直在考慮受洗，卻總是沒下決心。

當我離開醫院的時候，心裏明白，以後再也見不到徐先生了。那時三毛人在西班牙，我寫信告訴她這件事，她一收到信便急著打電話回來問候，可惜徐先生已經過世了。

勞神父告訴我，徐先生在過世前幾天，終於在醫院的教堂裏領了洗。他原本一直焦躁不安，領洗後就平靜了下來，走得很安祥。

只是，三毛難忍悲痛，再度用自動書寫和徐先生溝通。徐先生告訴她：「我很好，生活在一個光明平安的世界裏，不用擔心。妳幫我寫信給我家人吧。」三毛藉自動書寫寫下了徐先生的家書，徐太太後來拿了其中幾封給我看，並且告訴我，信尾的「徐訏」簽名真的很像本人的字跡。

徐先生有個女兒在美國，由於她通曉法文，給她的信便是用法文寫的。三毛本身不諳法文，還是寫出來之後拿給朋友看，才知道那是法文。

之後，在皇冠雜誌上讀到三毛似乎曾參加「觀落陰」的活動。這類活動實在太過接近彼世，讓我覺得不太妙。但是我跟她見面機會不算多，總不能一見面就干涉人家的私事，只好保持緘默。況且，做為一個文學創作者，保持旺盛的好奇心也是必要的。沒有想到，不久就傳來她在榮總過世的消息。據她母親說，她去世前半個月，還曾告訴母親，她想做修女，只是這心願再也沒機會實現了。

各種流言繪聲繪影，說三毛的早逝是她熱衷通靈造成的，我個人不敢斷言。我只相信，這樣一位善良真誠又熱情的女性，即使離開了人世，天主一定會引導她的。

第十一章　為人師表

一、先祈禱再上課

除了寫作會會長，我的另一個重要工作是教書。

教書可說是我回國之後所面臨最大的考驗。在輔大的第一年，我每次上課都緊張萬分。一想到課堂上有那麼多學生，還有外系的選修生，甚至還有其他大學哲學系的師生來旁聽，就會六神無主。

上課時我總是不敢看學生，眼睛朝著地板，外人從課堂外經過，大概覺得我在自言自語。每次從台北搭校車到輔大，快到達時聽到上課的「叮噹」聲，心臟總是跳得飛快，差點蹦出胸口。兩個小時的課程雖然不算難，但我一定要花上十個小時準備，把原文書讀了又讀，生怕一個不小心講錯，當眾出醜還在其次，誤人子弟才是罪過。

到了第二年，我增加了政大的課程，也總算進入情況，可以直視著學生們說話，授課也熟練多了。

上課時我一律專心講課，絕對不談論宗教。平日會發講義讓學生們配合課本研讀，讓他們儘快進入狀況。對於評分，如果學生程度不好，但很認真學習，考試時我都會盡量讓他們過關。

早年我還會出很難的考題，近年來盡量不為難學生，有時我還會在考前先出作業，考題就出自作業題目，讓學生先練習以減輕負擔。如果幫了這麼多忙，學生還不自愛，我也沒辦法了。

有一回我當掉一個政大學生，不巧他正好是現任校長的兒子，所以我就被校長約談了。「陸老師，小犬的成績您能不能通融一下？紅字對他以後出國或深造都很不利呢！」但我還是堅持原議。那孩子平常都不來上課，看他的成績，顯然也不曾事先溫習課業，又有什麼理由要求我通融？

看我立場堅決，校長也只好讓步。

1994年攝於輔大。

從今年（二〇〇八）開始，我請了碩士生當助理，對於程度嚴重落後的學生，我會開個小型的補習班，約個時間讓碩士生為他們加強上課。只是參加的學生很少，而且成績還是沒有提高。我不想為這種事生氣，反正最後的方法就是讓他們重修一年，這樣還比較能學到東西。

學生蹺課、遲到或上課講話常使我生氣。去這樣的班級前，我虔誠地求天主，上課時千萬不要發脾氣，要以耐心愛心來對待不用功的學生。

為改良上課氣氛，我開始採用固定座位，只要一有人聊天，我可以立刻點出他們的姓名。被我一叫名字，他們就會馬上安靜。

其實無論是點名、考試、重修種種措施，對學生都只有提醒的效果，希望他們看清自己的責任就是好好讀書。根據我自己的經驗，如果學生不能找到讀書的意義，發自內心努力求學，師長再怎麼鞭策都是沒用的。

也許，「探索自己的內心」，才是人生最重要的課題。

二、亦師亦友

當時我在輔大和政大都是兼任（一九八五年政大哲學系項退結主任聘我為該系專任教師），沒有什麼機會和學生相處，頂多就是下課時間回答問題。不過有時還是會有學生大老遠跑來我在耕莘的辦公室，和我討論哲學和生活上的問題。有些學生甚至根本不是輔大或政大的學生，只是聽過我的課，專程來找我談話。

由於身為神父，有時候學生也會向我傾訴生活上的煩惱。有一次，一個女生向我吐露她的感情困擾。

「神父，我喜歡上我們班另一個女生，可是她喜歡的是男生，我覺得好煩惱哦。而且每次只要一看到她跟別的女生有說有笑，我就好生氣，我不喜歡她跟別人太要好。」

根據天主教的教義，同性戀是罪惡的，只是我從來沒有接觸過同性戀者，也不知道她為什麼要找我談，根本不知該如何回應，只好默默地聽她說。幸好她只是需要人傾聽，發洩完之後就輕鬆地離開了。

她回去之後，我還是無法擺脫心中的震驚。這個學生以後割腕送醫，才使我了解事態的嚴重。那時寫作會辦公室的隔壁就是心理輔導中心，我去請教輔導中心的李安德神父，碰到這種狀況該怎麼處理。

李神父一臉稀鬆平常地說：「他們的生理、心理結構天生和我們不一樣，沒什麼好大驚小怪的。」

聽他這麼一說，我也釋懷了。以後再遇到性向不同的人，我都能很平靜地和他們相處。

平心而論，我和學校學生們的感情並不如和聖詠團及寫作會學員一樣熟絡。不過在政大第一年教的學生跟我特別投緣，宜蘭前縣長劉守成，以及那位建議我把寫作會經費借給融資公司的學生也是其中之二。他們畢業那年的謝師宴，連專任教授都沒邀請，或請了沒有來，只有我這個兼任教授到場，受到畢業同學的熱烈歡迎，讓我非常感動。

轉眼我的教書生涯已經持續了三十幾年，教書最大的快樂，就是當我看到台下的學生們認真聽講的眼神，會讓我充滿成就感，甘願放棄更好的機會繼續教下去。如果學生眼神渙散，上課心不在焉，我就會覺得很無力。幸好這種學生畢竟是少數。

在教過的無數學子中，有很多人已經功成名就，在社會上取得一席之地。能夠在他們的人生中扮演一個角色，對我而言是莫大的快樂。

三、抗癌少女

除了前述幾位事業有成的學生外，還有另一位學生讓我永難忘懷。她的名字是林芳如，是政大哲學系學生，她曾經修過我的存在主義，學期即將結束時，她卻休學了，原來她不幸患了肝癌，必須入院治療。年僅二十歲卻遭遇這種噩運，實在讓人傷感。

一年後，她出院回到學校，這回她的母親陪她一起聽我的課。然而畢業後，她的腫瘤復發，再度入院，展開漫長而艱辛的抗癌過程。即使已經畢業，她的同學們還是會輪流去醫院陪伴她，始終沒有中斷。

雖然身體受病痛折磨，芳如仍然保持樂觀開朗，不斷帶給身邊的人希望。直到她已經虛弱到必須坐輪椅，她仍然要求她的高中母校正心中學的吳友梅校長，讓她回學校演講，為學弟妹打氣，鼓勵他們珍惜生命。她努力推動成立肝病防治學術基金會，住院的時候，她也不斷地去鼓勵其他肝癌病友，用她的笑容溫暖他們的心。

抗癌五年後，芳如最後還是離開了人世。她往生前要求她的中學校長吳友梅神父給她付洗。後來她的大姐林桂珍告訴我：「芳如很喜歡您教的存在主義，尤其是馬賽爾的部分。她多次說您的課給了她希望和勇氣，讓她的生命活得更豐富，真的很謝謝您。」

我非常感動。平常沒什麼機會和學生私下互動，跟芳如也沒有太多往來，沒想到這門課程能夠帶給她這麼大的影響。我相信她會明白，雖說她認為我給她很多，她給我的餽贈，同樣是無限大。

四、全新的里程碑

教書之後，有一段期間，我的升等論文陷入停滯期，讓我心情很低落，整整當了十幾年副教授，實在是拖延太久了。當寫作會會長，我的辦公室隨時為會員而開，幹事或學員有任何問題都可以開門進來找我，實在不是適合做研究的環境。稍有閒暇我也必須協助辦活動，與老師和學員交流，到晚上還得開會，完全沒辦法定下心來讀書，造成論文停滯不前。

我想想不是辦法，便向省會長張春申神父要求辭去寫作會會長之職，專心寫論文。省會長開始物色合適的接任人選，我建議二位：一位留英取得劍橋博士的景耀山神父，另一位在輔大大傳系教書的劉文周神父，但是最後兩位神父都不克擔任，事情就一直拖著。

幸好我寫信到深坑的聖衣會，請會裏的修女幫我祈禱，很快地論文的瓶頸就突破了。聖衣會修女們是我最後的秘密武器，每次眼看著無路可走的時候，只要拜託她們，往往就會出現轉機。她們跟天主的關係如此密切，她們拜託的事天主想必很難拒絕。

到了一九九二年，我的心情已不像之前那樣焦慮，加上辦公室從四樓搬到三樓，三樓比四樓安靜很多，因此寫書進展順利。每天早上我先靜坐半小時，再工作到中午，每次都可以一氣呵成，不用再修改。

交稿給三民書局後，中華省省會長張春申神父來找我。他說：「耶穌會這幾年來一直在籌備創立輔大宗教學系，現在已經到了完成階段，陸神父，你願不願意離開政大，到輔大當系主任呢？」

既然已經發了服從願，我當然會接受省會長的要求。況且，輔仁大學雖然已經有宗教研究所四年，創立宗教學系卻是全台第一次的創舉，這麼有意義的工作，怎麼可以錯過呢？於是我向政大哲學系提出辭職，系主任沈清松非常支持我，還告訴我不用擔心，要是最後不想當輔大宗教學系系主任，我還是可以回政大當專任教授。我由衷感謝他的好意，去輔大後，好幾年我仍在政大兼課。

輔仁大學原本是一九二五年天主教在中國創辦的第一所大學，位於北京。一九四九年中共佔據中國，接管了學校，將教士逐出校園。

一九五五年，前南京總主教于斌以及前北京輔大校友，取得教宗若望二十三世許可，著手辦理輔大在台復校工作，於一九六三年正式復校由耶穌會、聖言會及中國聖職三單位共同管理。原本三個單位財政行政各自獨立，分別負責法學院、文學院與理學院，後來經過幾次改制及增設學院，在二〇〇二年三個單位整合為一。

宗教學系屬於法學院，我要當系主任必須先經過法學院院長和院教評會同意。那時我的論文《馬賽爾》已經印成書，還沒經過作者校稿，我帶了兩本去送給法學院院長楊敦和教授。院長在校教評會審核我的任命和升等案時，說：「原本政大哲學系已經內定陸神父當系主任，而他選擇了輔大。著作也寫出來了，可以證明他在學術上的成就，我們一定要通過聘請他。」於是便一致通過我的任命。

我在上任的同時，將論文送往教育部審核，開學後便來了通知，升等已經通過，我終於成為正教授，真是如釋重負。

在宗教學系正式成立之前，輔大神學院的教授早已經討論規劃了整整一年，課程師資都討論妥當，我只需要接手做現成的系主任就可以了。

任命案通過後，我到神學院和神父們開了兩次會，之後我們又在台北的一家茶藝館，邀請佛教恒清法師、中華佛教研究所所長李志夫以及其他宗教的資深教授開會，一同討論創系企劃。所有的籌備工作，都由耶穌會胡國禎神父整理、編纂資料庫，出力最多，之後也是由他牽線引見其他宗教的代表，因此中研院李豐楙老師曾說過：「胡國禎是輔大宗教學系的系父。」我想這話一點也沒錯。

我之前在學術界並不算很出名，擔任系主任後，我一下子聲名大噪，各方媒體湧來訪問，中國時報、自立晚報紛紛登出我的照片和訪談。這次成名全是託了「全國第一個宗教學系」的福，跟我本身沒什麼關係。

一九九二年八月一日，我由耕莘搬到輔大。那期的「旦兮」還出了專刊歡送我，輔大學生看了那期專刊，從此也叫我陸爸。

一開始系上只有我一個專任教授，還有一個碩士生當秘書，還真是人單勢孤。八月底聯考放榜，入學名單確定後，我親手寫了一封信，印了五十份寄給每位學生，和他們約定時間地點聚會。接著，趕在男生上成功嶺之前，我跑遍全台，到每一地區的約定地點和學生們會面。

這招是向蔣勳老師學來的。蔣勳是寫作會第一屆的學員。有一次我去東海大學，與蔣老師聊天之中他提到：「我總是會在學生入學前就去拜訪他們，這樣他們還沒報到我就認識他們了。」我覺得這個作法很有意義，便依樣葫蘆。

這個作法在我系主任任內六年一直持續著，相信全台灣沒有其他的系主任會這樣做。第一屆只有我跟秘書開車到處跑，到了第二屆，就可以號召當地的舊生一起來歡迎新生。

這樣的聚會意義非常重大，尤其是第一次。因為宗教系是全新的科系，學生們都只是因為分數接近才填這個志願，其實心裏很迷惘，不知道到底要學什麼，將來有什麼出路。我可以藉這個機會讓他們提前了解宗教系，化解他們的不安。

高雄有一個男生，是以第一志願考進宗教系。我非常感動，決心要好好嘉勉他。聚會時我便問他：「同學，你為什麼會選宗教系當第一志願呢？」

他小聲回答：「我劃線劃錯了……」

聽到「宗教系」，一般人一定會有很多直覺的問題：這個系是不是都在傳教？沒信教的人是不是會被逼著信教？將來畢業是不是都要做和尚、神父，或開佈道大會？

我不怪別人這樣想，這個系確實很特殊。如何化解外界的異樣眼光，就要靠我和師生們的努力了。

五、沒大沒小的系主任

第一屆新生入學的時候，系上只有我一個專任教授，自然是我當導師。帶領著這麼一個孤單渺小，又常被誤解的系，我該怎麼建立系上的向心力呢？

答案很簡單：像帶寫作會一樣，使用群體動力。

我決定把宗教系變成一個社團，讓學生一起為社團投入，只要他們在團體裏覺得快樂，得到成長，這個社團就成功了。

因此我放下師長的身段，和學生們玩在一起，成了個沒大沒小的系主任。下課的時候，我會和他們一起玩大地遊戲，假日找他們出去爬泰山，一路走到台塑那一帶。新年的紅包更是少不了。之前說過，學生們看了歡送我來輔大的那期「旦兮」，便跟著寫作會學員喊我「陸爸」，連外系修課的學生也跟著叫，師生間的距離很容易就拉近了。我的辦公室裏隨時放著零嘴，每個人都可以進來找我聊天吃東西。每週一次我給他們免費教法文，有興趣的人都可以來聽，雖說後來人數越來越少，只好停止上課，至少他們都學了些法文的基礎。

我鼓勵他們自己辦刊物，並舉辦各式活動，我會幫忙籌措經費。原本我的薪水全都要交給耶穌會，不過院長指示，會士受邀在課外演講的收入可以自行安排，因此我總是把這些額外的收入挹注系上的活動。

宗教系剛成立時，系學會接收到一間空房間，沒有桌椅，我借了一台小貨車開到耕莘，把文

1998年，輔大宗教系頭胎兒畢業前合照。

教院用不著的桌椅搬回來，稍加整修後就可以使用。那時圖書館沒什麼藏書，我就把許多寫作會的老師送我的作品捐給圖書館充實內容。由於基督宗教的書籍最少，於是我登記成為光啟出版社的長期訂戶，他們每個月出兩本書，全送進系圖。

此外，我鼓勵學生們組成小型合唱團，我自己則當伴奏；規模雖小，每次表演也是有模有樣。

當時宗教系的新生資料是由教官保存辦理，因此我手上沒有學生的詳細背景資料。我去向教官借閱，發現系上有些學生家境相當困難，只是他們不好意思向我透露，而申請校內獎學金的門檻又偏高，很難領到。我去拜訪再興中學創辦人朱秀榮女士，請她幫忙，朱校長也是教友，而且家境寬裕，立刻答應慷慨解囊。

朱校長提供了每人五千元，共二十個名額的獎學金，我通知符合資格的學生來領取時，他們都很驚訝，沒想到居然有不需申請就可以領到的獎學金，當然，領到補助讓他們非常開心。

後來，朱校長仍然不時主動提供捐款給宗教系，有些住在美國的朋友也會捐款，他們的愛心溫暖了宗教系的師生們。

由於常和年輕人在一起，他們的流行語和習慣我都知道，我覺得我自己也越變越年輕，一直不會老。沒大沒小又有什麼關係呢？

六、宗教交談的理想

輔大的宗教系分成三組：基督宗教組、佛教組、道教組，學生們到大三才分組，大一大二學習基本的課程。到了大三，不同組別就有不同的必修課。正因如此，我們必須聘請道教和佛教的專任老師。我在第二年請來了一位從日本回來的陳敏齡準博士當佛教專任老師，第三年由李豐楙教授介紹，請到他的學生，留法的莊宏誼博士當道教專任老師。加上王天麟老師，宗教系有位可教道教的專任老師。以後在評鑑其他大學的宗教系所時，很少看到有一特定宗教信仰的宗教系創辦單位聘請其他宗教學者當專任教授的。

宗教系的課程設計分為東西方宗教和東西方哲學課程。東方宗教包括佛教、道教、民間信仰和原住民宗教等，西方有天主教、基督教、伊斯蘭教和猶太教。配合東西方哲學，東方有中國哲學史及儒家思想、老莊思想等等，西方則由古希臘哲學開始，直到當代存在主義、詮釋學。

1994年，陸爸與劉可屏上趙少康節目。

處於東西方中間的是宗教學，包括宗教心理學、宗教人類學、宗教哲學、宗教社會學、宗教藝術等。我自己教宗教哲學。此外還有一些和宗教較無關的課程，如哲學概論、人生哲學等。

學生通常會依自己本身的宗教信仰選組，不過也有人對和自己信仰不同的宗教有興趣而去選修。有個信基督教的學生就說：「基督教我從小就知道，不用再學了，我想去選道教組。」還有人原先沒有特定信仰，由於上了課，對某個宗教多了了解，產生興趣而信教。

重要的是，宗教系本身並不傳教，只是把宗教當成一個重要的社會現象加以客觀性地研究分析，是純粹學術的傳承。

一般而言，我很少去聽其他老師講課，除非是聽到老師的惡評，我才會去課堂上親自求證。例如有位老師教西洋哲學史，他上課時只

1997年，陸爸帶輔大學生赴靈鷲山訪心道法師。

顧講自己研究的西洋藝術，跟課程完全不相關。我聽到風聲便去旁聽一節課，發現傳言屬實，下學期我就換了一位老師。

還有一次，我聽說某位老師在課堂上批評其他的宗教人士，便把他請來嚴正提醒，絕對不可以對別人的信仰惡言相向。後來他便收斂多了。

東方宗教、東方哲學、宗教學、西方哲學、西方宗教這五大類別的交會點，也就是宗教學系的最高指標——宗教交談。這是我們最想培養的氣氛，希望不同的宗教能相互對話，去了解尊重其他的宗教，而不是排斥打壓與自己不同的信仰。

宗教系每隔一段時間會舉行研討會，邀請不同宗教界人士共同討論特定議題，例如生死學、靈異現象等，聖嚴法師、李豐楙都是與會來賓之一二。後來這些研討會規模越來越盛

陸爸與華梵左馬校長（左一）、曉雲法師（左二）合影。

大，把輔大國際會議廳全坐滿了。宗教系成立七年後，我們開始出版宗教研究刊物，紀錄這些研討會的內容。

以前宗教團體從來不在大學裏辦活動，由於我們開了先例，各界都很珍惜。這些活動都是免費的，為了支付研討會的費用，宗教學系向教育部及校方申請補助。有些宗教團體慷慨解囊，故每次都無虧缺。

即使是一般學者視為無稽的現象，例如面相、手相、風水、特異能力等，我們也都會提出來討論甚至列入選修課程。並不是要鼓吹迷信，而是要去研究、了解它。

此外，我們每年都會舉行一到二次的宗教之旅，大學部和研究生都可參加，走遍全台去拜訪不同宗教場所，尤其是民間宗教。領隊老師是鄭志明教授，他專研民間宗教，帶著我們參觀一貫道道場、佛教寺廟，還曾經看過乩童起乩。各處道場都對鄭老師很親善，我們所到之處吃住都有人一手包辦。

鄭老師曾向我們提起一件他的親身趣談：他對各種宗教都很有興趣，因此念新竹一中時常去天主教堂望彌撒，還跟著領聖體，領了三年才知道沒受洗的人不能領聖體，他因此被我們取笑了好久。

這些宗教之旅，不只對學生有意義，對我更是前所未有的難忘經驗，這也是當宗教系主任的另類收穫吧。

七、讀宗教，人人有工作？

我想，對於宗教系，社會觀感最大的疑慮，還是畢業生將來的出路。尤其是第一屆新生，一定更加不安。

第一屆的報到率不差，有四十幾個新生入學。他們剛進來的時候還很天真，快快樂樂地享受大學生活。但是到了下學期開學，氣氛變得很低迷。因為他們在寒假中和高中同學碰面，談到彼此的科系，受到一些取笑和誤解。而且同學們多半念企管、文學等系，比較起來，總覺得自己念了個沒有出路的系。

回到學校，學生們心情都很沈重，很多人決心轉系。我並不擔心，任教這麼多年，我很清楚轉系不是那麼容易的。

到了五月一日轉系結果公布，果然沒有幾個人順利轉出去。

雖然如此，系上的士氣已經大跌。原本上學期就像蜜月期，就像前面說的，下課時間常見一群同學在花園裏歡笑玩鬧，也有人喜歡找我聊天，或約我假日去爬山。到了下學期這些活動全都消失無蹤，他們變得沈默許多：看到學生死氣沈沈，老師也教得很難受。

那年聖嚴法師也在籌備創立法鼓人文學院，邀我去提供意見。他問我：「陸神父，你們宗教系成立到現在，遇到什麼困難嗎？」

我回答：「剛開始很好，到了下學期就人心惶惶了。一堆人想轉系，氣氛不太好，聖嚴法師您可能也要做好心理準備。」

那年，第一屆學生轉系、轉學或休學重考而離開的共有十五個，其實我並不覺得這是壞事。當初入學的新生中，信天主教的有一個，基督教兩個，佛教道教的學生加起來約十幾個，其他學生都沒有特定信仰，對宗教系沒有興趣是理所當然的。但是我們也因而空出名額，可以接納轉進來的人，而他們多半都是有宗教信仰，至少是對宗教研究有興趣，把宗教系列為第一志願。

果然，第二年系上的氣氛就活潑許多，留下來的人也接受了現實，定下心來讀書，因而之後每年轉系的情況緩和不少。

其實，宗教系的出路問題並沒有那麼嚴重。一般來說，大醫院裏都需要宗教輔導人員，負責協助安寧療護，以宗教安慰病人的心靈。現在很多學校開了「生命教育」這堂課，也需要宗教從業人員。另外，還可以到宗教雜誌社、出版社任職，或是到行天宮等宗教機構擔任行政工作，還有人到殯葬業擔任禮儀師。有心從事學術的學生，也可出國或在國內研讀其他社會、人類相關研究所。

說穿了，本來就有很多人在畢業後，從事和本科系完全無關的工作，學生當然也不可能因為念了宗教系，而限制了日後的發展。

第一屆學生畢業半年後，有記者來訪問我。

「系主任，貴系畢業生在求職上是否比較困難？您有沒有聽說有人失業呢？」

我回答：「他們畢業才半年，而且很多男生當兵去了。我目前還沒聽到有人找不到工作的案例。」

誰知第二天，他報導的標題是「念宗教系，人人有工作」。我真是哭笑不得：我根本不是這樣說的啊！

就因為這個標題，之後那年很多學生搶著報考本系。學生願意來念當然是很好，但我並不希望他們是為了錯誤的印象而進來。

輔大規定系主任一任是三年，我連任一次，總共當了六年。六年後師資和課程都已經穩定下來，因此我安心地交棒給下一任，一位由比利時魯汶大學回來的陳德光教授，不過宗教系的出版叢書還是由我擔任主編。另外每六個月的出版一次的《輔仁宗教研究》也辨得很好，我退休時他們還為我做了一期慶祝榮退專刊。

現在宗教系從只有一個專任教授、一個秘書和四十幾個學生的迷你小系，演進成大學部二百二十餘人，加上碩士班博士班數十人。繼我之後的兩任系主任都非常有能力，十幾年來培育出許多人才，比起其他科系毫不遜色。

我雖然已經退休，仍然留在系上兼課，並且指導不少碩士生。每天看著這個系的成長，心裏充滿驕傲。

第十二章　幾度興衰

一、兩難

在我心目中，輔大宗教系和耕莘寫作會的意義是不同的。宗教系是責任，我在系主任六年任期內盡心盡力為它付出，期滿後就可以安心放手；寫作會卻像是我的家庭，我對它充滿感激和留戀，心情也會隨著它的興衰起伏不定，怎麼也割捨不下。正因如此，對於寫作會的發展，我有許多無法妥協讓步的地方。只要寫作會運作順利，我就會歡天喜地；一旦寫作會的理念受到挑戰，我會堅持到底拒絕讓步，並且耿耿於懷，常常為之焦慮。

總幹事楊友信曾經苦笑著說：「陸爸，您真像個小孩啊！」

一九九〇年，我前往比利時魯汶大學進修法國哲學，為期一年。本來認為寫作會的一切運作都井井有條，我離開一年不會有影響。然而就在這一年，發生一些我無法掌控的變故。

首先是秘書通知我，當初向我們借款那家融資公司，最近好幾個月都沒有如期付利息。經過求證，融資公司的老闆的說詞是，他的高級助理捲款潛逃，公司已經倒閉，沒有辦法再付利息。

他們是不是真的被員工倒帳，我根本無從查證，糟的是存在他們那裏的本金也收不回來了。那位老闆說得振振有詞：「這幾年來我們公司總共付給你們一兩百萬的利息，跟你們當初的本金也差不多，你們應該沒有損失吧！」

他講出這種話，擺明了不負責任，我們也只好自認倒楣。

這個打擊讓我多了許多白髮。我當然有些後悔，當初不該把錢交給他們，但是如果不是每個月八萬元的高利，擴充設備和舉辦活動的資金又從何而來？只能說凡事都有風險，利弊原本就是一線之間吧。

錢財乃身外之物，以寫作會良好的基礎，把錢賺回來並不難，只是這時又出現了難以接受的演變。

解嚴後，民間團體必須具備財團法人基金會組織，才能向政府申請補助。耕莘文教院底下所有的團體，例如山學團和寫作會，一直屬於民間社團，不能申請。文教院為了社團的發展著想，決議將文教組改組，在一九九〇年成立「財團法人耕莘文教基金會」，將文教院所有的社團納入基金會之中統一管理。

然而，長久以來寫作會一直自食其力賺取經費，幾乎不曾向耶穌會中華省申請過經費，因此也不覺得有必要申請公家補助。一旦納入基金會，就必須受基金會管轄，賺來的經費得要全部上繳，再向基金會申請，所有的排課和活動都必須在前一年取得基金會的同意，使用自己的場地還要付費，這對我們實在是一大困擾。

錢還是小事，最重要的是，我向來堅持外行人不能領導內行人，不懂文學的人即使有權，也該放手退居輔助的地位，讓懂的人繼續自由發揮。基金會第一任執行長葉衛民先生原是耕莘文教院圖書館副主任，不是文字工作者，怎麼能讓他指導寫作會呢？

我回國後，一再試著和董事會溝通，強力表達寫作會希望維持獨立的意願，只是董事們一致認為成立基金會是大勢所趨，不能例外。兩方誰也無法說服誰，於是展開了一段漫長的拉鋸戰。

基金會與寫作會意見相左時，就會產生緊張的關係。於是理事會就決定在開月會時把執行長請來，參與理事會的決策過程，而不只是開會後向上級報告決議而已。但有關經費和課程看法不同時，就難於和解了。後來執行長就少來開會了。

白靈值年理事告訴我：「回頭想想，我們逼他就範實在不太好。只是我們努力了這麼久，他卻要把成果全部收走，我們怎麼能甘心呢？」

我了解他的心情。當時在基金會的眼中，寫作會大概全是群自大又不合群的麻煩製造者，但是這真的無關私人，更不是存心唱反調添麻煩。我也明白基金會的功用是很重要的，只是為了維護傳統以及二十幾年來奮鬥的成果，沒有辦法讓步。

後來葉衛民先生離開文教院，到新店崇光社大做首任執行長，需要大量師資，沿用了很多耕莘寫作會的人才，如黃英雄、姚其中，白靈等人。

我想，他當初也不是為了挑釁寫作會，只是維護他自己的理念吧。

二、高峰

雖然為了併入基金會的事困擾，寫作會的運作仍然蒸蒸日上。

那時，陳銘磻帶的新聞編採班大獲好評，適逢我轉到輔大擔任宗教系系主任，行政上再度出現青黃不接的窘境，理事會便邀請他擔任駐會導師，負責整個寫作會的課程規劃，並擔任好幾期的暑期寫作班班主任。

陳銘磻是個感情豐富的人，每回參加文藝營，他都會全心投入，與學員互動良好。有一次在淡水聖本篤舉辦的秋季文藝營中，他很認真地問我：「神父，結業的時候，很多學員都感傷落淚，可是我們這些老師都已經參加過很多次，司空見慣，沒辦法像他們一樣激動，這樣會不會讓學員不舒服？」

我笑著說：「你只要把你的感受很真誠地表現出來，讓學員明白你對他們的關懷就可以了，不用勉強自己跟他們一樣傷感。」

從這些對話，我們可以看到當初寫作會是怎樣全力以赴地經營這個團體，並深入地與新會員的情感打成一片的。

陳銘磻的能力也是有目共睹。那幾年，只要是理事會的期望，無論辦哪些活動、寫作班報名人數達到多少名額，他都能夠順利完成。

除此之外，耕莘劇團的成功，也讓我與有榮焉。

耕莘實驗劇團（蘭陵劇坊的前身）於一九七八年在耕莘文教院成立，由李國修帶團，李安德神父當他們的戲劇指導，常在耕莘大禮堂演出。

那時耕莘劇團沒什麼經費，他們就用大禮堂放經典電影，只收取低廉的門票費來籌資。電影的口碑很好，吸引了大批年輕人，讓四週的電影院都很不滿，因為生意全被拉走了。

後來李國修帶著團員脫離耕莘，自組蘭陵劇坊，耕莘劇團就沈寂了下來，十幾年沒有活動。當黃英雄出現後，情況改變了。

黃英雄在加入寫作會的時候，已經是知名的專業編劇，能力當然是不在話下，曾經有一連九年得文建會劇本首獎的記錄。這樣的人才加入寫作會，讓我們如虎添翼。

一九九一年，他看到耕莘新大樓的地下室約兩百坪的空間閒置著，覺得很浪費，便來問我的意見。

「神父，我想重組劇團，把地下室改建成劇場讓劇團活動，您願不願意擔任團長呢？」

有人願意站出來為劇團努力，我當然一口答應。

於是他一手規劃並籌款，把地下二樓改建為「耕莘小劇場」，是復古式的圓型劇場，可容納一百多人；並且召募團員，藉著他的名氣，團員很容易就找齊了，多半是台北二個藝術大學的學生。耕莘實驗劇團再度演出，由他擔任藝術總監，我掛名團長。之後，耕莘劇團每年固定公演，演出的戲劇大部分是由他編劇。

黃英雄對劇團的方向有極明確的規劃：先在小劇場演出，然後到國立藝術館演出，接下來要登上國家戲劇院。他還要取得文建會的補助，最後要演兒童劇，把心力回歸兒童。

他設想的計劃全都實現了。一九九二年在耕莘小劇場演出「煉獄」和「聽說你家是龍穴」，大受好評，每場幾乎都爆滿。到了一九九三年五月，劇團在國立藝術館演出「愛麗絲夢遊記」，由於觀眾欲罷不能，之後又在小劇場加演數場，其中兩天還免費招待台北市學童。

到了一九九三年十二月，劇團正式登上國家劇院舞台，演出「四次元的劇本」。這光榮的一刻實在是劇團的驕傲，耕莘文教院也跟著沾光。

不過這光榮得來不易，除了編導演人員的辛苦外，還有種種驚險意外。在「四次元的劇本」公演當天，男主角由於平日在鐵工廠當焊工，眼睛受到損傷，忽然發生臨時性失明，不能演出了。眼看晚上就要上台，黃英雄只好緊急更改劇中人物，自己上台代演，照樣贏得滿堂彩。

事後他苦笑著說：「還好生病的是男主角，如果是女角出事，我就沒轍了。」

我想，這一定是天主保佑。每當遇到棘手的問題，天主都會幫忙找出解決之道。

對於演戲，我當然是一竅不通，幫不上什麼忙，只能提供團員們精神支持。每次公演我一定會抽空去看一場，在結束後包三千元的紅包給團員們。金額不多，只是一點心意。

黃英雄平日也是個熱心的人，總是會為有困難的朋友出力。

有一次我急著前往文藝營會場，向一位朱神父借了一輛老爺車。開到中山高汐止高架橋路段，也就是俗稱的十八標時，那台老爺車居然拋錨了。我下了車，在呼嘯而過的車陣中，設法在車後放故障警示標誌，總是沒一會兒就被風吹倒，我只好自己站在車後，對著後面的車拼命揮手，阻止他們撞上來。快車一台一台從我車邊駛過，真是前所未有的恐怖經驗。偏偏手機又不通，叫天不應叫地不靈。

最後來了一台拖吊車，把我的車拖到他們的修車廠，說要幫我檢查，到晚上才能知道確實情況。我只好先叫台計程車，趕往淡水文藝營會場。

晚上我打去修車廠一問，他們居然說修車費要兩萬五千元，一聽就知道是敲詐。我再打去問車主朱神父意見，他說要修，我只好同意。

我回到會場，向黃英雄提起這件事。他不以為然。

「開玩笑，怎麼可以這樣任人敲詐？我去幫你講價！」

第二天他就去了修車場，還特意穿著拖鞋、汗衫，打扮得有幾分江湖味，再加上他的精湛演技，真的很像道上兄弟。他和修車場的人用台語講了半天，要他們不要為難神職人員。好不容易對方才答應減少五千元，黃英雄覺得不夠，還想再殺價，但我希望這事快點解決，不要再僵持下去了，便婉謝了他的好意。

二天後，修車廠通知說車子好了，我請一位韓籍修士開車載我去取。回程我還請那位修士開車跟在我後面，免得車子又出差錯。果然，快到輔大的時候，車子又不動了，又得勞煩修士幫我推車。

我打電話回修車廠，他們講得理直氣壯：「車子明明就已經修好了呀，沒問題的。」總之就是要抵賴到底。

到頭來我還是給奸商騙了，白費了黃英雄的一番好意。

除了帶領劇團外，黃英雄也沒有忽略寫作會。他接連擔任理事會秘書長和理事長，盡心推動寫作會業務。一九九四年理事長卸任後，由於分身乏術，他漸漸退出寫作會行政工作，改為開設劇本創作班，到現在仍是最受歡迎的課程之一。

依照他的計劃，劇團在一九九四年再度登上國家戲劇院，演出「幻想擊出一支全壘打」。他們還曾經在台北火車站演出實驗劇，把每個車站中的旅客都當作劇情的一部分，是十分前衛的作法。

之後，劇團得到了文建會扶植劇團計劃補助，聲勢如日中天，也依照著計劃，開始演出兒童劇。只可惜在一九九九年九二一大地震，耕莘文教院新大樓受創成為危樓，地下室小劇場停止使用，劇團活動也暫停了。

耕莘實驗劇團和寫作會雖然是平行單位，但是黃英雄自己也說過，戲劇是立體的文學，而且更能接近閱聽者，因此我認為劇團和寫作會追求的目標是一致的，就是把文學之美帶給社會大眾。我能夠為他們做的，就是做他們的後盾，百分之百支持他們，讓他們盡情發揮。

即使現在劇團已經沒有活動，我心中還是充滿希望。等時機一到，劇團一定會再度活躍的。因為，天主會看顧我們。

難忘玉鳳姐（葉紅）美麗的身影。

三、好幫手

在寫作會的發展史上，葉紅女詩人是一個不得不提的人。

葉紅本名黃玉鳳，在一九九〇年加入寫作會，對小說和詩都頗有造詣，不過她最為人稱道的是優異的行政能力。

耕莘實驗劇團成立時，她擔任過行政總監。在一九九二年，她接任寫作會執行秘書，靈活地運用寫作會的場地，出租外借舉辦各式活動，為寫作會賺進大筆經費。

在這同時，她的寫作能力也充分發揮，小說和詩作先後得到耕莘文學獎肯定，散文也一一發表在各報紙副刊，葉紅之名逐漸展露頭角。她的地位也由學員，秘書，最後成為婦女班的講師。

她剛來的時候，我人在比利時，所以和她

很陌生。她每次一看到我就會偷偷逃走，更不敢喊我陸爸，我也很少和她交談，對她的印象只有「個子高高的，很安靜」。後來才知道，因為她從來沒有接觸過神父，不知道該怎麼跟我相處。

直到有一次文藝營晚會上，她和其他幾個學員上穿了戲服演紅樓夢，演得非常好，讓我印象深刻。彼此熟絡以後，她便和我相當投緣，每次分手時，即使多人在場，她也會主動擁抱我一下。

玉鳳原本不是教徒，讀了我寫的《馬賽爾》一書後開始去聽牧育才神父講道理，之後更決定受洗。這讓我非常高興，寫書的時候，雖然滿懷對天主的感激，畢竟是學術著作，我並不期待它可以引人走向天主，玉鳳卻能感應到我的心情。這大概就是所謂的知音吧！

她還常找我一起去靈鷲山，雖然已經受洗，她仍然虔誠地拜佛，還捐獻香油錢。靈鷲山的法悅師（當過寫作會副總幹事）和我以前的政大學生法用師，總是熱誠地招待我們。由她們的引薦，我和導師心道法師成了莫逆之交。

靈鷲山上有一點很奇特，寺裏沒有時鐘，但是每到晚上七點鐘，一定會有兩隻山鼠準時從屋簷兩邊沿著牆飛滑下來。靈鷲山上風景超好，傍晚可以看到壯麗的夕陽，令人深入與無窮者相契的遐思。

由於家境寬裕，玉鳳不需要工作，因此花很多時間在寫作會上。雖然總是穿得漂漂亮亮，她卻沒有貴婦的驕氣，而是直率熱心，對學員照顧得無微不至，下了課總不忘找學員們談天說地，鼓勵他們創作，學員們有什麼困難她也一定慷慨相助。那時期的學員們談話的時候，總是不離

「玉鳳姐說……」、「玉鳳姐如何如何……」。她就是這樣身體力行，連繫起學員們的感情。而她一手培養出來的幹部們，更是和她感情深厚。

她幾乎從不看報，我曾經要求她改進，為了解文壇的動態；但事實證明，她就算不看報，在文學界的人緣仍然很好，常常請來很多大師。例如傅佩榮教授，他在別處的演講費是很高的，但是看在玉鳳的面子上，對寫作會總是特別優待。那時寫作會每期都有五次重要演講，每次請到的都是名人，如狄剛主教、余光中教授、阮大年校長等。

正因為她是個直率的人，有什麼不滿一定會說出口。在寫作會和基金會的僵持日漸嚴重的時期，常可以看到她向執行長據理力爭，氣到拍桌子罵人。那陣子我在基金會雖然也佔一席董事，聲音卻日漸薄弱，沒有幾個人了解我的立場。也是多虧了她的協助，讓我不至於全然無力。

不只如此，有了她的協助，我幾乎不必過問寫作會的事情。

一九九六年的暑期寫作班，玉鳳和陳銘磻老師商量後，決心把原本例行的週末文藝營擴大舉辦，在關渡的楓丹白露山莊舉行文藝嘉年華會。

那次的參與人數很多，可說是盛況空前。山莊的設備很好，還有游泳池，大家都盡情歡樂。我看著一張張歡笑的面孔，深深體會到德日進神父的理念：宗教必須走入人群，面對人群，在動態的活動中跟大家一起成長，承受挫折，而不是閉門造車。

寫作會雖然不傳教，但是在寫作會三十幾年的生活中，我無時無刻都感受到天主的愛。

1998年，陸爸領取五四文藝教育獎。

四、一通奇怪的電話

一九九八年四月中旬某日，我接到文訊雜誌總編輯封德屏小姐的電話。她用興奮的聲音告訴我：「恭喜您，陸神父，您已經獲頒今年文工會五四獎的文學教育獎！」

她以為我一定會很開心，但我卻滿腹疑問：五四獎？這是什麼獎？我從來沒聽過。該不會是有人存心開我玩笑吧？

我開口詢問：「請問這個獎的性質是什麼？其他還有哪些人得獎？」

我由於聲帶開刀，聲音變得十分低沈，加上語氣充滿懷疑，讓封小姐嚇了一跳。

「哦，神父您不用擔心，這不是惡作劇。五四獎是文工會為了獎勵長期投入創作及文學教育工作者，而設的獎項，今年是第一屆。由於您擔任耕莘寫作會會長，長年培育出許多文學人才，文工會才決定把這個獎頒給您。其他還有五位得獎者：是余光中、瘂弦、馬森、許悔之和陳憲仁。」

聽了這話，我才放心，這個獎不是隨便舉辦的。其他的得獎人有的是大作家，有的推動文學交流，擔任副刊編輯，或創辦刊物，都是極有貢獻的人物，能跟他們並列得獎，實在是極大的光榮。其實這個獎表揚的是整個寫作會三十幾年來的努力，我只是代表領獎而已。

為了領這個獎，還發生一件趣事：典禮三天之前，文工會一位陳小姐打電話來問我：「陸先生，需不需要我寄兩張觀禮券給您？」

我問：「為什麼要兩張券呢？」

她回答：「給您和您的太太呀。」

我笑著說：「小姐，我是出家人，沒有太太。」

陳小姐尷尬不已，再三向我道歉，我倒覺得是個有趣的經驗。

領完獎，我把獎金十萬元交給駐會導師陳銘磻做為寫作會經費。希望這個獎能夠種下更多種子，為那文學園地開出美麗的花朵。

五、新挑戰

經過了得獎的榮耀，接下來的是更多的挑戰。

一九九六年之後，由於我在基金會的影響力太低，四樓的場地被正式收回，對我們是不小的損失。不但如此，一九九九年的九二一大地震讓耕莘新大樓成為危樓，封閉了幾年後，就遭到拆除，對寫作會更是一記重擊。

更嚴重的是，由於經濟起飛，資訊發達，各式娛樂活動紛紛誕生，加上現代人價值觀改變，喜愛文學閱讀的人數日漸減少；而且網路文學興盛，年輕學子們對純文學的興趣也降低了，自然沒有意願參加寫作會。

此外，各式寫作班如雨後春筍般成立，也瓜分了寫作會的學員來源。

於是寫作會每年的報名人數每下愈況，暑期班從原本將近兩百人，逐漸變成只有一百人左右，有時甚至不滿一百人。

有一次，導師陳銘磻非常焦慮地跑來找我。

「神父，暑期班的報名期間已經過了一半，還是只有八十幾個人報名，怎麼辦？」

暑期寫作班向來是寫作會的重點活動，要是連暑期班都招不滿，那個年度鐵定會收入不足，秋季班和第二年的春季班都會受影響，難怪他緊張。

我不希望他為此傷神，安慰他：「你放心，天主會幫忙的。」

果然，在報名截止前夕，忽然湧進大批報名學員，解除了那一年的窘境。

天主幫了我們一次，接下來仍然得靠自己。

為了增加號召力，陳銘磻做了個決定：從此開課盡量走向活潑化、大眾化，只要是跟文學有關的課程，哪怕只有一點點關聯也照開不誤。

於是他加開了「編採與出版實務」課程，以及「歌詞賞析創作班」，以吸引年輕人。他的作法相當有效，編採班和歌詞班成為熱門課程，每次暑期班報名人數始終維持在一百人以上。然而卻在基金會裏引來一些雜音。

有人認為他把寫作會弄得太過商業化，像個補習班，我不以為然。我知道他是多麼真誠的人，一心只想讓寫作會更好，不讓耕莘寫作會的招牌在他手上沒落。為了宣傳暑期寫作班，他跟玉鳳兩個人到處去貼海報，主動發新聞稿給媒體，聯繫廣播電台爭取訪問機會，可說用盡了心力。對這樣的人，應該要全力支持，而不是扯他後腿。

我決心讓陳銘磻放手一搏，在暑期班始業式上我發表演講，提到「希望陳銘磻老師能帶領耕莘寫作會跨越西元二〇〇〇年」。

之後陳銘磻有點不好意思地告訴我：「老實說，神父，我本來在考慮要不要離職，聽您這麼一說又非留下不可了。您是不是看透了我的心思？」

我笑而不答。說真的，我哪有本事看穿他？只是把我的心情坦誠說出，正好說對時機罷了！

六、傷痛

二〇〇一年，全世界興高采烈迎接新世紀來臨，寫作會卻陷入谷底。

陳銘磻遵守諾言，陪伴寫作會度過了二〇〇〇年，但是到了二〇〇一年卻非離開不可了。而我的好幫手黃玉鳳，為了丈夫的事業，也在這一年移居上海。

她本來不太想去，為此還去了趟美國散心，好好考慮這件事。我雖然捨不得寫作會的大將離開，但為了她的家庭著想，還是鼓勵她去。後來她從美國回來，答應去上海，不過她仍會在暑假回來協助寫作班工作。由於我那時沒有車子代步，她去上海前本想把她的車送我，但是她想如此一來，車子就會變成耶穌會的財產，我不能隨意使用，因此她把車無限期借我開。她在新店有間畫室沒有在使用，她也邀請我隨時過去用，只是我從來沒去過。

玉鳳離開後，我人單勢孤，難以向基金會爭取權利。況且，我大部分時間都必須留在輔大，不能常回耕莘，寫作會職員要請假還得打電話來輔大找我，實在太麻煩，遠不如讓基金會統一管理來得有效率。

其實白靈和幾位理事曾經討論過，讓寫作會獨立成立社團法人。但是人民團體法規定，社團法人名稱上必須掛上「中華民國」等字樣，不能使用「耕莘」名義。一旦拿掉「耕莘」二字，寫作會便成為和文教院完全無關的團體，必須搬出文教院，反而更加困擾，只得作罷。

於是，即使我再三言明我的堅持，寫作會仍然逐步併入基金會，秘書直屬基金會管轄，幹事會解散。輔導員們都是臨時召募而來，只負責做一些末節的行政工作，原先帶頭討論連繫感情的功用完全失去了。理事會也改成志工會，從此不再召開會議，理事們只有新春團拜的時候聚會談天。

從二〇〇二年到二〇〇六年之間，寫作會的課程規劃都是由秘書委託講師凌明玉和陳謙負責。凌明玉和陳謙原本都是學員，之後升格為講師。他們另外都有正職，只是為了對寫作會的一份感情而義務幫忙，我對他們是既感激又愧疚。

組織更動之外，報名人數更是一落千丈。那時坊間至少有十家寫作班，在附近羅斯福路上就有另外一家，競爭非常激烈。暑期班變成只有四十幾人，有時更離譜，輔導員還比學員多。秘書曾建議停辦暑期班，但我認為暑期班是寫作會的核心，堅持要辦，就算賠錢也無所謂。只是看到蕭條的景象，總是忍不住心酸。

春秋季班的情況也很糟糕，不到二十個人，更沒有人願意留下來當永久會員。每次看到那些聲望卓著的文學家專程來寫作會講課，聽眾居然只有十幾個，我就感到萬分歉疚。

雖然寫作會順應網路文學興盛的趨勢，和華文網合辦了兩次網路文學獎，仍然欲振乏力。

除此之外，又發生一件讓我非常悲痛的事。二〇〇四年，玉鳳在上海結束了自己的生命。這對我，對寫作會所有關心她、喜愛她的人都是重大打擊。

之前我曾經去上海看她，找了我妹妹三人一起聚餐。本以為玉鳳到了上海，會有許多不同的生活體驗，讓她的創作更上層樓。誰知她完全沒有新作，也沒有和上海文藝界人士往來。聽她一說才知道，她幾乎都待在家裏，專心管理家中的眾多房地產，很少接觸外界，真的是可惜了她的才華。雖然如此，我和妹妹都覺得她精神很好，頭腦清楚，完全沒有異狀。

還有一回，阮大年先生的千金結婚，新郎陳若白醫師是寫作會的幹事，玉鳳是撮合新人認識的媒人，她自然也回台參加婚禮。那天我看到她，穿得雍容華貴，神清氣爽，真的看不出心中有陰影。這是我最後一次見到她。

她一直在受苦。沒有人知道原因，也許是因為文思枯竭，也許是寂寞，搞不好是因為我寫了三篇悲觀的文章，敘述寫作會的低潮狀況，讓她擔心難受。

當她聽說寫作會營運困難，曾經和我通了一個近二小時的電話，說她願意離開上海，回來陪我打拼，但是我覺得這是整個大環境的問題，而且新大樓已經拆除，場地全沒了，即使她回來也只是大才小用，使不上力，我更不願意讓她為了寫作會跟家人分隔兩地，因此婉拒了她，沒想到她再也不會回來了。

她過世後，陳謙為她舉行追思會，約有四十幾個作家和學員參加。我發言的時候，說了二件事。

第一，在她走後第二天晚上，我忽然有種強烈的感覺，彷彿她就在我身邊。於是我對著無人的房間輕聲說：「玉鳳，妳在嗎？不要怕，那個世界會有人引導妳，我們會永遠記得妳，永遠愛妳，妳安心地去吧。」之後我就不再感覺到她的氣息了。

第二，我一直在思考一件事：在天主教的教義中，自殺是重罪，自殺者不能舉行天主教葬禮，也不能葬在天主教公墓，並且死後會下地獄。但是，前有三毛，後有葉紅，兩位都是熱心助人的善良女性，一生都在為別人奉獻，如果只因為她們選擇自行離開世界，就讓她們下地獄，這不是太不可思議了嗎？

我的想法是，一個人會上天堂或下地獄，不是由他人決定，只有天主可以決定。而天主是公平的，祂會以人的一生整體表現來判斷，不會只因為單一的行為而否定一個人。像三毛和玉鳳那樣好的人，天主一定會公平對待她們的。

玉鳳的家人為了紀念她，出資委託耕莘基金會舉辦「葉紅女性詩人獎」，藉以鼓勵有志寫詩的女性作家，這也是玉鳳的遺愛。

就我個人而言，我知道她是因為背負著難以言說的痛苦，才選擇走上絕路。雖然她的離去讓生者很寂寞，我還是由衷祝福她，希望她現在已經拋下所有痛苦，在更廣闊，更自由的天空遨翔。

而不久之後，寫作會漸有起色，我也認為是玉鳳在冥冥之中守護我們的緣故。

七、第三次文藝復興

自從玉鳳前往上海，寫作會更加無助。那幾年每次新春團拜，大家都會看到我一臉焦慮，不停抓著人追問：「寫作會該怎麼辦？還有沒有前途？」卻沒有人能回答我。

郭芳贄曾勸我：「神父，您不要多想啦！寫作會遭遇過那麼多事，還不是走了四十幾年？柳暗花明又一村，一定沒問題的。」

但是我卻沒辦法像他那麼樂觀，甚至想過，如果情況沒好轉，乾脆把寫作會解散算了。

幸好，許榮哲的出現，讓寫作會又看到希望。

許榮哲是在一九九九年三月時加入春季班，他是理工科系出身，其實並不了解文學。那時他正處於對未來迷惘的時期，一心想多學一些才藝，找到自己的方向。在來耕莘之前他參加了台視編劇訓練班，覺得很有興趣，參加寫作會並不是為了寫新詩和小說散文，只是來打好駕馭文字的基本功，方便日後寫劇本，沒想到卻在寫作會發掘了自己的天才。

根據他的說法，事情經過是這樣的：那年他參加耕莘文學獎，小說和新詩都得到第二名。他非常高興：「第一次寫作就得獎，原來我是天才！」從此他便決心獻身寫作。

直到很久以後他才知道，那次比賽，小說類只有四個人參加，新詩則是六個人。

總而言之，這次美麗的誤會啟發了許榮哲對文學的熱愛，以及對寫作會的付出。

春季班結業的時候，會舉行一次為期二天一夜的文藝營，主要是聯誼功用，照例是早上上課，下午和晚上玩遊戲與表演。許榮哲那時還得了最佳男主角獎，可見他是個能文能武、非常活潑，勇於表現自我的人。

那年秋季班他又來上課，為了免費聽課便自願擔任輔導員。事實證明，他的天才並不是誤會。一年之內他便接連得到了寶島文學獎首獎和許多地方性文學獎的肯定。到了二〇〇〇年的暑期寫作班，他再度擔任輔導員。

那時沒有總幹事，輔導員群龍無首。開訓的時候，由於找不到人上台表演，許榮哲便自己上台獨撐大局，表演「飛俠阿達」單口相聲，幽默風趣的表現大受好評，也讓我第一次對他留下深刻的印象。不但驚訝他的才能，也感受到他對寫作會的投入。

之後我送了他一本《似曾相識的面容》，在簽名頁上我寫著：「榮哲，我相信你很快就會回來耕莘上課的。」

二〇〇一年的暑期寫作班，由於沒有輔導員，秘書黃九思便邀請他擔任總幹事，總籌所有的活動。那時他已經到東華大學創作與英語文學研究所就讀，趁著暑假從花蓮趕回來，由他招募了一批輔導員，其中包括他的女友李儀婷，也是開始展露頭角的作家。

到了二〇〇二年，黃玉鳳擔任班主任，找許榮哲當副班主任，為的無非是做為他接班的準備。玉鳳還提供她在新店的畫室讓他和李儀婷暫住，因為兩人都在花蓮念書，在台北沒有住處。只是那年的參加人數很不理想，輔導員還得另外組一隊才有辦法玩遊戲。

二〇〇二年之後，寫作會的招生情況一落千丈，而許榮哲也由於到聯合文學工作，較少和寫作會聯繫，不過有機會他還是會回來擔任講師，每年新春團拜也都會和李儀婷一起出席。

到了二〇〇六年，新任秘書謝欣純邀請他和幾位講師一起規劃寫作會未來的發展，他結合在耕莘上課，以及參加其他文藝營的經驗，設計了幾個方向。

第一，一個月的暑期寫作班時間太長，要縮短為一般的短期文藝營。第二，寫作會原本的文藝營活動都是偏向團康式，學員們聚在一起玩大地遊戲，雖然熱鬧卻和文學關係不大；而當時的其他文藝營卻又太學院派，整天坐在課堂裏上課，沒有聯絡感情的功能，應該將兩者結合。他自己在二〇〇五年的聯合文學文藝營中設計了一種遊戲「三對三文藝大挑戰」，是文學猜謎競賽，可以炒熱氣氛又可以和文學連結，正好拿來寫作會運用。

於是他們策劃了二〇〇六年的春季文藝營，許榮哲認為要做就要做有趣的事情，便大膽地捨去「耕莘文藝營」的名號，改用更引人注目的「搶救文壇新秀再作戰文藝營」為名。取這個名字，是因為他覺得文學走到這個時代，已經有些老態龍鍾，缺乏活力，需要搶救才能再度活躍。由於野葡萄文學誌在二〇〇五年和八P合作舉辦「搶救文壇新秀大作戰」活動，為了避免侵害智慧財產權，耕莘文藝營便改為「再作戰」。

這次文藝營時間只有三天兩夜，而且報名費很便宜。他請來的講師陣容也很特別，不像以往全是文學大家，而是由他自己和朋友們組成的文學團體，也就是前述的八P。他們全都是在文壇剛起步的新銳作家，雖然每個人都得獎連連，名氣仍然不算特別響亮。

他說服朋友們用極低廉的講師費擔任講師，再說服基金會支援這次活動。課稱內容和名稱都是經過設計以及反覆的討論，希望能引起學員的興趣。另外還有一個宣傳重點：寫作門診。學員可以在文藝營開始之前，把自己的作品寄過來讓講師看，讓講師提供評語意見。

那時基金會並不太相信這樣的文藝營可以成功，提供的援助有限，李儀婷花了不少時間精神和基金會溝通，而許榮哲幾乎是自己一個人負責所有的宣傳工作。但他還是很樂觀的相信，這個活動一定會成功。

由於實驗性質濃厚，我們原本預計能收到五十個學員就不錯了，沒想到來了一百多個人。有不少文藝青年認為自己的確需要被搶救，因此熱烈報名。

開訓當天，我看著教室裏滿滿的人頭，心中響起一個聲音：「太好了，寫作會終於復活了！」這次文藝營的成功有三大意義：第一，打響了寫作會的名號，吸引更多有志文學創作的青年。第二，得到基金會的信任，放手讓許榮哲和李儀婷去發揮。第三就是重振寫作會的士氣，我也找到了繼續下去的動力。

文藝營結束後，由於迴響熱烈，許榮哲得以重新招募幹事會成員，由他擔任文藝總監，李儀婷當駐會導師，為寫作會注入年輕的活力。由於之前幹事會已經解散，新的幹事會便得重頭摸索。一開始他們只是想集合在一起做一些有趣的、文學性的活動。平時不上課，只是每兩週固定集會，舉行「作品批鬥會」，由成員提出自己的作品讓大家評論。

這個作法很有效，大家都進步神速，幾年來成員們得獎紀錄十分輝煌，如林榮三文學獎、台北文學獎都頗有斬獲。

幹事會逐漸成形後，也重新建立出制度，選出幹部，開始接手寫作會許多行政工作，例如課程規劃和文藝營的籌備，還讓幹事們上台講課，藉以培養未來的講師。

他們也和基金會建立了良好的溝通模式，不再像當年那樣緊繃。現在基金會的董事長是個很誠懇能幹的人，又是學術界出身，很尊重寫作會的理念，我也終於可以安心了。

「搶救文壇新秀再作戰文藝營」到二〇〇八年已經辦了三屆，每屆都有極好的風評。甚至還有家住台中的高中生，帶著媽媽大老遠上台北來參加。我現在已經沒辦法全程參與，只能出席始業式，並且晚上看學員表演。每次結業的時候，幹事會都會發問卷調查學員加入幹事會的意願，最後一次願意參加的比例高達百分之八十。

而許榮哲和李儀婷也於二〇〇七年，在耕莘大禮堂舉行了別開生面的婚禮，為寫作會帶來更多喜氣。

基金會繼任執行長曲慶浩，也有心讓寫作會組織再造，想留住人才，培植寫作會優秀寫手，免付費的成立「寫作研究班」，聘請和寫作會建立長久友誼的師大楊昌年老師任教，帶班由基金會董事夏婉雲負責，這個班成效良好，連開六期，計三年，在小說、散文方面培植了許多優秀寫手，每期結束後都會到楊老師家聚餐，老會員也趁機來認識研究班學員，好不熱鬧。每次聚會，研究班學員都有人考上中文、臺文研究所碩博班，看見年輕的生命每年在躍動，自己也覺得充滿活力。

仔細想想，郭芳贄說的是對的。寫作會走了四十幾年，就算陷入低潮，也一定會出現新的轉機，把我們再次帶上高峰。這是寫作會第三次文藝復興，相信這次我們可以走得更遠更精彩。

第十三章　退而不休的美麗黃昏

一、文學之火代代相傳

陳銘磻曾說過，寫作會的歷史就是一部台灣文學史的縮影，要知道台灣文壇的發展史，只要看耕莘寫作會的大事紀就知道了。要判斷一個作家有沒有成就，就看他有沒有來過耕莘寫作會演講或開課。這些話或許有些狂妄，卻是不爭的事實。

四十幾年來，寫作會請來的講師，都是那個時期台灣文壇最有成就，最受歡迎的文學家，甚至許多有名的文學家就是寫作會培養出來的，如早期的喻麗清，夏祖麗，周玉山，接著的白靈、羅位育、莊華堂、凌明玉、許榮哲等人，我都數不清了。

當然並不是每個學員日後都走上文學的道路，但是當他們在寫作會付出過心力血汗，投入感情後，他們會因此找到自己的潛能，和未來的方向。

耶穌會前任中華省省會長房志榮神父曾經說過：「耕莘青年寫作會可以媲美一所大學的文學系。」這是對寫作會最高的讚美。我們雖然只是民間團體，對教學的用心絕對不輸正式的學校。

有人問過我，為什麼耕莘寫作會能夠維持四十幾年不墜，比其他寫作班長久？它有什麼特殊之處？

我想，理由就在於，寫作會是建立在張志宏神父犧牲奉獻的宗教精神之上。當初寫作會和光啟社，是整個耶穌會唯二對外開放的文教團體。光啟社製作許多電視節目，為整個社會提供教育功能；寫作會則為所有喜愛寫作的青年打開大門。寫作會這種開放的精神，不止為天主教徒服務，而是關照所有人，正是最可貴的地方。

馬叔禮曾說過，對於寫作會的運作，他有三大堅持，我深感贊同：第一，不可喪失從張神父傳下來的傳統，也就是宗教的大愛，包容不同的宗教信仰，更不可以宗教之名干涉寫作空間。我們不用跟坊間其他寫作補習班比設備和硬體，這種精神才是真正的價值。

第二，寫作會強調的是服務，還有交朋友連絡感情的功能，不可加入商業牟利的觀念。

第三，我們的課程強調思想、文化素養和感情，不特別強調寫作的技巧流派，創作的內涵重於一切。

三點堅持中，我認為以第一點最為要緊。不只是宗教，其他外力同樣不能干預這片文學的淨土。即時有些學員寫出極為情色膻腥的作品，我也只是姑妄看之，絕對不加以批評禁止，因為創作應該是自由的。至於政治、省籍因素，當然更不能影響我們。

由於早年在中國大陸的經驗，我對政治非常厭煩，總是能不碰就不碰，政論新聞和節目也是盡量避開，還因此鬧了笑話。

有一回，廿年前，秘書翁詩彬很得意地對我說：「神父，大家都說我長得像趙少康，您覺得呢？」

我一臉茫然：「趙少康是誰？」此話一出，眾人哄堂大笑。

笑話還不止一則，在解嚴前後，正是台灣社會運動興起的年代，常有示威抗議，到處人心沸騰，我卻一無所知。有一次，我興沖沖地提了衣物要去東門游泳池游泳，一路上都覺得怪怪的，怎麼到處都是憲兵和警察？我也不去管那些，照樣大大方方從軍警身邊穿過，心無旁騖地走向泳池，卻發現大門沒開，也沒有售票，我只好失望地打道回府。

回來後，一看新聞才發現，那天有示威遊行，前面的道路都封鎖了，游泳池被用作警察驅散遊行隊伍的水源，當然不會營業。想到我居然還傻呼呼地跑過去，不禁面紅耳赤。

我的堅持也感染了寫作會的成員們。大家雖然各有不同的生活背景、政治立場，一旦踏進寫作會，這些差異全都不存在，沒有人會在寫作會裏談論政治，更不會為此爭吵，大家都是單純熱愛文學的同伴。

至於交棒的問題，我希望我的下一任也能堅持這三大原則，而能讓寫作會全體成員都接受。如果找不到適合的接棒人選，我會堅持到最後一刻，不會輕易將寫作會交給別人。

寫作會一路走來，蒙受天主諸多恩寵，說什麼我也無法放下，這組織點燃了宗教、文學之火代代相傳，是文學人的培植搖籃。

二、任重道遠

當我剛回台的時候，中研院曾經提供我一個研究員的工作，由於我已經接受了省會長的任命來耕莘，所以沒有接下那個工作。如果那時去了中研院，從此我大概就會一直待在研究室裏埋首書海，生活必然跟現在大大不同。

由於年齡因素，加上之前切除了肋骨，拉手風琴變得相當費力，我現在已經很少拉了。此外，有一回在法國研修，不慎在結冰的路面上滑倒兩次，背部拉傷，演變成坐骨神經痛，加上視力惡化，鋼琴也不能彈了。由於記性變差，很難再像以前一樣記住學員的名字，我便藉著文藝營表演時，學員們上台演出的角色來認識他們。

我在二〇〇五年在輔大退休，其實半年前就該退休的，由於剛到台灣時，身分證記載錯誤，七月十五日出生寫成八月十五日，得以晚半年退休，讓耶穌會多拿了半年的薪水。

退休後我仍在輔大兼課，還要教碩士班，指導十幾個研究生的論文，其中還有一位是比丘尼。教研究生比教大學生輕鬆，因為他們認真用功，不需要老師盯著；而且碩士班上課是以討論為主，師生之間互動頻繁，不像大學部，幾乎都是老師在台上唱獨角戲。

現在，我在夜間還要教兩小時的碩士在職專班，學生背景五花八門，有醫生、律師、藥房老闆，還有神壇壇主。他們的資質都很高，而且全都是發自內心想來宗教系學東西，上課認真，讀書也很用功，教起來非常愉快。

我教的是一門新開的科目：生死學，我還寫了一篇〈走過「生」「生」的關卡〉闡述我的想法，這篇文章收錄在《候鳥之愛》裏。第一節上課，我會在黑板上寫下「生生學」三個字，第一個「生」較小，第二個「生」很大，為的是讓學生知道，死亡是第二次的生命。

這堂課激發我很多靈感，教學方式也比較活潑。我會讓學生一一上台敘述自己的生死觀，並且自費邀請佛教界和道教界的老師，還有從事安寧療護的工作人員來上課，講述他們的工作經驗。

有一年，我更加大膽，第一堂課就上大體課，把全部學生帶到醫學院的太平間上課，空氣裏到處是福馬林的味道，大體就放在旁邊。學生們一個個緊張得不得了，臉色發白，目不斜視不敢看大體。當時我只想讓學生深刻地體會死亡的意義，後來想想，對第一次上課的學生來說，衝擊未免太大，以後就不再做這種教學了。

二〇〇五年住進輔大神學院後，我得要擔任哲學修士的輔導。此外，我常常要參加北京的學術研討會，每次參加都得寫出一篇文章；另外我連著好幾年接受教育部的委託擔任宗教系所評鑑召集人，得要跑遍全台，還有開不完的會議和寫不完的評鑑報告，真的忙不過來，今年總算順利辭謝。

對於現在的教育評鑑制度，我有一點意見。現在規定大學老師每年必須寫一定數量的文章，還要參加演講，如果達不到水準就會影響升等，甚至教職不保。鼓勵教師不斷充實自己的美意固然良善，但是矯枉過正的結果，就是教師把心力全放在著作上，反而無心教學，學生的教育權受到更多損害，這不是捨本逐末嗎？

我運氣比較好，就住在學校裏，可以免去舟車勞頓，對那些要來回奔波上課，還要忙著寫論文的教師，我十分同情。

今年年初，耶穌會在羅馬開會，接下來就有看不完的報告要研讀和討論。七月和八月，我還去了趟菲律賓亞典耀大學，為那裏的修士們講授老莊學說，全都是我不曾教過的東西，半年前就開始準備了。總之退休後反而更忙，一刻也不得閒。

不過，正因這些都是有意義的工作，我仍是忙得很起勁，渾然不覺老之將至。

忙歸忙，在研究學問上我從不曾放下。當年一度抱著趕流行的心態研讀梅洛龐帝，現在我只要有馬賽爾、唐君毅和德日進陪伴就心滿意足。我和唐君毅的學生，王邦雄、曾昭旭、蔡仁厚等人都保持著良好的關係，也曾投稿新儒家刊物「鵝湖」。當他們舉行新儒家大會的時候，我也會去參加。

由於唐君毅曾經撰文批評天主教，而且新儒家哲學的思想重視人際關係，不像天主教哲學那樣著重人與天主間的關係，因此天主教哲學家多半不太喜歡新儒家，每年的新儒家大會都只有我一個是天主教徒。雖然如此，我還是一直參加，因為我想要和不同信仰的人士彼此溝通，互相理解，才能達成宗教系的理念：宗教交談。

現在，我大哥已經過世；么妹移民加拿大，常和我電話聯繫，我知道她很平安，不需要為她擔心。舅舅交給三哥一筆錢，讓他照顧陸家的下一代。我的姪兒姪女們也都很爭氣，學業或家庭都很順利。四哥過世後，三哥把陸家在上海的房子送給四嫂，我不便去住，我在上海已無處可去，現在我也很少回去了。反正對修道的人而言，修會就是我的家。

仔細回想，我這一生，常常過著意料之外的生活。留學、教書、擔任寫作會會長，全都是當年上海徐家匯那個傻小子想破了頭也想像不到的經歷。在這經歷中我得到許多難忘的回憶，交到許多一生的好友，這也是以往不曾奢望的收穫。一路看著學校、教會的成長興盛，每次寫作會遇到危機都能扭轉情勢，這也是極大的快樂。因此，我對這樣的人生沒有任何遺憾。

在這樣無法預料的人生路上，之後還會什麼新的挑戰在等我，我仍然期待著！

附錄

一、五十年代見到的陸達誠修士

顧光中

五十年代初，在我們眼中，他是一位普通的上海公教青年，早在天主計劃中，他將要是一位中華省在台灣的耶穌會士。聖召是天主的特恩，在修院相見之前，誰也不知誰被天主召叫。在上海君王堂裡，一批高中生每周一次參加朱洪聲神父的教理班，看不出他有什麼特殊。五三年高中畢業時，男生女生一起坐船遊戲，數年之後，就這條小船上的人，男生有的進了修院，女生有的進加爾默羅隱修院，陸達誠是進修院之一。

在兩年修道生活中，達誠修士的特殊漸漸顯露出來。明顯可見的特殊，文科的成績常是名列前茅，五十年後，我提到班上的拉丁文考試，他是第一名。他回答說：「那只因為我初中在慈幼會讀過一年多拉丁的緣故，無關才智。」

不可見的特殊是他的神修，神修是看不見，但可意識到，這位修士平時寡言、謹慎口舌，雅各伯宗徒說：誰若在言語上不犯過失，他便是完人（雅三・二）。他的虔誠，從神態上可意識到，他的貞潔，從眼神中可意識到。他是一位走「成全」道路的修士。我不否認那時修院有聖

陸神父（左）與顧光中神父（右）。

德超凡的神師，而達誠修士他本人也勉力要成聖，他有兩個秘密為我所識。

第一個，有一天晚餐後，修士們在聖母山洞前唱了聖母歌後，他同我個別談話。他介紹聖蒙福的「真正敬禮聖母」一書。原來他同前教宗若望保祿二世一樣，「完全」奉獻給聖母，Totus Tuus經過聖母到耶穌。

第二個秘密是「地下」耶穌會士，為什麼稱地下，我們一百六十多位修士都是培養成教區司鐸，其中有四位，卻要成為耶穌會士的修士，當時無人知曉，達誠是其中之一。

所謂聖召，聖召與聖召不一樣。一九五五年九月八日始，修士一批一批地遭到逮捕，而陸修士因為肺病，天主把他保存下來，沒有遭到逮捕，是預備他將來為教會作貢獻。一九五七年大陸小小開放，達誠修士離開了大陸到菲律賓培育，再去法國深造，成為今天台灣雙深的耶穌會士，一是神修深，二是知識深。今天我和他再見已相隔了半個世紀。但他修士的表樣還在我的腦海中。

* 顧光中，美國舊金山教區榮退蒙席。

二、我的音樂伙伴

陳濟東

一九六七年秋天耶穌會神學院由菲律賓碧瑤遷至台北附設於輔仁大學。陸神父達誠兄與大部分的神學生隨著神學院搬至台北，是輔仁大學神學院的第一批學生。之後，我也有幸入這研究神學的行列。在神學院期間，我負責禮儀及音樂。陸神父（我的學長）當時我們稱他陸修士，是鋼琴高手，一直擔任司琴。三年來我們在禮儀、選曲及練唱上一直保持合作。記得有一次為了一個大禮節，我預先拿一份比較艱深複雜的伴奏譜給他過目預備，他說他不用預備，當場給他就好，此可知他琴技的高深。音樂對他一直有完全的信心。在我們間也在此建立起未來歲月中深厚的友誼。

這時候梵二大公會議剛結束。教會彌撒禮儀由拉丁文轉為本地語言，教會音樂則由傳統額我略曲調推進通俗聖歌。有時似有走入另一極端的現象。這時法國作曲家戴思神父出版了「聖經樂章」歌本，含有豐富的額我略風格，其結構有對經及詩節、適用於此階段的新禮儀。戴思神父是聖經專家，又是梵二禮儀憲章擬稿人之一，他的歌詞大多出於聖經及禮儀經典。我們再由英文及法文的編譯過程中，必要對語文、音樂、聖經及禮儀精神有相當的考量才能表達作者的原意。在這漫長的編譯過程中，除了房志榮神父在聖經上給我們完全的支持及指導之外，另外一位就是我們年輕的陸修士。因著他對音樂之專輯寫作的特出造詣，也是出版中文聖經樂章重要功臣之一，我們幾位為此編譯常研究到深夜。

陸修士溫文儒雅，但他也是為不錯的運動員。有一次輔大系際足球賽中，神學系和歷年的生物系冠軍隊在大雨傾盆下爭奪頭銜。陸修士大顯他運動的奇能，幫神學系贏得冠軍。

當神學生逐漸有開夜車的習慣時，會院的餐廳沒有點心。記得有一次陸修士從台北買回來一箱「生力麵」給大家宵夜。那時候「生力麵」對大家來說是全新的名詞，也是人間的最美味。直到今日每當吃到類似的泡麵時，總會想到當年陸修士對弟兄們的愛心。

這些年來每次由海外回來，不管時間多匆忙緊湊，我一定來看陸神父。如同往常因著他充滿上主的智慧及基督的愛，這交談總是溫馨和豐盈的，而且每當有人提起陸神父時我一定是驕傲地告訴他們陸神父是我的好朋友。

* 陳濟東，任職於洛杉磯Universal Studio華文天主教音樂推手。

三、文質彬彬的陸神父

邱大環

一口氣看完陸神父的口述歷史，跟著他跑了地球一大圈，也跟著他經歷了許多奇蹟、傷感和快樂。

印象中的他，是一九六七至六八年輔仁大學法文系，班上來的一位英俊、瀟灑、文質彬彬的年輕修士，坐在最後一排旁聽。對於神父、修士，我一直有無比的尊敬，常想，能夠有勇氣走修道的路，是多麼不容易的事，外人真的不應該干擾他們的生活。

一九六八年的夏天我和幾位同學一畢業就到法國留學，一九七一年在比利時，同學告訴我有位陸神父在布魯塞爾，我說不認識陸神父，見了面才知道原來當年的陸修士已經升神父了。陸神父問起我的近況，也問我有沒有結婚，我當時對於梵二大公會議之後，許多神職人員還俗十分反感，對於眼前這位新神父的勇氣和信德，越發感到佩服！

婚後在巴黎又遇見陸神父，他住在Rue de Grenelle，他常常騎著一台Solex輕便機器腳踏車，我記得還幫他設了第一個電子信箱。他給我和外子的印象是充滿愛心、溫文爾雅、笑口常開。我

1971年攝於巴黎，邱大環（後排中），陸神父（前排中，坐姿）。

們同學聚會時，也常邀他一起，這張照片就是我們在周承信和楊年熙住處所拍的，不久我就先返回台灣了。

看陸神父的口述歷史，敘述的那麼鉅細靡遺，想必他有過人的記憶力，或者有日記輔助，時日漸久，我倒是有許多記憶都模糊了。只記得在台大有一年指導學生演出戲劇，他還特地來給學生鼓勵。另外就是那一年，他甲狀腺開刀，手術後聲帶受損，說話很吃力，他十分難過，因為一個教授，聲帶受損，怎麼教書？還好一段時間以後，慢慢恢復，他的心情也跟著逐漸好轉，想必聖母又給了他和我們一次特別的恩寵，讓學生能繼續沐浴春風，讓朋友再聽他講解道理。

* 邱大環，前中華民國駐教廷大使杜筑生夫人，國立台灣師範大學歐洲文化與觀光研究所教授。

四、陸神父和我在輔大宗教系

陳德光

我與陸達誠神父的緣份主要是輔大宗教學系的關係，陸神父是創系的主任，我是第二屆主任，以系主任為界線，我與神父的關係可依三個時期說明。

在進入三個時期之前，個人曾先後於輔大哲學系與神學系受業，一九七八年留學魯汶，出國之前，沒有機會受教於神父，留學期間，在布魯塞爾國際書展和神父有過一面之緣。一九九二年暑假奔父喪，順道回台找工作機會，當時神父是新成立輔大宗教系的創系主任，在耕莘文教院會客室親切接見。陸神父當場給我相當明確的回應，大概可以在宗教系專任而非兼任。隨後一九九二年聖誕節接到神父寄來的光啟小月曆，神父的細心讓將歸國遊子，雀躍不已，個人生命史新頁隨即開始。

第一個時期（一九九三至一九九八）

我與神父是老師與主任的關係。輔大宗教系草創階段經營困難。陸神父有政大哲學系專任，

2002年，輔大宗教系系週會邀請郎雄（左二）蒞臨演講，陳德光（右一）為當時的系主任（現任社科院院長），右二為郎雄的女兒。

以及耕莘寫作會指導的經驗，透過其文、藝、哲學界的修養，在宗教與傳媒的影響力，讓全國第一個宗教學系，在短時間之內得到社會大眾的接納，功不可沒。

個人於一九九三年回輔大工作，宗教系已經發展一年。輔大宗教系第一代老師，都是陸神父聘請，大家蒙神父知遇，替神父分憂，向心力強。神父對宗教系有使命理想，任勞任怨，為日後宗教系發展奠定基礎。神父的領導於老師方面，重視溝通與領導；於學生方面，重視教學與輔導。學年開始的新生迎新，聖誕節的師生聯誼，學年結束專、兼任老師的餐會，是今天大家仍然津津樂道的話題。

陸神父對我似有培育之意，除了讓我積極參與宗教系工作，擔任第一屆學生的導師，指導系合唱團，不時邀我到法管耶穌會團體共餐。這樣主任身邊經常有一位如影相隨的老師：聖誕節的子夜彌撒、淨心堂前的賞月會、迎新宿營、畢業旅行。較少人知道的，神父也邀我參加校外文化活動：中央圖書館的學術研討會、佛光山的學術活動、劍潭青年汪動中心的文化演講，還有西門町的電影首映會。

第二個時期（一九九八至二〇〇四）

我與神父是主任與老師的關係。神父兩屆主任之後把棒子交給我，我當主任期間，多次借重神父前主任的身份推動系務發展，例如：擔任年度學術研討會的主持人與主講者、大陸江南宗教之旅的領隊。陸神父是宗教系的靈魂人物，因此，神父的生日、修會發願等紀念日，都是系上的重要節慶，凝聚系上共識，神父以服從為會士的天職，總是和藹的答應與配合。個人由於對音樂的喜愛，與陸神父有一種心靈感應，互動良好，有一陣子，神父手風琴與個人小提琴合奏的曲子〈西班牙姑娘〉，是宗教系晚會的經典節目。

第三個時期（二〇〇四至今）

我與神父是主編、院長與老師的關係。個人兩屆主任之後把棒子交給黃懷秋主任，改當主編，二〇〇八年接社科院院長職，神父於二〇〇五年七十歲榮退，改當兼任。我曾編《輔仁宗教研究》（第十二期）紀念專輯，推崇神父對宗教教育的貢獻。此外，個人對神秘者艾克哈的研究，一直得到陸神父的支持與鼓勵，神父是馬賽爾專家，而艾、馬二人對「是」與「有」意見相似。神父與我的關係於是又進入新階段，惺惺相惜，是一種忘年之交，超越時、空的「存有」的關係。

總之，陸神父是一位魅力四射的神恩人物，是宗教系永遠的主任，個人生命成長的兄長，行政服務的典範。

* 陳德光，輔仁大學天主教學術研究院院長。

五、來自手風琴的春風

白靈

磁力恰好的磁鐵

從世俗人的眼光來看，陸達誠始終是優雅而神秘的。民國六十五年初初見到他時，他剛從巴黎大學拿了哲學博士回國，才四十出頭，一臉白淨，瀟灑英挺，風度翩翩，對來寫作會參加研習的眾多女大學生面言，幾乎乎像是一位白馬王子自天而降。只可惜他是一位神父，而且隸屬歷史悠久、崇尚知識、紀律嚴謹的耶穌會。在那個與南懷仁和利馬竇同一系統的牆籬內，他們自古以來施行著外人所難理解的公有制度——教書、寫書等一切所得均涓滴歸公，要消費則得申請，那的確有些神秘而不可思議。然而這些都不妨礙他成為寫作會會員們眼中和靄可親的陸神父。

幾十幾年來，他始終有著驚人的記憶力，即使短暫來去的上百人研習營，他都會盡力叫出每一位學員的名字，他親切地對每個人噓寒問暖，體貼備至，聚餐時幫人夾菜，但他的溫柔總是那麼恰適，坐在他旁邊，只感覺與老友同坐般的舒服。他是磁力恰到好處的磁鐵，磁引著你，也讓你輕鬆就能離開。多少授課的教授、學者、作家來來去去，到最後令會員或學員印象最深刻的總是他。他曾形容自己像是候鳥灘，等待著一批批的候鳥前來踩踏。有不少的會員每年總要「伸足」灘上，逗留良久，但更多的只是短暫的相聚，而他都儘可能與學員、會員們一起聽課、一起遊戲、一起露營、一起包水餃、一起笑，與秘書和幹部們一起貼郵票、一起搬桌椅、一起開會、一起辦活動。在耕莘的前十七、八年，他大概是最認真、聽課的堂數最多的學生了，每一堂文學課他都認真地聽，他說文學很有趣，學不完。他在政大、輔大教哲學，在寫作會卻不刻意談哲學，他在聖堂當神父、講道理，在會裡卻從來不談宗教。他任由我們在文學天地裡自由地揮灑，把文學活動、各類講座、戲劇表演辦得「天翻地覆」，熱鬧叮噹。

笑笑地招了一下手

就是這種自由的氣氛，才使得耕莘青年寫作會成為台灣眾多文學社團中極具特色的團體。它幾乎是一間民辦的文學院，全年上下學期和暑假均開辦文藝研習活動，毫無間斷，不講速成，但求紮根，許多研習常長達數年之久。另外，它的會員最多時曾達五百名，全是由歷年參與研習的學員組成的，這之中由學員養成的青年作家為數可觀，成績斐然(單是這幾年就幾乎包辦了幾大報文學獎的各種獎項)。它不是「冷」組織的作家團體，也不是快火炒的短期文藝營，它是令人不斷想回頭去探看、回身想擁抱它的、一個溫暖的社團。而這其中最最重要的原因，就是因這團

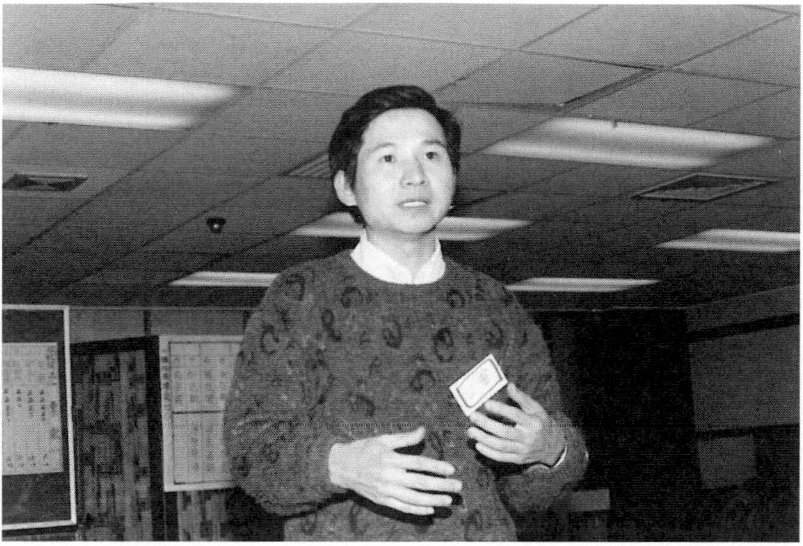

白靈攝於民國75年。

體之中始終坐鎮著一位靈魂人物——總也不老的陸達誠。

寫作會有一度曾出版雙月刊的會訊叫「旦兮」雜誌，其中占兩三頁的「雪泥鴻爪」一欄，每一行都報導著散佈天涯海角的會員們的近況，每一條都是他寫的，所有老會員的「箭」都射向他，把他們的喜怒哀樂向他們心目中的「陸爸爸」（會員對他的暱稱）「報告」或「傾訴」。到目前為止，不知還有誰有此能耐，能擔當他此一「箭靶」般「坦出胸懷」的位置。

說到他，不能不特別提提他沙啞的喉嚨、他帶領的感官祈禱活動、和他常抱在懷前的手風琴。

十幾年前，一次錯誤的小手術，使得他的聲帶受損，連帶令他後來教書、傳道的工作受到嚴重的挫折，他常指著自己的喉嚨說：「對不起，我喉嚨沙啞，不能再說了。」然而他還是繼續說下去，有時在戶外文藝營夜談，還說到三更半夜，不能說了，就聽。然後睡兩三個小時，一大早，他照樣起床帶領學員們做「感官祈禱」，那是純然與宗教無關的「感官敏化」活動，學員們齊聚戶外草地上，盤腿輕鬆而坐，閉目聆聽。陸神父即以沙啞的喉嚨指示學員們如何放鬆自己的身心，由頭頸而胸腰而手腿而全身，讓自個兒呼吸逐步沉緩，然後透過打開不易察知的聽覺、味覺、嗅覺、觸覺等器官，與鄰近左右的一草一木、鄰座友朋產生奇妙的連繫和互動，最後再與眾人分享此一過程的感受，試著用語言描述出來。這種令人身心舒暢的活動多半在郊外優美的環境中進行，一年至少三次，已持續了二、三十年。起初，我是晏起者，又有強烈反叛傾向，對類似被催眠、讓人引導身心的活動一向有下意識「抵抗」的意志和「毅力」，常只自顧自擁被而眠，即使早起，也是四處「漫遊」，享受孤獨和自在之感。如此竟錯過了十幾年，直到有回偶而參與後，才深覺自我內在意識防衛系統的頑固和緊繃，就是經由此一過程才得以全然紓解，而其中奧妙的自我探索，在他自然而若即若離的帶領下，只感覺是自己摸著走到某種空靈的境地，他不過是笑笑地招了一下手而已。

照拂心靈的春風

至於手風琴則幾乎成了他的「招牌」，目前的已是第二台了。開始的那一台輕小一些，看起來不那麼堅牢。擁在胸前，一手拉風箱，一手彈琴鍵，有時很擔心被他拉開後就不會合攏了。但竟也用了十來年，每年他總要在學員的晚會或文藝營表演個幾回，作個壓軸。有時或太忙，未經熱身，拉得不是那麼順暢，就不免在少許音節的拗逆間為他緊張上幾秒鐘，但總有時能拉得樂聲悠揚，令人興奮愉悅，感覺自己的肋骨就是那手風琴上風箱間一行行的風葉，被拉開、又摺攏，被壓緊又放鬆。他拉手風琴顯然非出於自娛，而是為了取悅我們的。後來他換了重上一倍的另一台，看他背在頸脖下掛在胸前，就更加吃力了，但一有機會，他仍忍不住露上「兩手」。

有好幾年，看著他為了創辦輔大宗教學系所，奔波往返於新莊與台北之間，其實有些為他的體力擔心。尤其這幾年寫作會在社會趨勢快速變動下，正處於轉型變革的關鍵期，過去會員間長期溫馨互動的氣氛，也正面臨嚴峻的挑戰，然而時代再怎麼衍變，永存人類心靈底層那份對靈性進展的渴求仍然是一片沃土，是豐饒且會發芽的，一旦植了根，就再也不會停止生長。幾十年來，陸達誠神父就扮演著一位默默付出、暗中耕耘，宛如春風似，照拂著眾多純樸青年焦渴心靈的角色！而那陣陣春風，就像是悅耳的音符，吹送自他胸懷前的手風琴——那一葉葉層層疊疊的風箱之間。

＊白靈，耕莘寫作會前值年理事、詩人。

六、從陸修士看到陸爸：一位耶穌會士的成長

郭芳贄

在漫長的求學生涯中，首次知道『耶穌會士』是明朝的歷史，讀到方濟各．沙勿略、利瑪竇等先後來到中國的耶穌會士，隨後在清朝有湯若望等耶穌會士來華，好似距離自己很遠；他們把西方科技介紹給中國，也未與自己有任何相關。卻未料這個時期因想學英語，同學介紹進入新竹市北大路主教座堂後面的「聖類思青年中心」時，認識耶穌會美籍會士杜華神父，從此一生都與耶穌會會士產生情緣。

最使我難忘的耶穌會士，就是溫文儒雅的陸達誠神父，因我從「陸修士」起看到「陸神父」，直到『陸爸』，彼此相識互扶，長達半世紀之久。

新竹的「聖類思青年中心」是耶穌會對少年學子傳教的教育機構，由美籍杜華神父主持。杜華神父開始傳教是白天到新竹的中學教授英文，晚間開設「補習班」，以英文和數學為主，暑假時期白天上課和課外活動，從初一教到初三，在當時非常吸引學生。

二樓中間大房間有大約十二個雙層鋁床，免費供給遠到的中學生居住，學生白天去上學，住

陸爸與郭巴（暱稱）。

宿生三餐都各自回家與家人共餐，晚餐後再回到青年中心補習班和住宿。

當然，這群學生不是白住，必須分擔一些義務工作，如整理教室桌椅和晚間關閉窗門等。還有，住宿學生早晚都有靈修生活，早禱、晚禱、參與每日彌撒、公唸玫瑰經等，上了高中後還可學習講道，如同修道院生活。

青年中心工作繁雜，當然不是杜神父一人可肩負，除聘用秘書和講道員兼生輔員（輔導員）外，也成為年輕耶穌會士實習的最佳教育場所。在台的耶穌會士的養成教育裡，都有工作實習一年階段，準備從事青年教育工作的神父大都會派來協助杜華神父，如馬德義神父、袁國柱神父、呂德良神父、弘宣天神父、劉建仁神父、羅四維神父、陳禮耕神父等都曾在這實習，並向豪爽的點子王杜神父學習福傳功夫。

在我讀初三時，瘦削而高大的陸修士來到這兒。這一年，陸修士朝朝暮暮成為杜華神父的「跟班」，早晚祈禱中經常要講道，晚間補習期間也要與學生打成一片，尤其是學生放學回來打籃球或踢足球，回家用晚餐後再回來上課，都可看到陸修士與精力充沛小伙子們打成一片。陸修士以風琴教唱聖歌，彌撒因而活潑引人。

有次在補習班結業發表會中，學生表演英語短劇給家長看，陸修士竟要我擔任主角，扮演「小老師」，讓我緊張不已。幸好這場英語「獻醜」劇，讓我有了舞台經驗，從此上台講話就不再害怕了。

考上政大北上就讀，杜華神父把我介紹給主持聖母會服務中心的鄭聖沖神父，由新竹的至潔聖母會轉入台北市的服務聖母會，我就再也脫不掉繼續接受耶穌會士的教育。

當時，聖母會服務中心位在和平東路二段一棟民宅裡，還未搬到聖家堂後面。等到我大二罷，還未晉鐸的陸達誠修士奉命來聖母會服務中心，參加聖母會每週討論會和活動。這時陸修士經過菲律賓進修後已不再是「菜鳥修士」，他頗為飽學，說起神學和哲學頭頭是道，使當時這群大學生感到非常新鮮，如德日進思想，對我都是首次聽到。

我大三下學習結束前，陸修士終於在聖家堂羅光總主教手中晉升為司鐸，於是「陸修士」變為「陸神父」。我竟因暑期接受預官的分科教育而前往步兵學校受訓，錯過參加他的「終身大事」。

我服役結束後，鄭聖沖神父邀請我加入耶穌會創立的耕莘文教院服務，創立「文教活動辦公室」，聘我為秘書，負責籌劃院內所有文教活動（過去都是由外籍神父主持）。當然，在耶穌會活動的「羊欄」內，偶而會與陸神父相遇，陸神父在我眼中愈來愈「順眼」，愈看愈像真正神父啦！

那時，正逢第二次梵諦岡大公會議後，教宗若望保祿二世呼籲教會勇於打開「窗戶」，有數位任教大學的神父紛紛還俗結婚，卸下神職福傳工作，耶穌會後來也未向他們索賠逾二十多年的培育費。

當然，我一直關切著英俊瀟洒的陸神父是否也會遇到心儀的台灣女生，放下神職工作。未久，陸神父到法國深造，去世界花都留學，陸神父會讓耶穌會長上們擔憂嗎？

一九七三年，我獲得土耳其政府的獎學金，前往土耳其首都安卡拉市，在國立安卡拉大學土耳其語文研究所就讀。土耳其和法國有些距離，卻料想不到，我竟與陸神父在巴黎相見，而且還長達一個多月。

到達安卡拉市時，正逢溫涼的五月天，大學在期末考，不能入學上課，新學年是十月才開學。長達五個月留在安卡拉市過懶散的鄉村生活，實在是浪費青春。於是，馬上與在法國深造的陸神父聯絡，準備前往巴黎打工，順便飽覽巴黎的博物館。

當我以電報告訴陸神父到達巴黎的班機、班號和時間，就前往伊斯坦堡市搭機，當天土耳其航空公司班機竟延誤三個多小時，我腦海裡擔憂陸神父，以為我放棄不來了。我的口袋裡美元足夠我搭機回土耳其，若實在等不到陸神父，只有被迫飛回土耳其。

在巴黎，陸神父接到我的電報時（當時只有電報最便宜，還未有電腦），正在大傷腦筋，我不知道巴黎有很多國際機場，未通報機場名字。陸神父只好開著老爺車在高速公路奔波著，到每個國際機場去詢問我搭乘的班機。我到達時，陸神父一眼看到我，兩人高興地擁抱，這種巧合，真是感謝天主的安排。

我在土耳其完成碩士學位前一個多月，耕莘文教院鄭聖沖神父來函，期盼我回來繼續幫忙，當時土耳其大學如火如荼地在鬧罷課學潮，左右派學生在校園內外日日示威，抗議活動不停，簡直難以求學。祈禱深思後，我背著背包進行兩個月的環球廉價旅遊，取道歐洲和美國返回台灣，可以打開自己眼界和觀摩歐美文教設備。未久，陸神父也回台，巧是竟派來耕莘文教院工作，更樂的是竟是我的上司，共同負責文教活動和耕莘青年寫作會的雙重業務。

未久，青輔會輔導海外學人回國工作計劃下，推介我去中央通訊社，經過考試幸運錄取。於是，我就一面在耕莘文教院服務，一面在中央通訊社學習採訪國際新聞。陸神父寬容地讓我身兼二職，上下班非常彈性，完完全全地信任我。

三年多期間，我把暑期青年寫作班擴大為青年寫作會，每個學期都有定期文學活動，內容有系列性演講，多位作家座談會，都由寫作會幹部來協助所有事務工作。唯一不變是邀請的演講人，一定派人去迎送，保持耕莘創辦人張志宏神父遺留的尊師精神。

至於耕莘青年暑期寫作班課程和活動，三年裡陸神父完全放任我去安排，除傳統的小說、詩歌、散文、戲劇等組外，「哲學組」、「新聞組」等過去未有的課程都紛紛排上，授課老師多達五、六十位，陸神父樂意地在燠熱暑假講課，帶哲學組活動。

當時大學生熱衷報導文學，我們開設新聞課程，聘請報界專欄作家和副刊主編。主要理念是這是寫作班，而非只是文學班。寫作會與文壇作家、教授來往，使學哲學的陸神父開始研讀台灣文學，成為台下最認真的學生，神父為文學賣命，未有怨言。

有一天，好友透露我，輔大校長羅總主教正在計劃開設「公共關係室」，我就在李震神父推薦下，獲得熟識我的羅總主教允許，白天就應聘到輔大工作，晚間繼續在中央通訊社撰寫英文新聞。在耕莘文教院告別陸神父時有點不忍，但未有太多憂慮，因我已把當年暑期寫作班課程和相關事務委託白靈負責，幹事會也正常運作了。

離開陸神父去輔大工作，偶而在校園會遇到他，只是工作忙碌，兩人未有深談。再一年，我就奉中央通訊社令，前往土耳其就任特派記者。如此一別，竟長達二十三餘才能回國，因七年土耳其工作回國半年後，我再被中央通訊社派去常駐泰國，一去長達十六年半。

二〇〇四年底，我終於奉派回國，假日時特別跑去輔大探視陸神父，他依然英俊，聲音卻有點沙啞，才知道他曾經「失聲」過。再應邀去寫作會春節團拜時，我聽不到會員們喊陸神父，只有我一人仍稱他陸神父。原來「陸神父」已是歷史名詞，寫作人稱他為「陸爸」啦！

這項新稱呼非常適宜，因寫作會不是宗教團體，而是文學和寫作的家庭。東叫陸爸，西叫陸爸，更顯示這個寫作家庭的親切和溫暖。陸爸對我回國後主動回歸寫作會服務，戲稱是「贖罪」，我也欣然接受。

一位耶穌會士，必須遵守會訓的「神貧、服從、獨身」，更要推動會祖依納爵．羅耀拉的

「愈顯主榮」的使命，必須花費長達三十年的養成教育：「初學－文學－哲學－實習工作－專業進修攻讀更高學位－再傳教工作考驗，才能發末願」。從陸神父超過半世紀的神職生涯，可以看到這個漫長而艱辛的神職路徑。

「神貧」不難，進入「耶穌會」後，一輩子生活起居都交給耶穌會長官去煩惱，看到陸神父衣著，永遠趕不上「流行」，因所有收入都奉繳回耶穌會。

「服從」對陸修士是完全遵從，「陸神父」就有點恢復兒時的堅持，學成後返台前婉拒長上要求他去香港研究中國政情。等到聽到「陸爸」時，他已修成正果，標準的耶穌會士，陸爸完全聽從長上派令，離開他喜愛的耕莘文教院，也未去政大擔任哲學系主任，聽命地去輔大創立宗教學系。

「獨身」對陸神父可有很大潛在誘惑，像三毛，凌晨，都「遠在天邊，近在眼前」。每期暑期寫作班裡更有青春、美艷女大學生。看到陸神父與她們在一起時，都是群聚相談，若在辦公室裡細聽傾訴時，辦公室的門總是打開著。不論是陸修士、陸神父，還是陸爸，總是保持「獨身」。

陸爸最難是「愈顯主榮」，一生裡由精通哲學，進入文學領域，最後跳進宗教學，成為台灣第一位宗教系主任，陸神父在猶疑之際，依恃著祈禱，遵從上主意旨去做事，才有昔日的奇遇，今日的受人尊敬。

當陸爸升格為「陸爺爺」時，不知天主要他進入何領域？更不知天主要安排他何種福傳？可以想像得到，「陸爺爺」一定仍是真正的耶穌會士！

* 郭芳贄，服務於中央通訊社，曾任耕莘青年寫作會秘書。

七、修道人的背影

夏婉雲

那一年，我二十七歲，坐在耕莘寫作會辦公，望見門前有一影子飄過，我趕忙走出去看，陰暗的長廊，一孤獨佝僂的背影，這神父太老了，背彎曲得整個人縮了半截，想到我日日相處的陸神父，將來也會變這樣，一輩子孤獨的踽踽而行，不禁倚門而立，黯然神傷良久。二十七歲，我和夫婿剛結秦晉之好，青春方熾，陸神父也才四十一歲。光陰荏苒、歲月流逝，這已是三十年前的白頭宮女話當年。陸神父現已七十多歲，他依然光風霽月。一個修道人，擁有怎樣的孤獨？一個肉身，如何承載一輩子的踽踽獨行？

陸爸二十七歲，在新竹學生中心實習，一日，陸修士房間突然電線起火，祝融火舌後，一學生幫忙整理房間，發現一箱箱清秀字跡的卡片燒焦了，衣服倒是沒幾件；還從溼漉漉灰燼裡找出帶鐵刺繩鞭，這是用來鞭打自己肉身的，還有束縛腿部的帶鐵刺環，這意外燒出一修士刻苦力行的祕密，日後陸爸不斷奮發圖志，這或許有激勵作用吧！

小時候念過一童謠：「——娶媳婦幹啥？點燈說話、關燈睡覺」，這點燈、關燈即是常人

大肚子的夏婉雲秘書（右）。

的家庭生活，這說話、睡覺即是常人的親密人際。一般人不獨身，孤獨也都是低孤獨，無法時刻接觸屬己的內在世界；而耶穌在曠野裡渡過四十天、釋迦牟尼在樹下長期冥想、穆罕默德在洞窟裡渡齋月，尼采也在高山中獨行十數年，這故意孤獨是積極孤獨，聖哲們有高孤獨才能大徹大悟，創出人類智慧的結晶。

除了神學的孤獨、修為，陸爸還在菲律賓讀哲學、在巴黎修哲學，而後終生浸淫在哲學中，陸爸的哲學和神學是相符應的。天主教信仰的「真、善、美、聖」是至真知識殿堂，哲學是理性邏輯思考，陸爸是到了菲國哲學院，才從神學轉到形而上學，也才認識了馬賽爾，並進入存在主義的世界；存在主義較為感性，強調社會和終極關懷，陸爸深自喜愛。他雖喜歡哲學，而不願變成一個只重理性、忙於思考空想，卻不與人接觸的人。

2009年春，夏婉雲與陸爸。

陸爸從小就愛讀文學著作，深具人文精神，以哲學家修士走到寫作會來是「愈顯主榮」。在耕莘他每堂寫作課皆聽，接受許多文學的滋潤，也接觸到各形各色的年輕人，掌理寫作會會務三十年，寫作會起起伏伏的發展，他擔心、焦慮，以此為載體，他在現實人生中走著，所以文學和哲學落在實際生活中，耕莘寫作會是絕佳實驗場所，此也証實神學和哲學的人生還是要落實到文學才豐美。

我在陸爸手下做了一年寫作會秘書，之後是三十年來的交往，不間斷的受他影響，我中年才從文學走入哲學，陸爸做馬賽爾研究，我做馬氏弟子「梅落龐蒂」的研究，陸爸不時點點我。他當初進入哲學院，每天都受到哲學的衝擊，我像他一樣，中年之後每一天，都受到不同的哲學衝擊，哲學促使我隨時反省，讓我追求詩意的棲居、過著本真的生活；也使我的文學境界更深遠、視野更開闊。這前方一直有一盞明燈在有形無形的指引我，我知道是陸爸，他默默發光發熱照亮我。

耕莘西班牙籍沈起元神父老了、加拿大籍李安德神父老了——。陸爸，也會步入八十歲、九十歲，一個教生死學、哲學史的修道人、宗教系系主任、寫作會會長，工作使他不孤獨；一個身軀，不看他老來的踽踽獨行，而看他帶來多少徐徐和風、激起多少輕脆迴響。

* 夏婉雲，耕莘文教基金會董事，曾任耕莘青年寫作會秘書。

三毛（左二），凌晨（中），談衛那（右）。

八、存在陸爸爸心靈的故鄉

談衛那

哲學的殿堂

一九七七年一次偶然的機緣下，我拜見了陸爸爸。

他是天主教的神父，是位存在哲學家。恰是耕莘文教院青年寫作會的大當家。他跟其他人不一樣，相當入世有文化，誰見了都想接近。

他穿著便服，沒打領帶，腳著球鞋，是那麼溫文儒雅。

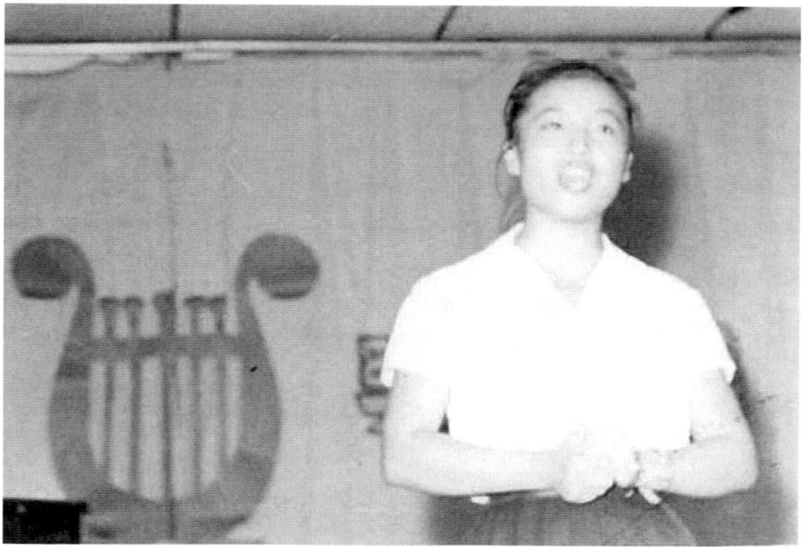

當年談衛那在晚會中高歌。

他謙虛說自己寫不好，所以一邊做會長，一邊學「大家」。
陸會長啊！我的年齡雖已過，能不能通融一下？我也來參加。
我口出狂言自稱私下已寫了上百萬字仍感在塗鴉。
他說：「心理年齡比生理年齡更重要，青年寫作會熱忱歡迎培養妳當大作家。」

從此我參與了耕莘青年寫作會的族群開始學寫作。
在陸爸爸親領下，我們傾聽精采名家的講座，學習文學的創作。
一次次，一週週，一年年，沒有止息，沒有缺課。
寫作會週週精采文學課程，為了節省時間我均以計程車來回的坐。
年年暑期寫作班的心靈共融、群體動力、腦力激盪、分組學習……
開發成一條文學的長河！

難忘陸爸期期親臨文藝營、背起沉重的手風琴。
難忘他為大家演奏風情萬種、輕快優美、旋律扣人的西班牙姑娘。
難忘清晨由他帶動的心靈靜坐，洗滌每個人在塵世惹的塵埃。
讓我們的心更寧靜。
讓我們的靈更飽滿。

難忘在子夜的星空下，他默默地傾聽我們的述說。
懷念他跟我們一起抖落山谷裡的星星。
他引領我們走進哲學的殿堂，讓人生的境界深遠、視野更開闊。
他讓才氣在耕莘的園地裡灑種、生根、發芽、開花、結果。

陸爸爸讓我們接觸到了馬賽爾的存在與存有思想。
陸爸爸教我們認識蘇格拉底與柏拉圖的絕對真理殿堂。
陸爸爸時時在他的行動中展現著天主的「大愛無疆」底精神。
陸爸爸總盼望每一顆豐富的心靈能不斷的淨化、提昇、成長。
陸爸爸願牽引每個生命從最底層一直鼓舞向上追尋再追尋。
支撐著我攀登到他那遙不可及的心靈故鄉。
抵達那美麗之誠（城）。
讓我讀懂他那神聖無比、智慧無窮、愛底無限能量的「是與有」之境。
終讓我搭建起「人生幾何？幾何人生！」的金字塔之音。
存在陸爸爸的心靈故鄉啊！正是他人生哲學底風采。
身體力行的起而行。

讓我一心嚮往他生命存在的價值與意義。
讓我明白了「我」變「我們」的人生真諦。

直到現在，
我已是七十老人，
十七年前離開台北移居海外，
我仍然感恩陸爸當年開啟了我的思想，
將我拉拔上來。
他留在我及女兒心中的影像，永遠鮮活溫馨、淨美，得恩寵。
讓我們有動力有信心去碰觸那遙不可及的終極關懷。
如今我人雖已遠離台灣，旅居加拿大溫哥華。
我一有機會回台灣，耕莘寫作會就是我心靈的故鄉。
陸爸永遠是我們的大家長，是寫作會每個會員都深愛的陸爸。

基於這份認知，讓我在寫作會學習寫作直到今天。

＊談衛那，耕莘寫作會永久會員，旅居加拿大，作家。

九、我們被陸爸寵壞了

楊友信

在耕莘寫作會跟陸爸相處這麼久了，有機會偶爾聽到陸爸透露他年少時期以來的生命歷程，直覺得陸爸的一生真是精彩萬分，終於陸爸要出自傳書了，真令人期待。當然在此傳世之作上，附庸也好，期也能留下隻字片語，為歷史見證。惟下筆維艱，一方面本人記憶力不佳，另一方面與陸爸越相處，越覺得他的智慧之光日盛，浩瀚無窮，實難述其一二。

無奈夏姐（夏婉雲）催逼甚急，就把我在耕莘四十週年紀念刊物上「回望美好年代」一文，敘述參與耕莘三十年的心得重新審視，期能擷取片段發抒對陸爸崇慕之情。

我自民國六十七年成大畢業回到台北就讀台大環境工程研究所，延續高中、大學時期的文學餘熱，加入寫作會，旋即於隔年九月接任總幹事。七十一年服役後又回到寫作會幫忙，辦理幹部培訓、擔任暑期寫作班輔導員、七十四年成立長青會，七十五年轉化為理事會，成立會員大會，八十年起擔任理事長，與陸爸相處已歷三十寒暑。長青會、理事會的成立，係歷屆卸任總幹事組成，期能為陸爸分憂解勞；耕莘寫作會當時推動的重擔，尤其在財務方面，若非對天主的信念，

寫作會促成佳偶對對，陸爸除擔任我們的婚禮介紹人外，還特地在耕莘小教堂幫我們舉行簡單婚禮彌撒，很懊惱一時找不到當時的照片。此為二十五年前的照片，新郎後面是我老婆（蔡明吟），她右邊是我（楊友信），左邊就是高大威猛的陸爸。

想必一般人都難以持續。所幸民國七十九年耕莘文教基金會成立，之後寫作會逐漸有了制度化的運作模式，目前理事會也改為了志工團組織。

我常覺得稱呼陸神父陸爸，其實他真是婆婆媽媽的很。除了飯桌上幫大家分菜，殷殷要大家吃光每一道菜的形象，銘刻在每一個耕莘人心中外。耕莘文教基金會成立之前，寫作會賴捐款支撐，當時由於台灣經濟發展，國外大額捐款已少有，因此會務經費一向不豐。陸爸每次收到捐款，總是叨念再三，感恩之詞溢於言表。其實大多數捐款都金額不高，但是陸爸捏捏攢攢，每次辦活動缺錢，他總是湊得出數來，就像從棉布兜翻出私房錢，令人驚訝不已。

耕莘寫作會就像一個大家庭，陸爸視

每一個會員都是他的孩子，他總是要記住每一個人的姓名，每一個人的特性與優點。陸爸常說：「在寫作會沒有辛苦流過汗，不會有深刻的感情。」於是他喜歡參加寫作會所有的活動，儘量陪在會員身邊，哪怕是會員間小團體的活動。當他又發現哪一個小子辛苦流汗的在寫作會裡撞來撞去時，他又開始叨念，是欣喜於又有人的心會留在寫作會。當然，有人久未聯絡，他還是叨念，那就是滿是失望之情了。

記得耕莘文教基金會剛成立時，首任執行長葉先生都會參加我們理事會每月一次的例行開會，每次會上陸爸總是念個沒完，搞的當時跟基金會的關係相當緊張。當時，我個人是贊同金金會成立的，至少寫作會會務運作可制度化，財務壓力也可減輕。可是我聽得出來，陸爸深怕寫作會的大家庭會被拆散，他的孩子會受到委屈了。

很慚愧，在寫作會跟陸爸相處了三十年，記得的就是他的愛念念，說實話，我還是超愛聽他輕聲細語的碎碎唸。記得我在「回望美好年代」文中提及耕莘寫作會第一好處是「包容」，它提供了場地、機會、氣氛、同好、師長、資源……，它任我們愛怎麼玩就怎麼玩，其實它就是陸爸，陸爸就是耕莘寫作會，我們都被陸爸寵壞了。

* 楊友信，耕莘寫作會志工團團長。

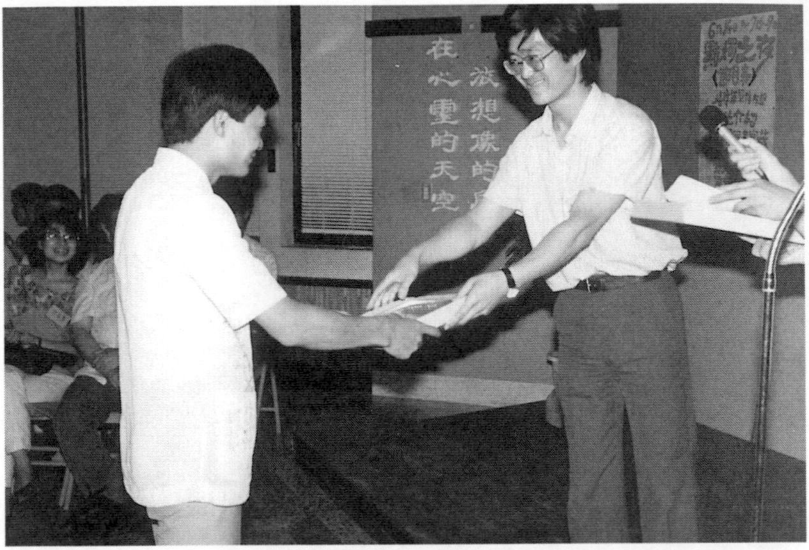

莊華堂（左）的首航，自陳義芝老師手中接下榮耀。

十、兒女成群

莊華堂

那天在公館郵局寄書，意外的碰到洪友崙。他問我，昨天怎麼沒有回到會裡團拜——糟糕，過年後心裡惦記著這件事，忙亂間又錯過了，又失去一次跟陸爸聚首，跟許多老朋友再話當年的機會。

不過，友崙與白靈老師的囑咐，一直放在心上，要我寫一篇，喔——他的口述歷史即將付梓，喔——原來陸爸已經快八十了，而我初入耕莘學習寫作，距今已經二十六年。喔——時間的車輪轉得真快，把陸爸的紅顏轉成白髮，把我的青春轉成滄桑中年。

1984年春新生的迎新會，當時筆者擔任小說組長。

我以「紅顏」來形容當年的陸爸，一點也不誇張。那一年，一九八三，我於耕莘的迎新會上初見的陸神父，英俊瀟灑不亞於秦漢，那白晰的臉白裡透紅，這樣的美男子，只有紅樓夢裡的寶玉差可比擬。我想，如果我是女性，絕對會迷戀他。

果不其然，後來就有一堆女孩子想要「嫁給他」，那是我擔任總幹事之後，經常碰到的疑難雜症之一。第一個跟我表白的，是我前任總幹事麗珍的妹妹——麗梅。有一天，我們坐在寫作小屋的榻榻米上，我突然發現這個小女孩眉頭深鎖，嘴角卻在微笑。我問她，怎麼了？低著頭，她說：莊大哥，我心裡喜歡一個人。然後腮幫子紅了起來，我心裡暗叫不妙：不行呀，我已經結婚了。她說，他沒有結婚，不過，我還不知道他能不能結婚？我放心的問，那人是誰？停了好一陣子，她終於說：真的，我好想嫁給陸神父。

那個年頭，我還搞不懂天主教與基督教的差別，當然也弄不清楚，神父與牧師，何者能結婚何者不能——不過麗梅那一句沒頭沒腦的話，卻像流行病一樣，每一陣子就會掀起漣漪，攪動耕莘一池春水，留下許多美麗的回憶。

那時代，「粉絲」的詞兒尚未出現，陸爸的粉絲已經如過年時台北車站的長龍，文萍、書帆、寶玉、愈智、豔芬、秀美、宜文、水仙、淑瑀……等等，可謂族繁不及備載。只是這些美麗動人的鶯鶯燕燕，誰都沒有如願嫁給陸神父，不過，陸爸也從來沒有變心，謹守著天主教義，終生未婚。二十年後驀然回首，陸爸早已經兒女成群，每年新春團拜，不同世代的候鳥紛紛飛回耕莘，那種家族大團圓的氣氛，特別是陸爸拎著一團紅包，笑盈盈的叫著你的名字，把紅包輕放你的手心，那種溫暖，那種如兄如父亦師亦友的特殊情愫，每一個耕莘人都刻骨銘心。

其實陸爸的兒女，何止那些青澀年齡的仰慕者，包括我們男會員也莫不是，就以曾經擔任過總幹事的，自友信、友崙、顯溥，到我、張基、天福、舜弘、其中，都跟陸爸情同父子。我擔任總幹事期間，積極推展工作，以及我在耕莘的長期文友老總時期的幹部，包括利華、善培、榮華、瑞蘭、少立、翠娟、秀美，以及我在耕莘的長期文友天陸、順儀、麗玲、任玲……等等，這些不同時代不同身份、族群，因為耕莘而匯集的人際關係網路，偶爾有機會聚首，話題當然天南地北，但是共同的話題總是耕莘昔日種種，以及，陸神父。

陸爸不但是兒女成群，經過老園丁長期的耕耘灌溉，許多人早已經開花結果。過去因為從事田調、劇場以及拍攝紀錄片，我在南來北往的行程中，就多次在芸芸眾生中巧遇耕莘人。例如十五年前我的劇團下鄉演出，採訪我的人是文化記者陳玲芳；十年前拍攝公視紀錄片集，協助我擔任總策劃的是小說家姜天陸；在彰化社頭從事福佬客田調的時候，協助我嚮導的是曾經擔任副總幹事的胡夏蓮；八年前跟我一起撰寫聯經少年讀物，是小說高級班時代被忽略的才女張慧美（張有漁）；六年前引導我主持台北縣「台北客家影像」製作，是時任企劃總監而曾經擔任總幹事的翁桂穗；那一年我到南投縣領小說獎，跟我一起領獎並向我打招呼，是現任駐會導師的李儀婷；兩年前代表中央大學客家學院製作「客家傑出工作者」，採訪我的人是與我同期的老會友廖純瑜；最妙的是過年前一陣子，我到客家委員會辦事，某科長要介紹我認識上司處長，進她的辦公室，她卻叫出我的名字，居然是曾經以副總幹事與總幹事結縭的蔡明吟，楊理事長的夫人……。

值此陸爸口述歷史出版前夕，信手拈來書不盡懷，雜亂不成章句。最後敬撰一聯為永遠的大家長，陸神父祝賀：

達成宿願　兒女成群樹連枝

誠達天主　候鳥千百星滿天

* 莊華堂，前耕莘寫作會總幹事，小說家。

十一、陸爸的專車接送

凌明玉

某天早上去耕莘上課時，剛好下起大雨，忽然想到今日要在女性文學班授課的作家就住我家附近，於是立刻打電話給他，表示可搭我的車順道去耕莘。

陸爸頒發傑出會員獎給凌明玉。

一上車，他揹著Notebook、夾著雨傘，拍落身上的雨滴後，鬆了口氣說：「沒想到現在去耕莘講課，你們服務這麼好，還有專車接送。」

「欸，沒有哇。不要亂講喔，這是響應節能減碳，耕莘沒有專車接送啦。」

我開玩笑的回答，並一面思索此風不可長，否則每位來耕莘上課的老師都要專車接送，大概我可以發展副業、兼差跑計程車了。

那是前年的女性文學秋季班導師時的事，他也是我唯一順道載過一程的老師。

專車接送事件發生不久之後，我和儀婷突然被知會要去幫忙陸爸口述歷史的工作，當時我們手上皆有之前應允的書稿正在進行，於是就找了幹事會的Killer來負責採訪和撰文，由我和儀婷在一旁協助審稿。在開採訪工作前會時，我邀了住在新莊的老會員徐正雄同來，心想在新莊採訪時或許有需要他協助之處。

開完會後，徐正雄隔天撥了電話給我，「明玉姊，妳知道嗎？昨天陸爸堅持要開車送我回家，而且他一路上還和我聊天，我們聊得很高興。但後來我覺得自己很不應該，他喉嚨都沙啞了，真覺得過意不去啊。」他的語氣充滿不安惶恐。

當時一聽，只認為這是陸爸的熱情又發作了，未多加思索，便安慰徐正雄：「你們都住新莊嘛，你當作陪著陸爸回家不就好了。」

後來採訪工作開始，我跟了幾次採訪，才知道陸爸的聲帶受過傷、開過刀，因此放棄了他最愛的歌唱，知道了他修道的艱辛歷程，也知道了陸爸的孩童小名叫做「毛毛弟」（居然和棒棒堂可愛的毛弟只差一字，但我沒告訴陸爸，畢竟拿神父的小名和偶像團體相比實在太不敬了。）

我發現自己加入寫作會後，從未與陸爸相處過這麼久的時間，遑論聽他談一些兒時趣事、修道過程以及寫作會的沿革，若不是事先應允的書截稿在即，真不想錯過任何一次的訪談呢。

每回一行人去輔大採訪，陸爸總會很擔心我們這些女孩的交通問題，甚至想到捷運站接送，大家不約而同的請他不要憂慮，他眼底總會閃過一點點失望。那失望淡淡的，我卻拾到了一絲莫名的感傷，曾經我在返鄉要回台北時，在父母的神情也看到同樣的失落。

後來在審校文稿時發現，原來早在張志宏神父創辦寫作會時就有「專車接送」講師的先例。我的記憶抽屜突然逐一彈跳開來，在八〇年代參加寫作會之初，我似乎曾看過陸爸和白靈老師接送幾位老師，雖然不是每個老師都能服務到家，但每次陸爸總要把老師送到電梯門口，還要再三關切老師返家的交通是否順利平安。

很多曾來耕莘講課的老師因此而感受到，寫作會比起其他寫作組織多了一些陸爸的愛和關心，九〇年代當我接任課程編排工作時，邀請授課老師特別順手。作家們總不忘要我和陸爸問候，而回到耕莘講課，老師們常說就像回家一樣，因為眾多作家在大學時期初始接觸寫作之處正是耕莘啊！回到耕莘是為了看看陸爸，看看這個溫暖的地方。

而我終於也想起來，那年到寫作會上研究班，我曾經坐過陸爸的「專車」，陸爸堅持要送我回家，他說順路，我也就厚顏無恥的坐上車。那車子方方大大的，我還記得，陸爸說：「這車子是玉鳳借給我開的，她對我很好，說她用不著，我也就一直開，於是就變成我專用的車了。」

我不知道還有多少人坐過陸爸的專車？在車上陸爸一定會一路與你聊天，從寫作聊到家庭，從陸爸認識的會員們聊到他學校指導的研究生，我和陸爸從辛亥路聊到中和的途中，一直覺得自己臉頰燒燙，連耳根子都紅了。我不過是剛去寫作班上課的學生，陸爸是寫作會會長欸，怎麼能讓這樣的大人物送我回家啊。

從那件事以後，過了兩三年，台北有了捷運，很多學生皆利用捷運到耕莘上課。後來陸爸的車變成一台小小的車，好像還是有很多寫作會的學生曾經坐過他的車。

不過，從此我就常想著，等我學會開車，要換成我來載陸爸，讓我專車接送他，到他想去的地方。

＊ 凌明玉，小說家、散文家，耕莘寫作會講師。

十二、與項退結相知相惜的陸神父

易利利

一個夏末的黃昏，我牽著才兩歲小亨的手，走在耕莘文教院外牆、羅斯福路旁的人行道上，小亨的爸爸向來腳步快捷，早已走在前面約十步遠，跟沈清松教授聊著。細心的陸神父走在小亨的另一邊說：「我在大陸的哥哥跟項退結老師很熟，他當年寫的『新答客問』影響了許多人。」這是我初識他，也是我第一次聽到我先生早在廿四歲時就寫了這麼一本書。很慶幸的，在我先生過世前兩個月，腦筋還算清楚時，由於上智出版社鄧修女的青睞，讓他目睹了這本書的再版，書名經他同意，改為比較白話的《解開信仰的困惑》，當時陸神父寫了一篇備極推崇的「推薦序」。在我先生於二〇〇四年九月九日過世時，陸神父也立即寫了一篇追悼文章，刊登在教友生活的社論欄，文中再次提到這本書：在當年大陸神父紛紛被捕下獄時，是很重要的一份信仰裝備。

也因為有着前面一段淵源，我先生得知陸神父拿的是法國巴黎大學哲學博士學位，在看了他的博士論文後，於他擔任政大哲學系系主任時，毫不考慮地聘請陸神父為哲學系教授。聘請的過程中有段插曲，當時的政大校長曾找我先生去談話，認為方豪、趙雅博兩位神父才先後退休，又

項退結教授（右三）八十歲生日。

進來一位神父，不大妥當。我先生回以他請老師是看一個人的學問、品德，何須在意他的身分，何況巴黎大學的哲學博士是頂尖的，可不是輕易就能取得的。校長也就不再有微詞。

從此我家常成了好幾位哲學教授們討論哲學或神學問題的聚點。猶記得在解放神學盛行時，我們也曾遠征陳文團教授的家，那次我特請在光啟任職、也參與中華基督神修小會一些活動的魏成文女士代為筆錄，發表在小會的刊物《心泉》上，引起海外會員很大的迴響。

我自結婚後即從吃辣的湖南人，不得不學做偏甜的寧波菜；又因為他們大都是修院出身的，已習慣中菜西吃，往往一頓飯下來，我得洗一大堆的碗盤，挺累人的。不過，每次得知他們要來聚會，我還是興奮得很，因陸神父不只會彈鋼琴，還會拉手風琴，陳文團教授會吹笛，我先生會彈鋼琴，谷寒松神父愛唱歌、歌聲好，更是人人皆知；開完會，大家彈琴唱歌，孩子們也來湊熱鬧！至於洗碗盤麼，且先擱置一旁吧！只是飯桌上陸神父一向是幫人夾菜的時候居多，自己吃的很少，所以後來獲知耕莘寫作協會的學生都喚他作陸爸爸，我一點也不驚訝。

陸神父後來為了教育部通過輔大設宗教系，不得不離開政大的教職，我先生雖嘆可惜，卻也為教會有這難得的機遇而不得不高興、放人。

他們倆的相知相惜還不止於此。有一天，我先生取出他早年做的一首曲子，填上天主經的詞，問我和孩子們好不好聽，我們本是門外漢，只說還不錯，沒想到他會興致勃勃地拿給當時帶領耕莘聖詠團的陸神父過目，陸神父連聲讚好，這首歌就這麼很快地傳唱開了。已逝的楊敦和校長夫人林杏娥女士臨走前不久，還向我說她最喜歡的「天主經」曲子，就是我先生寫的。

我先生病重的幾年，兒子在服役，女兒在台中曉明女中任教，我在上班，平時家中白天只有他和菲傭，冷清清的。除了谷神父每天清晨八點會打通電話向我先生問好，讓他有生活下去的勇氣；每逢過年，陸神父、房志榮神父、谷寒松神父、田默迪神父一定同來我家探望，給我們一家帶來莫大的溫暖。

今年女兒的婚禮上採用了她爸爸寫的「天主經」，領主詠用了她自己寫的「想愛」。父女倆在婚禮彌撒中如此相遇，我想陸神父感觸特別深。待他共祭完，我迎上前去要送他一個紅包，他說：「我不能拿。本來我今天要去菲律賓的，為了這婚禮，我特地改成明天。」我知道他把小琦是當著自己的親人來疼的。

同樣，我們一家人也是視這幾位神父如同自己的親人來敬愛的，這也是在女兒婚禮上請他們共祭的原因。我先生在天上見到這麼隆重的婚禮，這麼多好友的祝福，不知會有多欣慰！

＊易利利，中華基督神修小會秘書，國立政治大學哲學系主任項退結夫人。

十三、春風化雨——記陸達誠神父

萬致第

一九六七年，陸修士結束了菲律賓的課程，回到輔大神學院念第二年神學。他受神學院院長張春申神父委派，每個主日下午到台北基督生活團服務中心，幫助中心主任鄭聖沖神父推展各項活動，特別是二週一次的神學專題討論。這是每一個神學修士都有的課外牧靈工作，從此我們就同這位修士結了緣，迄今已有四十年了。

我們在服務中心的天地元后聖母會會員，就成了陸修士輔導的對象。服務中心的會員受到朱勵德神父和鄭聖沖神父的寵愛，有些不知天高地厚。大部份的會員都是快快樂樂，瀟灑自在，又皮塌塌的。修士一定被我們瘋瘋癲癲的樣子震憾到了。開會的時候，他坐在後排，發言不多，但很專心聽別人表達的意見。

次年暑假，在輔大有一英語訓練營，在營中學習英美文化習俗。有許多美國修士由新竹來幫忙，他們除了教英文會話外，組織了一個神風隊，吹奏爵士樂，好讓我們見識美式休閒文化。飯後休息的時候，這批應屆畢業生又拿修士開心。有一位男同學教修士說國語：如果受委屈，就告訴長上自己是童養媳，這位修士不明就理現學現賣，真把我們樂歪了！我們可以說是人見人「哎」呀！還記得張宇恭神父非常慈愛地警告我們要收斂一點。陸修士常從輔大神學院來大學部看我們耍寶。都是修士，和美國修士一比之下，顯得陸修士非常內斂，可以說是很有深度的書生。

曾幾何時，修士在一九六九晉鐸。第二年去法國巴黎大學深造。學成繞道北美歸國。這時候的陸神父活絡了許多，比美鄭媽媽神父，吃飯時給我們夾菜，亦會到廚房幫忙，常常被我們拉出來，說他愈幫愈忙，神父說他去廚房幫忙，是被法國好友訓練出來的。這可能是他有「爸爸」的形象之始。直到有一個機會，聽了神父的演講，才驚覺到神父這十年來的潛心苦讀，在學術的造詣如此精深，而行為態度如此謙沖，令我們這批老友嘆為觀止。

神父服膺馬賽爾哲學而把它發揚光大。在一九七〇年代末期，那裡有人談ＥＱ，神父的聆聽哲學就是一例。在靈修輔導時，神父坐在對面全神貫注的聆聽，在聽的同時完全的給予，使說話的人能夠在形而上的無言之境中得到更深一層的溝通時，體會新的領悟，使心靈得到釋放。而ＥＱ的特質就在無聲的肢體語言之中。記得陸神父陳述馬賽爾哲學時曾說，與逝去的人溝通就像在佈滿星光的夜晚，有雲層遮擋了星光，這雲層就是自己為俗世繁忙而遮掩了溝通的渠道。同理而言我們基督徒的靈修不也是要保有一顆澄明的心，才能與基督對談。神父的哲學，確實直入道心。

神父在一九九二年離開政大，受命到輔大成立了台灣第一個宗教系，系裏設有世界各大宗教的課程。他常與各宗教領袖，如聖嚴法師等來往，互相交換期刊與著作，這是拜梵蒂岡第二屆大公會議之賜。神父以謙謙君子之風，在學術界可以穩住新生的宗教系，使以後不少同類的宗教系所在各大學也成立起來。神父教書外也帶領耕莘青年寫作會，相信有不少作家會分享寫作會的輝煌成果。

縱觀神父令人敬服的特質，是誠以待人，對每一個人都非常尊重，神父把司鐸的天職發揮的淋漓盡致。才能在各種機緣下，循循善誘，愈顯主榮。陸神父，謝謝您的帶領和教導！

* 萬致第，基督生活團服務中心會員。

十四、彈琴說笑陸修士

莊阿田

新竹市北大路天主教磊思青年中心是六十年代由杜華神父創辦，培育台灣中學生接受天主教信仰，成為日後傳播福音的種子。耶穌會每年輪流派遣一位神父或修士，長住在青年中心幫忙杜華神父，在這樣的因緣下，某一年，陸達誠修士來到中心，接替陳禮耕神父的工作。

講笑話高手

打從第一天見到陸修士就對他十分著迷。當時幾十個學生圍坐成一圈舉行同樂會，杜華神父操著流利的國語，以很美式的幽默，帶著三分戲謔說：「我來介紹，這位是陸修士，耶穌會把他派來我們這裏幫忙，算是廢物利用。」說著他就大笑起來，學生們也笑成一團。

時間相隔近半世紀，已經記不清詳細內容，只約略記得「從大陸來」、「上海」、「養病」、「離鄉背井」等片斷字眼。

接著陸修士講了一個「口吃先生」的笑話當見面禮：有一個口吃先生，說話很辛苦，講老

莊阿田與陸爸，攝於1962年。

半天才勉強說一句話。有次他口渴得利害，看見一個小販在路邊賣汽水，就過去問他多少錢一瓶，小販答說五元，又問他要不要，口吃先生說：「我、我喝、……」，還沒講完，小販聽見他說喝，就用開蓋器把瓶蓋打開，不料這位口吃先生還在繼續：「喝、喝、喝不、不起。」

這笑話讓我們這群毛頭小子笑得東倒西歪，陸修士就這樣開始了整整一年，與我們朝夕相處的生活。

平日，陸修士帶領我們做完早課默想，然後我們各自去學校上課。下午，我們從學校放學回來，陸修士陪我們打籃球；傍晚時分，更帶領我們沿著聖堂與聖母假山之間的小徑唸玫瑰經，晚間陪我們晚間自習。

晚禱前，陸修士會給我們講解明日默想題目，陸修士總不忘給我機會幫他在小黑板上抄寫綱要。主日上午要參加彌撒及教義課，下午他陪著我們打籃球或打棒球，有時還會踢一場足球。

之前，都是杜華神父以跳躍的言詞講「道理」課，相較之下，陸修士講授的「道理」課就讓人覺得耳目一新，貼近平易。從早晚禱、默想到以聖人言行為榜樣的修行，都有活潑的詮釋。

才藝超群

陸修士在上海天主教世家長大，從小就學鋼琴彈奏。經常在主日彌撒中彈奏電風琴，讓我們的心靈跟隨著美妙的樂曲（後來才知道那些都是古典聖樂），祈禱變得更豐富甘甜。

至今，還依稀記得夏日午後時分，微風陣陣夾雜剛剛上完地板蠟的香味，我們這群小鬼圍著陸修士教我們彈風琴的情景。那時候，幾乎每個同學都能以雙手彈奏一小段帶有伴奏的樂曲。如果沒有記錯，歐先望應該是彈得最好的，不知現在還彈嗎？

陸修士不只彈一手好琴，還寫一手好字。尤其在當年只有中國大陸才使用簡體字，在白色恐怖的台灣戒嚴時代裡，還是禁忌之一。陸修士的龍飛鳳舞簡體字，真教人又愛又怕。我從小喜歡模仿老師寫字，陸修士的字更教我非模仿不可。學著寫簡體字，連寫作業也用簡體字，到學校更被老師訓斥一頓。

燒焦帶鐵刺繩鞭

那年夏天一個早上，杜華神父與陸修士帶著一車子的中學生準備出發去郊遊。然而，陸修士居住的房間卻疑似電線走火，起了火災，意外地幾乎燒掉陸修士的全部家當，也燒出一個耶穌會修士刻苦修行的祕密。

火災後我幫忙整理，從溼漉灰燼裡起出用來自我鞭打肉身的帶鐵刺繩鞭，束縛腿部的帶鐵刺環，以及一箱箱寫滿清秀字跡的燒焦卡片，衣服倒是沒幾件。

卡片裡，分別記錄著各式各樣心得札記，分類整理放置。陸修士告訴我說，平時就要用功準備，一旦需要時，就能很方便抽取，彙集成講稿或是文章。

歷經將近五十年，就在那一年裡，陸修士留給一個十五歲孩子的印象，跟當年隔窗看到火舌的驚慌與餘燼的焦味，同樣深刻。

* 莊阿田，新竹至潔老友會員。

十五、愛的酵母，陸爸

應芝苓

一九七八年的暑假，我單槍匹馬參加耕莘暑期青年寫作班，那還是我生平頭一遭克服環境的陌生，為滿足自己對文學、寫作的喜愛所做的冒險呢！一百多個來自不同地區的莘莘學子齊聚一堂的盛況，令我咋舌。鼓起勇氣，以不順暢的言語，在小組裡分享自畫像，並曾上臺飾演賈母，對我這個「見光死」的人來說，原本是很需要經過一番努力的，但在這團體裡，似乎只要有那麼一點突破的意願，就得以伸展，且生出信心來。這為我是十分奇特的經驗，是我不曾有過的。

豐富的各項文學相關課程、親睹作家風采及學員間的討論，的確滿足了我的夢想和拓展了我的視野。一個月的時間，這樣短期的學習園地，竟有著令人願意久待及投身的吸引力。於是我決定繼續參加學期制的寫作會。就在投身、抽離的擺盪中度過了整整六個年頭，直到我接受電話另一端陸神父邀請我擔任寫作會總幹事後，我才認真的探究那令人願意久待、投身的吸引力來自何處？

早在暑期寫作班時，年方四十四，人稱「陸爸」的班主任陸達誠神父，曾在始業式介紹寫作班的創立，並提到張志宏神父；我這顆遲鈍的心，在寫作會浸泡六年後才開始動工，注意力轉移到這塊肥美園地的核心。若說張志宏神父是那已結出許多子粒、落在地裡死了的麥粒，那「陸爸」便是充滿內在活力、富感染力的愛的酵母。接任總幹事時，我只有一個念頭，就是要讓這塊園地內蘊的愛的本質繼續傳衍。其實，那時的我連慕道的念頭都還未萌芽呢！

我相信許許多多跟寫作會結緣的人，都捨不得把這園地弄得複雜或沾染穢氣；而曾經驗到被接納、寬容、尊重的，誰還忍心帶著刺、帶著面具、帶著矛盾到這兒？有幸遇到這麼一個在乎你的參與、投入，不怕你出紕漏的「爸爸」，你會不長大？你會繼續封閉心靈？

長期以來，耕莘寫作會為臺灣文壇培育了挺可觀的人才，那是看得到的成果，他們的作品得到相當的肯定；雖然張神父最初創辦時並沒有如此預期，只是單純的想提供一個園地給青年學子們學習翻譯、寫作，藉此他也能多接觸青年們並為福音播種。沒想到經過陸爸的長年經營，竟為臺灣文壇造就了不少人才。

每期寫作會出版的《旦兮雙月刊》總會留下一個版面，表列出所有歷年會員近期發表於報章雜誌作品的相關資料，陸神父散見於各刊物的作品也被收列，無疑的，這片園地有著相當旺盛的創造力。是怎樣的環境醞釀出這一片繁花勝景？我想大概應歸功於那充滿自由、讓人心靈可以舒展，又有無限善意的氛圍吧！其實也有相當多的人只是動耳（聆聽）、動心（領會），不一定動筆，但他們的生活中倒也像是一頁頁耐人細讀的生命樂章呢！這些果實相信是陸爸最感欣慰的吧！

記得筆者在光啟（視聽）社與梁德佳神父聽道理時，梁神父原打算讓我和兩位男女青年一起，後來神父改變了計畫，他說：「我單獨為妳講要理，你已經有祈禱的經驗，他們兩人還需要先證明天主的存在，一起聽道會影響你的進度」。

領洗不滿三年，我準備入修會，陸爸對另一位神父說：「她是坐火箭的」。我一直沒有機會公開表達，其實，我的信仰基礎是在寫作會的那七、八年中悄悄奠定的。縱然我遲鈍，天主聖神卻是可以穿透；縱然我未親身經驗過張神父對青年的愛，陸神父那充滿內在活力、富感染力的愛的酵母，是未嘗停止發酵的啊！

也許陸神父對自己在寫作會的福傳成果不甚滿意，身為福傳者總希望有豐盈的具體成果。他會感慨地告訴我：希望多一點教友參加寫作會，一方面為教會培育文字福傳人才，一方面提供教外人與教會的接觸面，而不是只有他這個點。

恭賀陸爸榮獲五四文學教育獎，我誠心祈求上主降福，能如他所盼，有更多教友參加寫作會，並接近教會外的朋友。但筆者在此仍要強調：人們心內渴望的是經驗到愛的價值，被接納、寬容與尊重，才是永遠最具說服力的的見證。在陸爸身上，我看到、也深深體驗到這個見證的力量，相信許許多多寫作會的朋友也和我一樣。

* 應芝苓，瑪利亞方濟傳教女修會修女，現居法國巴黎。

十六、不只是好人

Killer

在一次聚會上，許多老師異口同聲地說：「陸神父真是個大好人啊！」從那以後，我就常聽到我們親愛的會長不時自嘲著說：「反正我是老好人嘛！」老實說，聽了還真有點尷尬。

老師們當然是誠心誠意讚美陸爸，問題是，這年頭「好人」這個名詞已經不是那麼好了。這字眼通常在形容一個人除了不會做壞事以外，就沒有值得一提的地方，甚至還有「沒個性，耳根軟」的感覺，套句現在的流行語，挺囧的。

話說回來，在我投入這次口述歷史工作之前，要是有人問我，耕莘寫作會的會長是什麼樣的人？我八成也會回答：「陸爸人很好。」（更囧……）

在印象中，陸爸給人的感覺是位慈祥的長者，溫和又風趣，永遠帶著笑容，每次見了幹事們，總是努力記下大家的名字，總是真誠地鼓勵大家。除了「大好人」，還真找不到其他字眼形容。

就像白靈老師說的：「陸神父真的很像爸爸，一直默默地支持你，看著你成長，但是你不會很了解他。」我想這大概就是原因吧。

耕莘青年寫作會幹事會成員、本文撰稿者Killer。

直到我有幸加入這次工作，在每週兩次的訪談中，我終於能一窺陸爸的內心世界。他的成長經歷和求學過程，曲折又精彩的人生，簡直可比美連續劇。聽到他法文不精，卻仍然隻身遠赴法國攻讀博士，過人的勇氣跟毅力，在武俠小說裏已經可以當大俠了。

其實陸爸是個很有主見和想法的人，但是在團隊中，他常常選擇做一個沒有聲音的人，是為了讓其他成員們盡情發揮，達到腦力激盪的效果。耕莘寫作會幾十年來堅定不搖的向心力，正是由此而生。當他面對和他不同信仰，生活環境不同的人們，他也總是能尊重對方，絕不會強加他的信仰在別人身上，任何人和他相處都覺得輕鬆自在。

要把自己的心意暫時放下，接納別人的想法，這一定要有海洋般的胸襟，陸爸做到了。讓我深深體會，修養好的人，會因信仰而變得更好。

其實我很久以前就知道耕莘青年寫作會這個團體，但是一看到是位神父創立的，現任會長也是神父，直覺就認為一定都在傳教，一直沒有踏進來。等到機緣巧合加入了寫作會，才發現之前都是誤解，寫作會真的就是個純文學的天地，學員可以快快樂樂在這裏享受文學之美，不受任何因素影響。此外，寫作會要選幹部還要值班的作法，也讓我覺得很特別：別的寫作團體要做這些事嗎？直到訪問陸爸之後，才知道這已經是三十幾年的傳承了，代表無數學員的無私投入，還有陸爸長久以來苦心培育扶持，一路走來步步艱辛，比任何小說都要刻骨銘心。

現在，只要聽到有人說：「陸爸真是個好人！」我就會忍不住想糾正：錯了，陸爸不是好人……（錯更大）。應該說，不可以發好人卡給陸爸，因為在耕莘青年寫作會的學員，還有他栽培的無數學子心中，陸爸是超級巨星。

* Killer，本文撰稿、通俗小說家。

陸達誠神父年表

西元一九三五年（民國二十四年）　七月出生於上海董家渡。

- 曾祖父當年是木材商，家道殷實，父陸慶雲自幼受西式教育，並四處旅遊。
- 母王雅雲（桂貞）比父親年長一歲，外祖父是中醫師。母親有一姐二弟（同母手足），皆修道獨身。母親受外婆影響，信仰非常虔誠。在董家渡就住一起。
- 父親年輕時，曾參加公教福傳活動，每週去各個鄉村傳教，並且請神父幫村民付洗，還自掏腰包興建教堂。此外父親對窮人十分慷慨，曾經將薪水袋原封不動交給堂弟救急。母親雖然曾笑父親胳膊往外彎，自己也常施捨路邊的乞丐。
- 家中有五男二女。長兄達源，長姐達德，二哥達初，三哥達本，四哥達真，么妹達安。
- 大哥很早就入耶穌會當修士；大姐聰明伶俐深受父親寵愛，可惜二十七歲即因肺結核過世。二哥三哥是雙胞胎，相貌酷似可愛，也很得父母疼愛。四哥天資過人，才華洋溢，只是脾氣較暴躁，小時甚至曾拿刀追弟妹。么妹在日後兄姐全部離家之後，獨力擔起家中重任照顧父親。

西元一九三七年（民國二十六年）

- 中日戰爭，遷至法租界永嘉路。外祖父母住一樓，家人住二樓。十一月日本佔領上海。
- 父親在中法中學當法文教師，收入頗豐，並且交遊廣闊。
- 入學前每天都陪母親上教堂望彌撒，如果下雨不能出門就在家中做早課，受母親身教影響，從小認定修道是最好的志向。
- 四歲時進幼稚園，因為想家而逃課，被父親打了一頓。這是記憶中唯一一次被父親體罰。但是也得以晚一年再入學。
- 父親較為嚴格，家中兄弟皆畏懼他。但是父親工作較忙，很少管教子女
- 幼時相當頑皮，母親時常袒護。偶爾體罰是用針輕刺大腿，略收威嚇之效，很少責打。母子感情深厚。
- 小名是毛毛弟。

西元一九四〇年（民國二十九年）

- 五歲入幼稚園，六歲上小學。

西元一九四一至一九四七年（民國三十至三十六年）　小學時期。

- 六歲初領聖體，母親祈禱將來做神父。
- 母親希望五個兒子全部從事神職，常指著手背的綠色胎記，要兒子們不用照顧她的晚年，將來去老人院用這塊胎記認她即可。
- 母親在聖伯多祿教堂結識了楊阿姨，她有通靈的體質，一次回常熟時不幸被邪靈附身，她的乾妹將阿姨送到陸家向母親求救，母親找來教堂的佘神父為阿姨驅魔。之後楊阿姨拜外祖父母為乾爸乾媽，叫母親姐姐。
- 楊阿姨看見外祖父母和陸家一家人頭上都有光芒，來看熱鬧的鄰居小姐頭上無光。
- 七、八歲時的聖誕夜，在睡前要求跟母親一起去午夜彌撒，卻因為睡太熟而沒趕上，半夜一點半獨自溜出家門，走六條街去教堂。
- 個性易受影響，不知前因後果放學後跟著同學去法國公園打架。
- 幼年時頑皮，學啞巴乞丐講話，焉知啞巴乞丐竟開口罵人。
- 不愛念書，只喜歡踢球，或去路邊租書攤。
- 看古典小說改編的漫畫書，成績不佳，四年級時平均成績只有五十九・九四分而留級半年。
- 這階段常有美軍飛機轟炸，學校因沒有日本人而倖免。在家中時，若是聽見飛機聲就將棉被堆成一堆，躲在裏面祈禱，並將顯靈聖牌丟到屋頂。

西元一九四五年（民國三十四年）　日本投降。

- 小五時想跟著二哥三哥四哥一起進慈幼會修道，父親不准。私下跟同學一起帶著行李去慈幼會敲門要求收納。因為沒有父母同意而被神父拒絕。

西元一九四七年（民國三十六年）

- 小學畢業，進入徐匯中學念初一。

西元一九四八年（民國三十七年）

- 因四哥離開慈幼會，得以入慈幼會備修院。
- 要讀義大利文和拉丁文，喜歡唱歌，唱過歌劇「鄉村騎士」的合唱女高音部。學彈風琴。
- 因為聖名為鮑思高，故得到慈幼會神父的喜愛。慈幼會只有農曆新年初二可以回「娘家」半天，每個月由神父帶隊出外散步一次，其他時間皆留在修院中與世隔絕。每天常在牆上畫線量身高（發育期）。

西元一九四九年（民國三十八年）

- 外公病重，回家服侍，外公因痰卡在喉頭而過世。外公的乾兒子帶著家人前來奔喪，其中有一名同為十四歲的女兒。兩人一起看書，偶爾膝蓋相觸，初嚐心動的滋味。僅有淡淡的情愫，並未進一步交往。喪事結束後少女隨家人離開，從此未再相見。

- 回到修道院，但是許多熟識的神父和高班的同學都已經離開上海，去了香港。氣氛很不一樣。
- 中共五月二十四日佔領上海，國民黨撤退前在附近江南造船廠內設置定時炸彈，凌晨爆炸時聲音巨大，院內學生飽受驚嚇。
- 離開慈幼會回家，決心將來做什麼都行，就是不做神父。回到徐匯中學降級念初二。跟四哥學彈鋼琴，並參加三個聖詠團。因么妹的關係結識鄰居一位小妹妹，開始來往，會面時都會帶妹妹作陪，未到戀愛程度。後來小女友跟著家人搬去北京。

西元一九五〇年（民國三十九年）

- 沒念初三就考上位育高中，位育高中是由民主黨派創辦，學校聘請大學教授來教生物、化學及物理課程。
- 和妹妹的一位同班同學交友，兩人都喜歡文學，興趣相投。閱讀很多中外小說。
- 四月二十七日，母親因積勞成疾過世，享年五十二歲。

西元一九五一年（民國四十年）

- 姐姐因肺結核入院，不慎咬破溫度計，隔天即去世，年僅二十七歲。

- 上海教會活動受中共壓迫。教堂活動常被人監視錄音，人人自危。中共提倡三自運動——自養、自傳、自管，想藉以控制中國信徒，並要求徐匯中學校長張伯達神父配合。張神父拒絕，因而入獄，三個月後過世，得年未滿五十。上海教友被張校長感動，更加熱情獻身宗教。
- 舅舅王方神父是張校長的副手，張校長入獄後，外婆擔心舅舅被牽連，一夜盲眼。
- 受朋友影響，常去君王堂聽講道。君王堂風氣活潑，本堂是朱樹德神父，負責教導成人；副本堂朱洪聲神父，負責培育青少年。兩人皆多才多藝，極有人望。
- 聽蔡石方神父講道，感受到神父身上散發出虔誠神聖的氣息，有不可思議之美。每次聽完講道，大家都留下來熱烈討論，不願離開。常舉辦音樂晚會，或演出戲劇，青年男女皆情同手足，完全不怕中共迫害，對小兒女式的感情也沒有興趣。

西元一九五二年（民國四十一年）

- 高三，大學聯考在即卻完全無心念書，心力皆投入教會活動。上有些課都在看大部頭翻譯小說，下課回家練完琴就往教堂跑。物理幾乎沒念，數學成績亦差。設定四大志願：醫科、音樂、化學、新聞。實際上對未來志向仍然十分懵懂。
- 十一月十一日，張伯達校長去世一週年。領完聖體回去祈禱的時候，忽然失去知覺，彷彿被大浪沖捲，感應到耶穌要求奉獻。先是拒絕，之後因恩寵力量太過強大無法抗拒，同意之後即清醒。頗有一見鍾情般的喜悅與震撼的餘韻。從此決定一生的志向就是當神父。

- 告知匈牙利籍靈修導師（神師）Papilla，神師指示暫時保密。長兄陸達源發終身願，前往觀禮，心中嚮往，告知Papilla希望將來也能像長兄一樣發終身願，Papilla建議入耶穌會，引見耶穌會會長格壽平（Lacretelle）神父。格神父建議先到徐匯修道院修道。徐匯修道院是屬於教區修道院，委託耶穌會神父管理。院長是金魯賢神父，小修院兼文學院院長是陳雲棠神父。陳神父指示先去上大學考驗自己的決心，金神父則建議入修院和大家同甘共苦。

西元一九五三年（民國四十二年）　徐匯修道院

- 決定不上大學，為專心修道，成為位育中學唯一不參加升學考試的學生。
- 八月入修道院，我二舅王方神父陪送。當天有十六個新生進去，其中也有伯多祿堂和君王堂的朋友。
- 開學時，龔品梅主教前來主禮。謝聖體時，唱「以色列的天主何等美好」，主教拭淚。
- 進入文學院學習拉丁文、英文和古文及新文學等。
- 與世隔絕，沒有報紙。除了看病和旅遊不能外出，每月一次去徐家匯聖堂參加聖體遊行。
- 日常作息：每天早晨五點半起床，體操，六點早課五分鐘，默想三十分鐘，彌撒四十分鐘。七點早餐，八點至十二點上課，分兩節。十二點讀聖經，十二點十分省察，十二點十五分至十二點四十五分午餐。四人一桌，均不交談，有人負責朗讀聖書。下午散步二十分鐘，自修，兩點至四點上課。接下來是勞動或運動時間，五點至七點是神聖時間，不可交談，專心作作業。七點晚餐，飯後散步等。九點半是自由時間，十點半到十一點之間就寢。

・因為有了讀書的動力，非常認真讀書，拉丁文成績很高。院內常作的運動是足球，勞動包括種菜、養雞、養兔子、掃地，或到圖書館搬書。

西元一九五四年（民國四十三年）

・二月二日去蘇州郊遊，回程聽同行一位吳（豫耘）修士講聖母瑪利亞，大受感動，開始把聖母當成自己的母親。

・三月二十五日按蒙福之《虔誠禮敬聖母》一書方式，奉獻自己於聖母。六月下旬暑假回家，主持兩個高中男生的小班，講授奉獻聖母的敬禮。

・因勞累過度，回到修道院後，照X光發現罹患肺結核。受院長金神父指示，前往會見神師嚴蘊樑，討論加入耶穌會事宜。嚴神父是詩人，也精通神學。談到入耶穌會的意願時，立刻淚流滿面，嚴師確實感受到決心。建議舉行九日經（連續祈禱九天）以確認。

・在九日經期間，搬書時聽到肺部有怪聲，第二天即咳血，被醫生命令回家休息。嚴神父認為是上天同意進耶穌會的徵兆，建議回家養病並準備初學事項。

西元一九五五年（民國四十四年）

・回到家中，父親非常擔心病情，本人卻心情平靜，毫無憂慮。

・與四位神父〈三位國籍一位西班牙籍〉會談，神父將訪談結果寄去羅馬，請總會裁示。

- 每週回修道院一次，向嚴神父辦告解並學習耶穌會的會規。有一位同修朱修士。對其他人都保密，因那時耶穌會的處境有危險。
- 五月二十四日與嚴神父見面，神父告知已獲准加入耶穌會，要我簽名。耶穌會的會規撮要共五十二條，但嚴神父從六月到九月只教了一條：天主聖神在我們內心印刻的愛的法律的有效性超過任何的外在法律。嚴神父預見自由的時間已不多，要加深內在奉獻的精神。
- 在家養病期間，由於藥物缺乏，只能打鈣針，營養亦不充分。被醫生嚴禁活動，大部分時間只能躺在床上。早晚祈禱神望彌撒，有時彈一下鋼琴或聽聽音樂，雖然行動不自由，身體也不適，心裏卻非常平安。
- 數月休養之後，病況稍有改善。
- 八月二十二日回到修道院準備開學。
- 九月八日中共一夜間逮捕八百多名活躍教會人士，包括徐匯修道院的金神父、陳神父及長兄陸達源，以及君王堂的兩位朱神父。夜裏全體修士被集合到大廳，警察一間間搜房間。因身體不適到隔房躺椅休息，因而被警方遺漏未查。回房後，撕毀可能被當成對別人不利證據的日記並丟棄。第二天同修的朱修士被捕。在監視下度過數週，未被捕的修士全部被下令回家。在家中繼續耶穌會的初學。
- 年底公審教會人士，龔主教被判無期徒刑。

西元一九五六年（民國四十五年）

- 因健康改善，前往向明中學補習準備考大學。另外跟一位美籍華裔的韋修女（sister Candida）學習英文。代韋修女填寫前往香港的申請書，自己也順便寫了一份，申請前往澳門。因為到澳門的簽證較易拿到。
- 參加大學聯考，但故意交白卷而落榜。
- 落榜後曾單獨到聖母顯靈聖牌教堂避靜三天，定志寧死不做違心的事。向陳才君神父詢問，如果在初學完成前就死在勞改地，可否在死前發三願（神貧、貞潔、服從），神父回答可以。
- 接到通知可至一所電錶工廠工作，擔任工程師助理。有生以來第一次接觸工廠的環境。工程師是交大畢業，為人和善。

西元一九五七年（民國四十六年）

- 在工廠工作半年後，以健康不佳為由提出辭職。
- 六月初向派出所遞交出國申請書。一週後去佘山。教堂的主任馬神父是長兄的同學，熱誠接待。每天下午帶著鑰匙前往山頂大教堂，獨自向聖母祈禱，請求申請手續順利。最後一天祈禱時忽然心中有強烈感應，直覺聖母已經答應，便許三個願：一、將來晉鐸後要回來佘山還願，獻感恩祭，二、獻一百台彌撒，三、祝聖神父前要理光頭。第二天下山時將鑲金邊的拉丁文彌撒經書送給一位修士。回家吃午飯時告訴妹妹已送掉經書，她認為應先得到簽證才送。這時阿姨上樓，說上午警察來過說已通過申請。妹妹張大眼睛……。

- 六月二十一日搭火車離開上海，父、長兄、妹送行。出發前長兄還問是否已加入耶穌會，因神師嚴囑保密，只好否認。長兄當時剛出獄，不久後再次入獄。
- 到廣州住旅館二天，去拜訪鄧以明主教。
- 由廣州搭船到澳門，二哥在碼頭迎接，住入耶穌會會院。第二天三哥自香港來，竟分不清二哥與三哥。故因他們二人是雙胞胎，也因自己才到達新天地，頭腦混亂，一切恍如隔世之故。
- 等候去香港簽證一段時期，晚上常做惡夢，藉張秀亞的散文和劉河北的聖母像，逐漸得到平復。
- 向一位葡萄牙醫生就診，判定肺病已痊癒不用再吃藥治療。
- 在澳門居住五至六週後取得簽證，搭船前往香港，暫時住在兄長的慈幼會修道院。
- 兩位兄長前往義大利。
- 在耶穌會才爾孟院長幫忙下，在九龍塘租屋居住，同住的都是從上海出來的修士共六人，另請一位上海老太太煮飯，由一位義大利Bobbio神父管理宿舍。每週三次出外遊玩，普通是爬山、海邊游泳或划船。每個週末會去本堂看一場電影。
- 結識作家思果，大家都喜歡他的散文。
- 耶穌會遠東省會長Onate〈西班牙〉熱情接待。

西元一九五八年（民國四十七年）

- 到香港半年後忽然覺得呼吸困難及胸痛，發現澳門醫生誤診，肺病惡化，必須動手術，開始住院。
- 在醫院中一間大病房有二十四個床位，第二次與不同階層人士接觸，相處愉快。很少談宗教，但有病友出院後去聽道受洗。住院後先修養三個月準備手術。手術前必須插管，在氣管中噴入藥水，使肺部透明，因願為天主忍受痛苦，插管過程非常順利，卻因為太順利，一星期後，又被醫師叫去在實習醫生面前再插管一次作為示範教學。
- 劉烈修士捐血一磅以供手術輸血。
- 原本副院長承諾不用鋸肋骨，卻在手術中臨時決定鋸掉四根肋骨，並割除左肺葉四分之一。手術結束後在加護病房休養，由於血痰卡在喉頭無法排出，體內廢物也難以通過插管排除，開始發燒，病情惡化，想及外公去世的狀況。在危急中向聖母祈求，如果能康復，此後每個月第一個週六一定更加恭敬聖母，熱心念玫瑰經並參與彌撒。之後一位義工媽媽拿來溫牛奶，喝了一口後血痰突然咳出，體內廢水流光，退燒，第二天回到普通病房。
- 住院生活在看聖書和祈禱中度過，見過各種怪事。例如一位基督教徒病友剛領完聖餐，牧師一走，他就出去召妓。另一位病友每次女友來訪，必然兩人躲在廁所中許久不出。
- 楊阿姨及諸正瑛女士時常來探病。
- 當年在上海慈幼會的院長邱神父（德籍）有一次帶了十位穿修士服的中國會士前來探望，引人側目。有人甚至問你父親是否也是神父。

西元一九五九年（民國四十八年）

• 四月出院，住在耶穌會所屬會院中。會院位於九龍機場附近的亞皆老街，專供往來的耶穌會會士居住，由才爾孟神父管理。
• 養病期間每週三次向一位比利時修士學法文。並向思果學習寫英文作文。十月入初學院，位於長洲，屬於愛爾蘭省。用英文上課。因神師原為哲學教授，強調理性，不講聖母。師生關係不甚融洽。楊阿姨來探望時建議離開修院，拒絕。
• 因台灣關西開設初學院，在Onate會長幫忙下申請來台，費時半年，也請過國代關說。

西元一九六〇年（民國四十九年）

• 十月獲准來台，但香港永久居留證還要再等一個月，只得放棄香港永久居留，搭機來台。
• 在松山機場下機，立刻被帶去警察局詢問二個小時。黃昏時刻，朱勵德神父與顧保鵠神父前來接回。一二天後即搭火車前往彰化靜山修道院。
• 在彰化修道院半月後有十二名警察（台北與彰化各六名）前來盤問，問不出結果，從此未再被騷擾，但信件都被拆過。
• 在修道院一面做第二年初學一面念文學。另有初學修士三人，文學三人。文學修士中有張宇恭，震旦大學畢業，曾赴越南、西班牙留學，有兩個碩士學位。王敬弘修士是台大土木系畢業，祖父為中研院院長。兩人皆學有專精，學歷極高，開拓視野不少。

・不時有學生團體來避靜，見到很多台北來的大學生，聽鄭爵銘神父講避靜。心中羨慕他們的福氣。

西元一九六一年（民國五十年）

・初學結束，進文學院，搬到三樓。文學須念拉丁文學（Cicero，Virgilius等）、中文（荀子，牟宗三等，詩詞）、英國文學史。

・復活節前避靜八天，由朱蒙泉神父帶領，這是在修會中做過的最好的八天避靜。避靜結束後就剃了光頭，表示開始活新生命。

西元一九六二年（民國五十一年）

・文學課程提早結束，因另三位同學已得簽證，可去馬尼拉讀哲學，去蘇澳度假二週。與碧瑤來台晉鐸的十二位新神父一起。之後，三位已得簽證的同學首途菲律賓。

・獨自從蘇澳回來，去台北見Onate會長，會長指示直接去新竹公青學生中心服務，那是一個天主教培育青年的中心。此中心由美國籍神父杜華（Dowd）募款建造，供新竹一中及其他中學男生放學後前來補習英文與數學，並學習天主教道理。杜華神父精通國語、上海話、閩南語，個性活潑，為人風趣幽默，與學生水乳交融。

- 在青年中心學過半年閩南語。
- 青年中心附近有聖衣會修院，那邊的修女終身永不出門。學生往訪會長寶拉修女。學生與修女隔著柵欄談話，都深受感動，信仰得以更堅定。
- 跟吳神父每月結伴去看一場電影，看到過佛祖釋迦牟尼的電影，第一次接觸佛教。

西元一九六三至一九六四年（民國五十二年至五十四年）

- 得到簽證，前往菲律賓伯曼學院攻讀哲學，學校位於馬尼拉近郊，專為培養耶穌會修士而設，制度和師資均屬上乘。
- 在校遇到十三、四名中國修士。因學校只教授西方哲學，中國修士組成讀書會研究中國哲學。
- 第一次真正深入哲學教育。原本較重視文學和感性，對重理性的哲學有隔閡，研讀十分辛苦。入學八個月後，有天晚上就寢前思考以「共相」為主題的作業，忽然腦中接連湧出八個問題，起身將八個問題寫下後，不但很快寫出要交的報告，思路也打通，真正進入哲學的門檻。自幼崇尚西洋文化，等到接觸唐君毅與牟宗生的新儒家思想後，才真正了解中國文化的偉大。由於唐君毅是用黑格爾的方法治中國哲學，連帶也對黑格爾產生興趣，第二年後開始研究黑格爾，並以之做為碩士論文題目。
- 在圖書館期刊中讀Miceli寫馬賽爾的文章，開始與馬賽爾結緣。
- 閱讀德日進的「神的氛圍」，非常著迷。德日進、馬賽爾、唐君毅這三位成為一生最崇敬的學者。

- 體驗貧民窟生活，住在貧民窟二週。
- 當地生活貧困，治安混亂，言語不通而做不了什麼，至少體驗了貧窮生活。
- 曾考慮念社會學以便從事工運，但新會長不贊同，要留在哲學領域，研究中西哲學，為中國知識份子服務。
- 二年後取得學士學位，轉到馬尼拉鴨典耀（Ateneo de Manila）大學讀研究所。馬尼拉的鴨典耀大學是耶穌會在菲律賓開辦的六所大學之冠。校友中出現過總統。

西元一九六六年（民國五十五年）

- 寫碩士論文遇到瓶頸。同班同學都已考過論文，取得學位而離校，圖書館冷氣失靈，在炎熱氣候下無法閱讀和思考。赴碧瑤拜訪中華省碧瑤神學院新任院長張春申，張神父建議先去碧瑤，一面念神學，一面寫論文。
- 碧瑤神學院原在上海徐家匯，以中國人為主，語言食物均沒有隔閡，加上氣候宜人，一年之內即寫完論文。

西元一九六七年（民國五十六年）

- 碧瑤神學院遷至台灣輔仁大學附近，成為輔大附設神學院。三月底離開碧瑤，和幾位修士暫住馬尼拉聖若瑟修院。期間和王敬弘修士搭檔，向兩位美國神父挑戰橋牌，大勝。

・藉由老師房志榮聯絡狄剛神父，再聯絡人生雜誌主編王道，由王道引見新儒家學者唐君毅。八月份前往香港會見唐君毅，唐君毅才從日本治眼疾邀回，單獨會談一小時，有深度默契。日後曾撰〈沐春風、訴天志〉一文，在「鵝湖」發表，記念這次不尋常的經歷。

・回台灣後住入輔大神學院讀第二年神學。每週一次到「聖母會（後改名基督生活團）服務中心」主持神學討論。該中心的主任是鄭聖沖神父，亦是當年在上海徐匯中學的舊識。

・向大專學生講述德日進的進化論的靈修，反應良好。

西元一九六八年（民國五十七年）

・基督生活團全國生活營在八里聖心女中舉行，為期一週。在營內結識許多年輕朋友，相處融洽，其中不少成為一生好友。生活營的經驗日後轉化為寫作會文藝營的精神。

西元一九六九年（民國五十八年）

・六月二十八日正式升神父，在台北聖家堂由羅光主教祝聖。住印尼的二舅王若瑟神父，香港二、三哥及表哥宋神父都來參加晉鐸禮。

・繼續念神學第四年，兼任台大醫學院天主教同學會神師，每週在震旦中心做彌撒、開會及講領洗道理，結識許多未來的醫務人員。

西元一九七〇年（民國五十九年）

- 取得神學碩士學位，論文題目是《奇蹟的可能性》。得到利氏學社甘易逢社長支持，前往法國攻讀哲學博士。台灣規定留法必須先通過法文考試，為迴避這一關，寫信給比利時耶穌會會長，由他來信邀請至比利時魯汶大學給中國留學生做輔導工作。
- 七月，經香港、泰國到達比利時布魯賽爾。持震旦中心傅承烈（Jean de Leffe，法籍）神父介紹信求見中華民國駐比陳大使，大使同意代為申請去法國簽證，但要等一個月。
- 由布魯塞爾搭火車至比法邊境下車，一位住在附近的法國神父開車來迎接，終於可以無簽證地進入法國。到巴黎後去一會院置放行李，搭火車直赴邊境小城Besancon，以視聽方式學習法文。
- 藉地利之便週末去過瑞士，也參觀過釀酒廠。在愛德之家做六天避靜。
- 一個半月後，已會講簡單的法文會話，乃搭車到布魯塞爾領取已辦好的簽證，坐火車直回巴黎。
- 往訪巴黎第十大學名哲學家Levinas，請他做指導老師。Levinas閱畢以前寫的碩士論文《黑格爾——論個人在社會中的自由》後，簽名接受。原本預計的博士論文題目為《Merleau-ponty之現象學與存有論》，教授建議只寫該氏的存有論。至巴黎十大註冊，取得居留證。開學後每週至巴黎十大聽老師一堂課。
- 法文能力太差，連報紙也看不懂，但去法文協會努力學習，課外多聽文學名著的演講。

西元一九七一年（民國六十年）

- 法文已上到第二階第六級，足夠日常運用，不用再上課。
- 因室友均為外國人，常用英文交談，不利練習法文，乃搬至市郊的耶穌會哲學院，與法國修士一起生活。法文大有進步。
- 一年後，在二位教授前提出一年研究成果，通過了考核，不必去學校聽課，可以著手撰寫論文。但教授提議改寫馬賽爾。
- 暑假時前往愛爾蘭都柏林參加同學升神父祝聖典禮，回途留倫敦三週。拜訪倫敦大學教授Frederiek Copleston，徵詢意見。Copleston建議可寫柏格森，但需配合東方宗教論述。這樣要做雙倍工作，必更加困難。
- 回到巴黎，在教授堅持下著手研究寫馬賽爾。因馬賽爾的《形上日記》不易閱讀，一天七小時只能讀三頁，乃回法文學校繼續學高階法文。

西元一九七二年（民國六十一年）

- 聖誕節去羅馬，遇到當年啟發對馬賽爾興趣之作者VMiceli，相談甚歡。在義大利停留二週，參觀許多博物館及聖地，是在歐洲最快樂的時光。探訪鮑思高出生地都林，聖人遺體存放在進教之佑聖堂內，在遺體旁站立兩小時，與聖人深度交融。又在鮑思高故居，親睹當年鮑思高經驗神魂超拔的經堂。

西元一九七三年（民國六十二年）

- 馬賽爾的重要著作與劇本都已讀完，暑假前拜訪馬賽爾本人，會談一小時，並約年底邀導師來三人一起面談。焉知馬賽爾於七月即過世。搬到巴黎近郊的Chantilly居住。Chantilly的「水泉中心」（Les Fontaines）原為耶穌會陶成院，後改為專供研究之研究中心。風景秀麗，環境清幽，藏書豐富。此地有兩位法籍神父，Fessard和Tilliette，專精哲學，均為馬賽爾生前至友，得以提供許多意見，彌補馬賽爾過世的遺憾。每寫完一章就準備三份，一份給教授，兩份給這兩位神父。每週去巴黎聽兩小時告解，購物、就診等。其他六天半全用於研究。
- 在「水泉中心」的主日禮儀中彈電風琴，與許多許多法國家庭結緣。（留法六年中曾被九十個法國家庭邀約聚餐，他們對中國政治大有興趣。）
- 屢赴巴黎顯靈聖牌聖堂參加禮儀。一次彌撒後，走近聖母顯現時坐過的椅子，用手撫摸，喜極而泣，一位法國老太太誤以為在傷心，贈送銀幣一枚安慰。

西元一九七四年（民國六十三年）

- 以前在碧瑤的同學（加拿大人），也在該中心研究。聽了他跟Albert Chapelle神父在比國做神操的事，亦願前往。乃赴比京，往訪Chapelle神父，第一天談三小時，第二天談四小時。Chapelle神父答允指導神操。

- 暑期赴比一個多月，頭十天協助花園工作，使自己完全放鬆，隨即進入三十天大避靜。分四階段，每天四、五次一小時默想，每天須向神師報告默想成果。一個月中幾乎天天被天主的愛包圍，上海的經驗自潛意識大量湧出。默想耶穌苦難時，有二次「天雷勾動地火」的恩寵經驗。
- 留法已近四年，中華省會長朱蒙泉神父來函Chapelle，詢問是否應停止寫論文，回台開始牧靈工作。Chapelle閱讀論文前二章的草稿後，肯定書寫論文之能力，而能留歐繼續研究。

西元一九七六年（民國六十五年）

- 復活節前四百頁的論文終告完成，寫信至上海告知父親。一個月後父親病重，在二哥、四哥及妹妹圍陪下安然過世。
- 請一位比利時神父代為修改論文之法文，印十五份交給學校，二週後口試。口試委員包括指導教授Levinas，Tilliette神父（羅馬額我略大學教授），及Henri Gouhier（法國哲學協會會長）。馬賽爾之子也蒞臨旁聽。另有一位樞機Henry de Lubac，也來旁聽。口試結果，三委員皆認為很優異，以mention très bien通過。
- 購機票赴耶路撒冷朝聖。於半夜抵耶城，被計程車司機設計多繞遠路，幸好即時察覺揭穿詭計，於另一旅館過夜。
- 在耶城參訪許多耶穌福傳行神蹟之處所。一次拜苦路時，因神態虔誠專注，有位德籍女士上前攀談，交換地址，此後每年互寄聖誕卡。拜苦路使上海的苦難經驗大量湧現。

・回到巴黎，來不及向所有朋友一一道別，卻在離法前兩週，在各種處所，包括在捷運，和所有想道別的朋友一一巧遇。

・離歐前至比利時做八天神操，再到美國費城參加聖神同禱大會。後與法籍和華裔老友告別，強烈感受到文化的差異（西方人遠離時擁別，華人久別重逢時連握手都沒有）。

・經香港返台，知悉朱蒙泉會長有意派任香港的「中國新聞分析」週刊之助編，因不願接觸政治而拒絕。乃改任耕莘文教院文教主任兼寫作會會長。留歐六年長期伏案，今須周旋於人群之中。寫作會前任會長鄭聖沖神父建議，全權交由執行秘書郭芳贄處理即可，因而接下工作。

・論文得教育部通過，取得副教授資格。經由鄭聖沖神父推薦，至輔大哲學系任教，教授存在主義，一週兩小時，每月薪資一千元。

・再度投入與年輕人相處之環境，擔任台大天主教同學會及基督生活團男生部之輔導二年，並輔導耕莘「莘莘聖詠團」，如魚得水。

・前任會長鄭神父將暑期寫作班縮短為一個月。其中有二天一夜的文藝營，普通在陽明山或淡水。晚上有話劇表演比賽，白天有老師課程，或文藝遊戲，師生水乳交融。暑期結束後，許多學員不忍離開，郭芳贄秘書策劃年中加開春秋季二期夜間課程，寫作會逐漸成形。

・民66・應政大哲學系系主任趙雅博神父邀請，至政大教授現象學及哲學概論。輔大亦開現象學及存在哲學，工作大增，分身乏術而辭去文教主任一職。

・所有寫作會課程均全程參加，與學員打成一片。前往台大校園或國父紀念館張貼海報或發傳單。在耕莘開講哲學專題。

西元一九七九年（民國六十八年）

- 暑期寫作班當班主任，夏婉雲為副主任。
- 盡心竭力認識學員，但是下一期回來的舊學員，除了幹部外最多只有五分之一，發起週日踏青活動也極少人參加，心中十分惆悵。此外，由於學員程度欠佳，在寫作上很少有優秀表現，僅白靈得過大獎，感到非常挫折，覺得工作沒有意義，產生倦怠感。
- 參加年度八天避靜，講道者為來自日本的愛爾蘭籍強斯頓神父（William Johnston），強神父曾習日本禪。向強神父傾訴心中苦惱，強神父提議找到寫作會工作的神學意義。祈禱中體認應把重心放在不會流失的老師身上，逐漸脫出困境。

西元一九八〇年（民國六十九年）

- 聘請馬叔禮擔任專任指導老師，負責設計課程並邀請教授。口碑甚佳。發行「旦兮」刊物。
- 由於一九七九年總幹事洪友崙起頭，開始有了「陸爸」稱呼。

西元一九八一年（民國七十一年）

- 洪友崙、莊華堂、楊友信、陳養國等前總幹事開會建議成立永久會員制度，藉此凝聚會員的向心力，增加回流人數。

西元一九八三年（民國七十二年）

- 出版二本譯作：馬賽爾的《是與有》（商務），德日進的《人的現象》（聯經，與李弘祺合譯）。

西元一九八五年（民國七十四年）

- 創立耕莘文學獎。
- 受聘政大哲學系專任副教授。

西元一九八六年（民國七十五年）

- 聽從政大校友學生的建議，將寫作會基金貸予金融公司，每月可領八萬元利息，由於經費充足，得以採購新穎設備，舉行各式活動。
- 在輔大神學院避靜時感到喉嚨不適，至輔大診所看診，藥物無效。乃赴台北公保中心看診，醫生疑是甲狀腺結節須住院檢查。獨自至中華開放醫院住院檢查，焉知醫生未檢查就直接開刀，誤傷聲帶而喉嚨劇痛無法出聲，改至三總檢查，發現聲帶已經麻痺，建議半年後回來施打矽膠治療。
- 赴加探親，又至多倫多張牧師家作客，回程時發生車禍，由直昇機送至醫院，骨盆骨折，住院七天。
- 馬叔禮因安排紫微斗數占卜等課程，引發文教院院長不滿，被迫去職，經濟陷入困境。此舉亦造成資深會員之不滿，寫作會氣氛低迷。親自往訪馬叔禮，致贈兩萬元，彌補其損失。

- 至三總接受聲帶填矽膠治療，效果不佳。再至榮總由張學逸主任再次施矽膠手術，當天已可發聲。但仍需復健，每天遵醫囑須大叫四次以放鬆聲帶，構成很多不便。
- 開刀前原本政大學生擠滿梯形大教室，開刀失誤消息傳出後，下學期來選修現象學的學生只有兩人。
- 年底寫作會永久會員召開第一屆會員大會，選出八位理事，由白靈擔任值年理事。

西元一九八七年（民國七十六年）

- 王敬弘神父接任文教院院長，將耕莘新大樓四樓交由寫作會接管，對外提供場地服務。
- 再次至榮總開刀，取出之前選錯位置而誤植之矽膠。

西元一九八八年（民國七十七年）

- 學員陸續得獎，交出漂亮成績單，寫作會進入高峰期。新聞編採課程也大受好評。
- 會員大會將理事增加為三十一位，並訂立寫作會章程，組織更加完備。
- 由莊華堂策劃「小說創作研究班」。

西元一九八九年（民國七十八年）

- 獲得國科會補助前往比利時魯汶大學進修一年。其間曾去巴黎參加馬賽爾友好協會的年會，遇到不少舊識。

- 金融公司以被員工倒帳為由，停止付息，本金也收不回來。

西元一九九〇年（民國七十九年）

- 九月返國。
- 耕莘文教基金會成立。寫作會逐步併入基金會。

西元一九九一年（民國八十年）

- 大哥達源病危，赴加探親一個月。
- 耕莘實驗劇團成立，擔任團長，創辦人黃英雄為藝術總監。每年公演一至貳次。耕莘新大樓B2改成可容百餘觀眾的小劇場。

西元一九九二年（民國八十一年）

- 致力寫升等論文，早餐後靜坐半小時再開始書寫，直至中午，所寫的一氣呵成不需修改。
- 耶穌會受輔大校長羅光委託創立輔大宗教系，籌備工作已至完成階段，應會長張春申神父要求擔任宗教系創系主任。兼任寫作會會長。
- 寫作會事務由秘書黃玉鳳（葉紅）和黃九思代理。非常成功。

- 出版「馬賽爾」（三民書局）。
- 住入輔大法管學院。
- 大學聯考放榜後，寫信給五十名新生，邀請他們在西岸若干主要城市相聚，共進午餐。以後五年均如此做。
- 教育部授予教授證書。
- 輔大宗教系課程包括東西宗教和東西哲學，並有社科各科，匯聚於「宗教交談」。

西元一九九三年（民國八十二年）

- 宗教系第一屆學生不少並無信仰，下學期時蘊釀轉系。幸第二年轉入許多以宗教系為第一志願之學生，士氣大振。
- 聖嚴法師邀請分享辦宗教系經驗。

西元一九九四年（民國八十三年）

- 張老師月刊邀請參加新書《前世今生》座談，與余德慧、高天恩對話。在《哲學雜誌》發表「一個神父看前世今生」。

西元一九九六年（民國八十五年）

- 宗教系第一屆學生畢業後半年，媒體訪問學生畢業後是否有求職困難，回答尚未聽說，豈知第二天報導標題為「宗教系畢業人人有工作」，許多學生因而搶著進宗教系。
- 在光啟文化事業出版《似曾相識之面容》散文集。
- 參加新儒家研討會，發表〈牟氏逆覺體證與馬賽爾第二反省之比較〉。
- 參加北京大學宗教學系成立大會，於研討會中分享台灣創設宗教系經驗與成果。
- 於香港神恩季刊發表〈從存有化角度（existentiel）看德日進宇宙觀的基督論〉。

西元一九九八年（民國八十七年）

- 獲文工會頒發第一屆「五四獎」之文學教育獎。
- 宗教系系主任兩屆任滿。耶穌會批准安息年（一九九八－一九九九）計劃。包括法國朝聖、威爾斯習修「神操」及耶魯大學研究宗教學。
- 在法德邊境Strasbourg修人權課程一個月。回台前帶團去東歐默主哥耶朝聖。

西元一九九九年（民國八十八年）

- 九二一大地震，耕莘新大樓出現裂縫，成為危樓。數年後拆除，寫作會活動場地縮減。。

・籌備成立宗教系博士班。

西元二〇〇〇年（民國八十九年）

・寫作會成立讀書會，每月第三個星期聚會。

西元二〇〇一年（民國九十年）

・寫作會秘書黃玉鳳移居上海。基金會接收寫作會。參加課程報名人數日減，欲振乏力。

西元二〇〇二年（民國九十一年）

・帶三十位宗教系所學生赴中國作宗教之旅，曾至南京、揚州、蘇州、杭州、上海，參訪若干大學。最後到佘山，在山頂教堂聖母祭台前與學生一起懇禱謝恩。

・作家無名氏病危，赴榮總探望，他已昏迷。傾訴十五分鐘，並按其表達過的意願，予以付洗。

・出版哲學論文集「存有的光環」（輔大出版社）。

西元二〇〇三年（民國九十二年）

・赴北京外語大學參加「紀念德日進逝世五十周年國際學術研討會」，以法文發表「德日進論『愛是能量』」。

西元二〇〇四年（民國九十三年）

- 黃玉鳳（葉紅）在上海患憂鬱症，六月十八日選擇了自己的方式離開了人間。她生前好友在耕莘舉辦追思會。並由凌明玉、陳謙、陳淑卿編輯《紅蝴蝶》紀念手冊，於當天發給與會人員共四十八人。
- 由黃玉鳳家人資助，每年舉辦「葉紅女性詩獎」，為台灣唯一一個特別針對華語區女性詩人所設立之獎項。
- 帶同學赴韓國畢業旅行。
- 出版第二本散文集「候鳥之愛」。

西元二〇〇五年（民國九十四年）

- 由心道法師帶領，赴北京中國社科院參加「全球化與宗教」研討會。發表「全球化與基督宗教對話神學的演進」。遇到讀北京大學博士班的彭書穎系友。
- 台北出現十數個寫作班，招生情形每下愈況。謝欣純秘書約許榮哲、李儀婷討論良久後，終有了突破構想。

西元二〇〇六年（民國九十五年）

- 五月，於新店崇光女中舉辦第一屆「搶救文壇新秀再作戰」文藝營，講師均為初露鋒芒之年輕作家，參加的學員高達一百人，是耕莘青年寫作會的第三次文藝復興。

- 六月，從文藝營學員裡招募十多名優秀成員組成幹事會，李儀婷擔任駐會導師，荒廢許久的幹事會重新成立，寫作會終於看見曙光，人氣回籠。第一屆幹事會總幹事由黃崇凱擔任。幹事會於每兩個星期在寫作小屋舉辦「小說批鬥會」，藉此互相觀摩、磨練作品。為統一規劃寫作會未來活動、課程方向，基金會聘請許榮哲擔任文藝總監。
- 九月舉辦第一屆「葉紅女性詩獎」。

西元二〇〇七年（民國九十六年）

- 一月，於陽明山福音園舉辦第二屆「搶救文壇新秀再作戰」文藝營，人數破一百三十人。
- 二月，招收第二屆文藝營學員進幹事會，成員共達三十人，並於二月於烏來神秘谷舉辦幹事會迎新活動。幹事會成員參加大小文學獎，斬獲不斷，如賴志穎獲林榮三文學獎小說首獎、朱宥勳獲台積電青年文學獎小說首獎等。
- 三月，開辦「行動文學」課程，由李儀婷擔任課堂導師，結合室內講授理論及戶外體驗課程，訪問公娼阿姨、走訪夜店、課程新穎，深獲好評。　經由作家張瀛太推薦，擔任台科大駐校藝術家，以與耕莘青年寫作會合作方式，在校內開設兩門通識課，分別是「流行文學」、「時尚文化」，導師則分別為許榮哲及高翊峰，學生人數皆高達五、六百人。

西元二〇〇八年（民國九十七年）

- 一月，於淡水真理大學舉辦第三屆「搶救文壇新秀再作戰」文藝營，人數破兩百人，創下國內單一文類最多人數的營隊。

西元二〇〇九年（民國九十八年）

- 二月，於輔仁大學「濟時樓」舉辦第四屆「搶救文壇新秀再作戰」文藝營。此後輔仁大學有意願與耕莘寫作會長期合作，提供場地及器材等。文藝營場址不再變更。
- 出版口述歷史《誤闖台灣藝文海域的神父》（初版），由會員Killer撰稿。六月一日在耕莘大禮堂有新書發表會。

西元二〇一〇年（民國九十九年）

- 高中生「文學鐵人營」開幕。
- 七月舉行第一屆高中生的文藝營。限一百名。其中二十名來自王建煊在浙江平湖創辦的新華愛心高中。鐵人營講師全由「搶救文壇新秀再作戰文藝營」的資深學員擔任，師生年紀接近而無代溝。也在輔大舉辦。
- 在輔大研究所在職專班授課計有：生死學、天主教靈修、天主教思想家等課。靈修課有二次週末避靜：彰化靜山（依納爵「神操」），八里聖心女中（聖方濟靈修）。非基督徒亦參與，收獲頗豐。

西元二〇一三年（民國一〇二年）

- 遵會長令退出輔大結束三十七年的教書工作。在神學院輔導選讀哲學的學生，並從事翻譯法文的宗教和哲學書藉。

西元二〇一四年（民國一〇三年）

- 參加東吳大學呂格爾現象學國際研討會，發表〈呂格爾的存有論立場〉。

西元二〇一五年（民國一〇四年）

- 出版《呂格爾六訪馬賽爾》譯作（台灣基督教文藝出版社）。
- 籌備寫作會金慶：拍一部紀錄片（陳雪鳳總負責），出版七本書籍（夏婉雲主編）。
- 中山堂嘉年華會，推動籌備及募捐活動，楊昌年、王文興等老師及一百五十位會員列席。
- 借神學院教室開生死學課程，（發起人：陳雪鳳）二週一次，在星期六下午。沒有學分，沒有考試，不交學費，但有作業（讀書報告，看電影心得……）。學員有寫作會楊友信、洪友崙，輔大博士生林靜宜、陳衍志等約十位。

西元二〇一六年（民國一〇五年）

・元宵節團拜時報告金慶籌備進度。決定今年七月十七日慶祝，上午在耕莘，下午在紀州庵進行慶祝大會。「文訊」雜誌為寫作會金慶出版專期。

・回顧一生，充滿感恩之情，對天主、對親友、學生。「天主，你為何對我這麼好？」（盛曉玫詞曲）

史地傳記類　PC0612　耕莘文叢07

你是我的寶貝
——陸達誠神父口述史

口　　述 / 陸達誠
撰　　稿 / Killer
校　　訂 / 夏婉雲
責任編輯 / 鄭伊庭
圖文排版 / 楊家齊
封面設計 / 陳明城、陳德翰
封面完稿 / 蔡瑋筠

發 行 人 / 宋政坤
法律顧問 / 毛國樑　律師
出版發行 / 秀威資訊科技股份有限公司
114台北市內湖區瑞光路76巷65號1樓
電話：+886-2-2796-3638　傳真：+886-2-2796-1377
http://www.showwe.com.tw
劃撥帳號 / 19563868　戶名：秀威資訊科技股份有限公司
讀者服務信箱：service@showwe.com.tw
展售門市 / 國家書店（松江門市）
104台北市中山區松江路209號1樓
電話：+886-2-2518-0207　傳真：+886-2-2518-0778
網路訂購 / 秀威網路書店：http://www.bodbooks.com.tw
國家網路書店：http://www.govbooks.com.tw

2016年7月　BOD一版
定價：390元

國家圖書館出版品預行編目

你是我的寶貝 : 陸達誠神父口述史 / 陸達誠口述 ;
Killer撰稿. -- 一版. -- 臺北市 : 秀威資訊科技,
2016.07
面； 公分
POD版
ISBN 978-986-93153-2-6(平裝)

1. 陸達誠 2. 天主教傳記

249.933 105008737

讀者回函卡

感謝您購買本書，為提升服務品質，請填妥以下資料，將讀者回函卡直接寄回或傳真本公司，收到您的寶貴意見後，我們會收藏記錄及檢討，謝謝！

如您需要了解本公司最新出版書目、購書優惠或企劃活動，歡迎您上網查詢或下載相關資料：http:// www.showwe.com.tw

您購買的書名：________________

出生日期：______年______月______日

學歷：□高中（含）以下　□大專　□研究所（含）以上

職業：□製造業　□金融業　□資訊業　□軍警　□傳播業　□自由業

□服務業　□公務員　□教職　□學生　□家管　□其它______

購書地點：□網路書店　□實體書店　□書展　□郵購　□贈閱　□其他

您從何得知本書的消息？

□網路書店　□實體書店　□網路搜尋　□電子報　□書訊　□雜誌

□傳播媒體　□親友推薦　□網站推薦　□部落格　□其他______

您對本書的評價：（請填代號　1.非常滿意　2.滿意　3.尚可　4.再改進）

封面設計____　版面編排____　內容____　文／譯筆____　價格____

讀完書後您覺得：

□很有收穫　□有收穫　□收穫不多　□沒收穫

對我們的建議：________________

____

____

____

請貼
郵票

11466
台北市内湖區瑞光路 76 巷 65 號 1 樓
秀威資訊科技股份有限公司 收
BOD 數位出版事業部

....

（請沿線對折寄回，謝謝！）

姓　　名：________________　年齡：________　性別：□女　□男

郵遞區號：□□□□□

地　　址：________________________________

聯絡電話：(日)________________ (夜)________________

E-mail：________________________________